Helge Timmerberg

Tiger fressen keine Yogis

Stories von unterwegs

Vorwort von Sibylle Berg

Piper München Zürich

Mehr über unsere Autoren und Bücher:
www.piper.de

Von Helge Timmerberg liegen bei Piper im Taschenbuch vor:
Tiger fressen keine Yogis
Timmerbergs Reise-ABC
Timmerbergs Tierleben

Mix
Produktgruppe aus vorbildlich bewirtschafteten
Wäldern und anderen kontrollierten Herkünften
www.fsc.org Zert.-Nr. GFA-COC-1223
© 1996 Forest Stewardship Council

Reisebibliothek
Piper Verlag GmbH, München
April 2008
© 2001 Solibro-Verlag, Münster
Umschlagkonzept: Büro Hamburg
Umschlaggestaltung: Birgit Kohlhaas, München
unter Verwendung eines Fotos von Dieter Eikelpoth
Autorenfoto: Frank Zauritz
Papier: Munken Print von Arctic Paper Munkedals AB, Schweden
Druck und Bindung: Clausen & Bosse, Leck
Printed in Germany   ISBN 978-3-492-25184-6

„Die Welt um mich herum tanzte, tanzte, tanzte, nur ich kümmerte mich einsam-verdrossen um die letzten Fragen der Menschheit. Erst als ich sie alle, alle gelöst hatte, ging auch für mich das Feiern los ...“

Helge Timmerberg

INHALT

Vorwort von Sibylle Berg
11

Loco Romantico (Andalusien)
15

Seit zwanzig Jahren ohne Sex (Indien)
25

Yakuza (Tokio)
37

Borchardt (Berlin)
45

Der Tod ist ein sanfter Bruder (Kalkutta)
55

Café Òpera (Barcelona)
63

Pillen, Pilze, Paranoia (Amsterdam)
71

Vier Tage im Quartier der Pest (Maharashtra)
81

Der Skarabäus (Kairo)
95

Raketen auf Tel Aviv (Heiliges Land)
101

Aufruhr im Basar (Marrakesch)
109

Sehnsucht Familie (Tanger)
115

Kampf der Kehlen (Schweiz)
121

Tiger fressen keine Yogis (Süd-Indien)
129

Straße nach Indien (Türkei-Iran-Pakistan)
149

Geldgruben (Deutsche Demokratische Republik)
167

Kalil el Maula (Libanon)
177

Southern Comfort (USA)
183

Verhaftungswelle unter Geburtstagskindern (Hamburg)
187

Mal durchatmen
193

Die Kunst des Entliebens (Droge I)
201

Kokain (Droge II)
211

Prozac (Droge III)
219

Die Götter tanzen mit (Droge IV)
229

Viagramania (Droge V)
233

Jetzt koche ich (Zuhause)
241

Auf der Flucht
251

Nachweis
256

Vorwort

- von Sibylle Berg -

Vor ungefähr hundert Jahren lernte ich Helge Timmerberg kennen.

Wir waren jung und so schön, wie es möglich war; wir waren pleite, standen an einem Bankautomaten und wußten beide: für uns ist der nicht. Für uns war Tchibo, und da teilten wir uns einen Kaffee. Helge erzählte, daß er schreiben würde, ich dachte: was habe ich falsch gemacht, daß ich wirke wie eine, die beeindruckt ist dadurch, daß einer zu schreiben vorgibt.

Dann war der Kaffee fertig und Helge in Fahrt. Er erzählte Geschichten von Goldgräbern, Malaria und Drogenbossen; er redete von Märchen und Zauberern, und ich glaubte ihm kein Wort. Vor der Tür waren die 80er Jahre, alle logen und hatten Schulterpolster und blondierte Strähnen. Auch die Hunde. Helge und ich hatten kein Geld für Blondierungen, aber noch Hoffnung. Ich glaubte, mein Leben würde einen Sinn bekommen, wenn ich Bücher schreiben und veröffentlichen könnte, und Helge glaubte noch an die Liebe.

Das Ende war noch nicht zu sehen.

Später las ich seine Geschichten von Zauberern und Drogenbossen, von Malaria und Orten, die es vielleicht nur in seinem Kopf gab. Und ich traf ihn wieder und merkte, daß er der freieste Mensch war, den ich jemals kennengelernt hatte. Geld und Heimat waren ihm egal, und die Regeln des Journalismus waren ihm erst recht egal. Helge hatte lange Haare, er rauchte Rauschgift, er fuhr in Jogginganzügen in der Welt herum, er nuschelte, war unzuverlässig, doch alle liebten ihn, weil er die schönsten Artikel schrieb, die jemals in einer Zeitung gestanden hatten und weil er Menschen zum Vergessen bringen konnte damit.

Ich hatte gerade angefangen zu schreiben und war verbissen und ehrgeizig; ich wollte Preise und Ruhm, und es ging mir nicht gut. Ich dachte, man müßte das machen, was alle machten. Mit großen Worten Halbwissen verbreiten und tun, als ob man sich auskennen würde, in einer Welt, in der sich keiner auskennen kann. Mein Mund war zusammengepreßt und alle waren mir Feinde. Die wichtigen Männer beim *Spiegel*, die alten Herren, die Bücher schrieben, und ich glaubte an die Regeln, die sie in ihrer Angst aufgestellt hatten.

Bis ich Helge traf.

Helge zeigte, daß es ganz anders gehen konnte. Daß man nur gut ist, wenn man sich für das, was man schreibt, interessiert – selbst wenn das, was einen interessiert, nur man selbst ist –, daß man nicht tun soll, als hätte man Ahnung, daß Regeln und Gesetze die Erfindung von Feiglingen sind, daß es keine Sicherheiten gibt, für nichts und man sich deshalb auch keine suchen müßte.

Ich habe dann Bücher geschrieben, und Helge hat die Liebe gesucht. Die 80er sind lange her, und so frei wie Helge bin ich nie geworden und er vielleicht nie so glücklich, wie er gewollt hätte. Alle Jahre haben wir miteinander geredet, und immer wollte Helge gerade dann ein Buch schreiben, das sein Leben verändert, oder zu einer Frau ziehen, die ihn rettet und damit sein Leben ändert.

Hundert Jahre sind vergangen. Helge hat noch immer nicht das gefunden, von dem er gar nicht sagen kann, was es eigentlich ist. Und nun gibt es doch endlich ein Buch von ihm, und beides ist gut. Daß er noch nicht angekommen ist, denn so muß er weitersuchen und vielleicht noch ein paar schöne Geschichten schreiben. Daß es ein Buch gibt, denn so bleiben ein paar Gedanken von ihm, auch wenn er schon wieder weit weg ist.

Loco Romantico

(Andalusien)

Ich war genervt, müde und ohne jede Hoffnung, daß wir doch noch einmal zu einer Party kommen würden, die nicht vorbei oder verschoben oder sonstwie ausgefallen war. Sieben Stunden Autofahrt steckten mir im Rücken, und diese Stadt gefiel mir nicht, und die Wohnung, in die man mich gebracht hatte, gefiel mir auch nicht, und am wenigsten gefiel ich mir selbst.

Same old story. Der alte bescheuerte Blues. Irgendein Zigeuner erzählt mir etwas von Wahnsinns-Fiestas, zu denen er mich bringen will, und von dem einzigen, dem echten, dem ursprünglichen Flamenco, und ich habe nichts Besseres zu tun, als ihn und seine Frau und seine Tochter und seinen Sohn in den Wagen zu packen und mich für den Rest des Lebens darauf einzustellen, ihr Essen zu bezahlen.

Doch der Mann hatte mich beeindruckt. Allein sein Name. Loco Romantico. Zuerst hörte ich noch ein L zuviel. Local Romantico. Und ich fand das enorm witzig. Der lokale Romantiker. So wie der lokale Säufer, der lokale Hurenbock, der lokale Journalist. Sie klärten mich auf. Kein zweites L. Nur Loco. Und „loco" ist das spanische Wort für verrückt.

Er hat sich den Namen selbst gegeben. Er darf das. Loco ist ein Sänger, ein cantaor, wie man unter Zigeunern sagt. Noch dazu ist er ein genialer Poet. Erzählte mir seine Frau. Und alles, was sie mir über Loco erzählte, ging in die Richtung, es hier mit dem begnadetsten Naturtalent zu tun zu haben, daß das lichtbeschienene Andalusien in den letzten fünfhundert Jahren hervorgebracht hat. Die Bauern der Sierra Nevada werden zu weinen beginnen, wenn sie Locos Gedichte hören. Geschichten über die Kommunikation zwischen Biene und Ameise und ähnliches. „Zen", sagte seine Frau. „Reiner, naiver Zen."

Ich gehe also mit Loco und seiner ehrgeizigen, höchst manipulativen Frau Samina seit drei Stunden durch die Straßen von Jerez, und im Kinderwagen schläft Sol, der neun Monate alte Säugling, und daneben trabt Nu, die neunjährige Tochter, und Nu weint. Weil es spät nach Mitternacht ist und der Wind Regen aus Marokko bringt. Und egal, wohin wir gehen, wir kommen nicht an. Keine Fiestas, kein Flamenco.

Vorsichtig, ganz vorsichtig, versuche ich es ihnen beizubringen. In einem Kaffeehaus, an einem Marmortisch, irgendwo in der Nacht. Ich bestelle Bier für die Großen und Cola für die Kleine und sage: „Ich habe einen Fehler gemacht. Das passiert mir öfter, daß ich den Bogen einer Recherche nicht schließe. Ich habe in Sacramonte ein paar nette Leute kennengelernt, und man hat mich zu einer Feier eingeladen. Morgen. Ich glaube, ich muß zurück."

Das war gut gesprochen. Kein Wort der Enttäuschung über diesen erfolglosen Abend, nichts, was ihnen das Gesicht geraubt hätte. Alles nur meine Schuld. „Wann willst du zurück?" fragt Samina. „Nach dem Frühstück."

Sie übersetzt es Loco. Er spricht kein Englisch. Er kann noch nicht einmal lesen, geschweige denn schreiben. Und er bekommt plötzlich sehr traurige Augen. Ein großes, dickes, 36jähriges Baby mit schwarzen Rastalocken, das ein Gesicht macht, als habe man gerade zum ersten Mal sein Urvertrauen zerstört. Er sagt nur einen Satz, und Samina übersetzt.

„Loco sagt, du seist wahrscheinlich doch kein so guter

Journalist, wenn du Loco Romantico verlassen willst."

Das brachte mich zum Nachdenken. Was hatte ich denn bisher erlebt? Und gesehen? Gewiß sind die Höhlen von Sacramonte traumhaft. Mit einem wunderbaren Ausblick auf die Alhambra, auf die schneebedeckten Gipfel der Sierra Nevada und auf die weißen Dächer der Altstadt von Granada. Vor ein paar hundert Jahren muß es da richtig gut gewesen ein. Mit Feuern und Liedern, die die Nacht zerreißen. Aber dann kam Hemingway vorbei und dann der internationale Massentourismus, und jetzt ist Sacramonte im Grunde nichts anderes als so eine Art Zigeunerzoo, wo sie fürs Rumhampeln bezahlt werden.

Ja, auch ich war dabei. In einer weißgekalkten Höhle mit hundert kitschigen Tellern an den Wänden, und ein paar grell geschminkte Omas wollten mir und den fünf Gästen aus Tokio Kastagnetten andrehen, zum zehnfachen des üblichen Preises. Ja, sie haben auch getanzt und gesungen und Gitarre gespielt, eine halbe Stunde lang, für zweitausend Peseten pro Mann und Japaner, und genauso gut hätten sie einen blökenden Esel durch die Stuhlreihen treiben können. Um ein Haar hätte ich die Contenance verloren, als ich da wieder herauskam. Weil ich der Esel war und es hätte wissen müssen. Für Flamenco zu bezahlen, bringt dasselbe, wie bezahlter Sex. Für beide Seiten. Als Konsument bist du ein Freier, als Interpret eine Hure. Und was dabei auf der Strecke bleibt, ist diese menschliche Qualität, die man Ehre nennt. Oder, wie die Spanier sagen: honor. Und es gibt keinen Flamenco ohne honor.

Loco hatte noch immer traurige Augen. Er sagte wieder nur einen Satz und Samina übersetzte. „Loco sagt, du gibst der Zeit keine Zeit."

„Hat er das genau so formuliert", fragte ich Samina, „oder sind das deine Worte?"

„Seine", sagte sie.

„Dann ist er wirklich gut."

„Er ist noch besser. Du hast ihn überhaupt noch nicht kennengelernt. Und du wirst ihn auch nicht mehr kennenlernen. Du fährst ja nach dem Frühstück." Sie lächelte.

Ich mochte diese Frau nicht. Während unserer Fahrt von Granada an die Küste hatte ich sie einmal im Rückspiegel dabei beobachtet, wie sie mit ihren Händen tanzte. Zehn Finger wie zehn Schlangen direkt über meinem Kopf. Ich mag keine Frauen, die mich zu verhexen versuchen. Ich mag auch nicht die Art, wie sie mit ihren Kindern umgeht. Ein neunjähriges, übermüdetes Mädchen durch die Nacht zu schleppen und weinen zu lassen. Ist das Zigeunerleben?

Oder ist es Gastfreundschaft, und sie tun es nur für mich? Weil Loco und ich Samina zum Übersetzen brauchten und weil kein Geld für einen Babysitter da war, und weil sie die einzigen Zigeuner waren, die mich nicht sofort nach Geld gefragt hatten. Sie wollten kein Geld, aber vielleicht wollten sie Popularität, was dasselbe ist. Loco hatte eine Platte produziert. „Flamenco Colours". Er hat Samba reingemischt und Rock und Jazz, und die Produktion war ein Flop. Niemand in Andalusien interessierte sich dafür. Zu strange, zu neu, zu unkonventionell. Vielleicht interessierte man sich in Deutschland dafür, und vielleicht war das der Grund, warum sie mir halfen? Durchaus ein faires Geschäft. Ich verschaffe ihnen Popularität und sie verschaffen mir den reinen Flamenco. Eine Hand klatscht in die andere.

Nur nicht in dieser Nacht. Und es war bereits gegen zwei Uhr. Du gibst der Zeit keine Zeit, hatte Loco gesagt. Na schön, ich werde sie diesem verrückten Romantiker geben. „Sag ihm, daß ich bleibe", bat ich Samina, und sie tat's, und Locos Augen veränderten sich. „Amigo", sagte Loco, und das mußte nicht übersetzt werden. Wir gingen.

Was war geschehen? Nicht viel. Ich hatte ein bißchen Flamenco verstanden. Dieses Phänomen, das am besten von einem Sänger beschrieben worden ist, den sie El Chocolate nannten, und der wie Loco aus Jerez kam. Chocolate sprach einmal über seine Erfahrungen mit Plattenaufnahmen: „Die sagen zu dir, komm morgen früh ins Studio und sing. Aber wie soll das gehen? Wie soll ich wissen, ob ich morgen früh singen kann? Darum taugen meine Platten nichts. Es sind Morgenplatten. Mit Flamenco haben sie nur wenig zu tun."

Das sagen alle. Du kannst den Flamenco nicht planen, nicht zwingen, nicht locken, nicht herbeischmeicheln, bezahlen schon gar nicht, im Grunde nicht einmal suchen. Flamenco ist wie eine Sternschnuppe, wie ein Regenbogen, wie Verlieben. Und manchmal wie ein Blitz. Und wenn er wie ein Blitz ist, dann zerreißt er dir das Herz.

Das war mein Problem. Darunter wollte ich es nicht machen. Und in Granada war es darunter. Nicht immer so tief wie in der Touristen-Abzockerhöhle. Nein, ich hatte Samina nicht belogen. Ich hatte durchaus nette Leute dort getroffen, an durchaus netten Abenden, in durchaus netten Bars. Die Gang zum Beispiel. Drei Zigeuner, die immer nur zusammen auftauchen, und der Boß hatte die linkesten Augen, die ich je gesehen hatte, und außer seinen beiden Wasserträgern schien ihn dort niemand zu mögen. Nur sie klatschten mit, als er zu singen begann. Laut und dermaßen aggressiv, daß ich bereits die langen, schmalen, feingeschmiedeten Zigeunermesser fliegen sah. Ich ließ mir den Text übersetzen. Er handelte von Geld.

Als er Luft holte, nutzte einer der Männer von der anderen Seite der Bar die Chance und sang eine Antwort, und jetzt schlugen dessen Freunde mit ihren Handknöcheln den Rhythmus auf die Tische und sein Text handelte von Philosophie, und noch bevor der Gangchef etwas darauf erwidern konnte, legte der Wirt seinen unglaublichen Bauch auf die Theke und schlichtete mit zwei Liedern den Streit. Das erste handelte von Mutterliebe, das zweite vom Essen und Trinken.

Ich meine, das war kein übler Abend. Aber ich war noch nicht satt. Ich war unbescheiden, und Loco, den ich einen Tag später kennenlernte, fand es mehr als legitim. Er hielt es für meine Pflicht, in dieser Angelegenheit unbescheiden zu sein. Er hatte mir das Beste versprochen, und er war der beste Führer auf der Straße des Flamenco. Und das ist kein romantisches Bild. Die Straße, auf der wir gingen, nachdem wir das Kaffeehaus verlassen hatten, hieß tatsächlich Calle del Flamenco.

Eine schmale, in dieser Nacht regenglänzende Gasse, die durch das Zigeunerviertel von Jerez de la Frontera führt, und irgendwie war alles anders. Ein Schalter hatte sich umgelegt, und das kannte ich. Das hatte ich tausendmal erlebt. Ein winziger, unsichtbarer Schalter, an dessen einem Ende Plus steht und am anderen Minus, und manchmal reicht ein Windhauch, ihn umzulegen.

Dieselbe Nacht, dieselbe Stadt. Die Quelle des Sherry. Hier kommt er her, hier wird er gemacht, hier ist er überall, dieser geniale Alkohol, der ziemlich genau in der Mitte zwischen Likör und Wein liegt. Darum ist die Luft hier süß. Darum kommt es dir nach einiger Zeit so vor, als hättest du ständig ein Gläschen Sherry unter der Nase. In Jerez de la Frontera wirst du schon vom Atmen besoffen. Und es scheint eine Menge lustiger Leute hier zu geben. Denn jetzt hörte ich sie plötzlich in den Häusern klatschen und fast hinter jedem Fenster war noch Licht. Und die kleine Nu weinte nicht mehr. So einfach ist das, wenn sich der Schalter umlegt. Loco blieb stehen und zeigte auf eine offene Tür links von uns, und er sagte wieder nur einen Satz, den

Samina übersetzte: „Loco sagt, warum gehen wir nicht rein?".

Es war eine reinrassige Flamenco-Bar mit Vorraum und Theke und einem kleinen Tanzsaal hintendran. An den Wänden hingen keine Teller, sondern Schwarzweißfotografien, zum Teil vergilbt, zum Teil mit Autogrammen, und reinrassig war sie deshalb, weil nur Zigeuner da waren. Viele Zigeuner.

Ich ließ es langsam angehen. Blieb im Vorraum und studierte Gesichter. Studieren ist untertrieben. Ich fiel in sie hinein. Kein Mensch hatte mir erzählt, wie schön Zigeuner sind, wenn sie feiern. Ich sah eine Menge feingeschnittener Nasen und einen alten Mann, dessen Gesicht wie ein zerknautschter Fußball war, nur Falten und ein ganz breites Lächeln zwischen den Ohren. Wie ich seine Augen beschreiben soll, weiß ich nicht. Nach einigen Minuten fiel mir auf, daß sie alle solche Augen hatten, und Loco schob mich weiter. Nach hinten, in den Tanzsaal. Da war die Musik, und davor war nochmal eine Mauer von Menschen. Aber Zigeuner sind kleiner als ich, und ich brauchte nicht weit durch den Raum zu gehen. Ich suchte mir einen Stehplatz in der linken Ecke des Saals und wurde zu Luft.

Wenn du beobachten willst, ausschließlich beobachten, wenn jede deiner Poren zu einer Antenne geworden ist und deine Augen zoomen, dann stört es manchmal sehr, wenn auf deine Anwesenheit reagiert wird. Dann möchtest du Mäuschen sein, und wenn du zu groß dafür bist, dann werde Luft. Oder ein Stück Holz. Und stehe wie eingebaut in deiner Ecke.

Sie hatten einen Halbkreis gebildet, etwa sechs bis sieben Reihen stark. Dahinter war eine Tribüne mit Stühlen. Die Alten saßen, die Jungen standen. Kinder waren dabei, bis zu zwei Jahren runter. Und viele Mädchen im heiratsfähigen Alter mit ihren Vätern, Vettern, Brüdern, Cousinen, Großmüttern und Urgroßmüttern, samt deren Freunden und Freundesfreunden und Anverlobten, Eingeheirateten oder sonstwie Verwandten, die aus allen Provinzen Andalusiens und manche sogar aus Barcelona und Madrid zu dieser Feier des Familien-Clans angereist waren. Und alle hatten sich unglaublich in Schale geworfen.

Die Männer trugen dunkle Anzüge mit feinen Streifen, die Frauen Kostüme oder Abendkleider. Billigste Ware, bester Stil. Und Hüte trugen sie und großen Schmuck, und auf der Tribüne, genau in der Mitte, saß eine Frau in einem grünen Kleid. Sie war um die fünfzig und muß einmal wunderschön gewesen sein, und sie war noch immer schön. Sie trug ihren Kopf wie eine Königin und rauchte mit einer langen Zigarettenspitze. Sie rauchte ununterbrochen, und sie war die einzige, die nicht klatschte.

Der Rest tat es. Nicht sonderlich akzentuiert möglicherweise, aber unglaublich schnell, mit Gegenschlägen, die in Rhythmusspiralen durch den Halbkreis jagten, und dazu sangen sie ganz einfache, sehr leichte und fröhliche Lieder. Was sie in der Schule singen, oder wenn jemand Geburtstag hat oder wenn am nächsten Tag geheiratet wird. Lieder, die kein Ende brauchen. Endlosmelodien. Endlosschleifen. Dieser Gesang und dieses Klatschen kamen mir sehr bald wie ein akustischer und manchmal fliegender Teppich vor, in den die besten Sänger ihre Soli woben. Die besten Sänger! Man sagt, daß Jerez ihre Stadt sei. Granada hat die Tänzer hervorgebracht. Sevilla die Gitarristen. In Jerez ist die Seele. Weil die Stimme alles ist und der Ursprung, aus dem der Flamenco kommt. Und die Sänger fühlen, wenn der Flamenco kommt und wenn du in der Nähe bist, kriegst du das mit. Sie stehen mit geschlossenen Augen da, atmen schnell und tief und summen sich ein. Wer ihre Stimmen hört, macht „psst, psst, psst", und dieses „psst" pflanzt sich fort, und wenn sie es alle gehört haben, bricht der Gemeinschaftsgesang ab und das Klatschen wird leiser, nicht langsamer, keineswegs, und der Mann kann beginnen.

Leise, aber komprimiert, rauh, aber schön, hart und verletzlich holt er unter den anfeuernden, scharfgerufenen „ays" der anderen die Stimme aus dem Bauch und bringt sie heraus und läßt sie gleiten und schweben und Girlanden ziehen und holt sie zurück und kommt mit noch mehr Intensität wieder. Und jetzt reitet er. Intensität. Darauf kommt es an. Ein Flamencosänger ist nur dann ein Flamencosänger, wenn er sich selbst singt. Und wenn du in den wenigen Minuten seines Solos alles, aber wirklich alles über sein Leben erfährst, über den Regen und über die Sonne, die er gesehen hat, über die Straßen, die er hinuntergegangen ist, über die offenen und geschlossenen Türen, über die Liebe, die dahinter war, und über das Leid; wenn es das ist, was du erfährst, dann hast du einen guten Sänger gehört.

Und wenn du ein guter Zuhörer bist, verschmilzt du mit ihm, was das mindeste ist, was ein Sänger braucht. Einen, der eins mit ihm wird, einen, der jede Facette seiner Gefühle aufnimmt und sie mit seinen vermischt. Dann singt der cantaor nicht nur seinen Flamenco, sondern auch deinen, und das bringt neben vielen anderen Annehmlichkeiten vor allem dies: Ekstase. Damit geht er ins Finale und das ist dann kein Lied mehr. Das ist ein Schrei. Ein langgezogener und länger und immer länger werdender Schrei, und erst, wenn du wirklich nicht mehr weißt, woher er die Luft dafür nimmt, und wo und wie das alles enden soll, erst dann bricht das hundertstimmige olé wie eine Welle über den Sänger herein, und der Mann ist fertig.

Welle um Welle, Sänger um Sänger und – natürlich – Tänzer um Tänzerin. Alle tanzten. Alle haben es noch vor dem aufrechten Gang gelernt. Eine nach der anderen sprang in den Halbkreis und gab das Geschehen für die Dauer von vier, fünf Schritten an die berühmten spanischen Stiefelabsätze weiter. Nicht mehr. Der kurze Tanz war angesagt. Bewegungen, die eigentlich nur Zitate waren. Aber das reichte. Loco Romantico hatte Recht. Diese Frauen gesehen zu haben, wie sie in vier, fünf Schritten, vier-, fünfmal die Hüften schwangen, reichte tatsächlich, um für den Rest des Lebens auf den Besuch von Discotheken verzichten zu können. Ich habe Zigeunerinnen tanzen gesehen. Ich war endlich satt.

Seit zwanzig Jahren
ohne Sex

(Indien)

Ein armer alter Inder fand am Strand eine Flasche, die ihm merkwürdig erschien. Er machte sie auf, und ein Geist kam heraus. „Wow", sagte der Geist. „Ich war hier zweitausend Jahre eingesperrt, und du hast mich befreit. Dafür hast du einen Wunsch frei. Sag an." Der arme alte Inder überlegte ein Weilchen, dann erklärte er, daß er schon immer mal nach Madagaskar wollte. Da er zum einen aber Flugangst habe und zum anderen schnell seekrank werde, wünsche er sich eine Brücke dorthin. Der Flaschengeist reagierte ungehalten. „Eine Brücke von Indien bis Afrika? Weißt du, wie viele Säulen ich dafür brauche? Mann, kannst du dir nichts Leichteres wünschen?!" Der Inder überlegte wieder, dann fiel ihm etwas ein. „In meiner Religion", sagte er, „gibt es ja nicht nur unendlich viele Wege zu Gott, sondern auch unendlich viele Götter. Da habe ich mich noch nie wirklich zurechtgefunden. Kannst du mir den Hinduismus erklären?" Der Geist sah ihn traurig an. „Okay, welche Farbe soll deine Brücke haben?"

Wie lange kann ein Mann seinen rechten Arm ausgestreckt nach oben halten? Eine halbe Stunde? Eine Stunde? Zwei? Ich hatte schon nach zehn Minuten keine Lust mehr, denn ein Schmerz begann, der mit jeder Sekunde schmerzhafter zu werden versprach. Wer foltert sich freiwillig? Und wozu? Der Trick der Sadhus ist es, „den Schmerz mit dem Willen zu verspeisen". „Ich kann es, ich kann es, ich kann es", reden sich die indischen Asketen ein und stellen irgendwann fest, daß sie es wirklich können. Und mit jedem Augenblick, den sie dem Schmerz abringen, siegen sie über die Natur. Das bringt zumindest ihrem Willen übernatürliche Kräfte. Und dann, sagen sie, fängt der Spaß erst an. Das klassische Über-Wasser-Gehen, der schwebende Lotussitz, die heilenden Hände, der böse Blick. Dann beginnen Right-hand- oder Left-hand-Tantra, Schwarze oder Weiße Magie. Guter oder böser Zauber würde das europäische Mittelalter dazu sagen.

Amrit Giri Baba zähle ich zu den bösen Zauberern. Er hat eine faszinierende, aber dunkle und alles beherrschende Energie. Wer seine Dominanz nicht akzeptiert, muß gehen. Schnell gehen, denn Amrit Giri Baba wirft seine Flüche wie Steine hinter einem her. Ein Mann, der seinen rechten Arm seit zwölf Jahren hochhält, besitzt die nötige Verbissenheit dazu. Zwölf Jahre? Ich kann etwa drei Stunden davon bezeugen, solange saß ich vor seinem Zelt und konnte ihn durch den Eingang beobachten, aber alle, die den Baba kennen, sagen, es stimmt: zwölf Jahre, und jedes Jahr wird es eins mehr. Spinnen die Inder? Amrit Giri Baba hatte den Arm als Beweis. Obwohl mit Haut umspannt, sah er wie ein Ast aus, die Faust war wie eine Blüte des Grauens zur Klaue verwachsen, und überlange Fingernägel krümmten sich wie Krallen darum.

Amrit Giri Baba ist eine Berühmtheit in Nordindien, ein Star unter den Sadhus und ein gefürchteter Mann, wie ich festzustellen begann. Hindus warfen sich ihm zu Füßen, die Stirn in den Staub, und wenn sie – weiter kniend – ein Stückchen hochkamen, blieb der Kopf noch immer gesenkt und der Blick auf Amrit Giri Babas Füße gerichtet, während sie mit ihren ausgestreckten Händen eine Zeremonie begannen. Sie führten die Rechte über die Linke und die

Linke über die Rechte, und diese Bewegung machten sie etwa dreißig Sekunden lang so schnell, wie es ihnen nur möglich war. Erst dann hoben sie den Kopf, sahen – ganz kurz, nur einen Augenblick lang – in Amrit Giri Babas Augen, in der Hoffnung, Shiva darin zu erblicken, den destruktiven Aspekt der kosmischen Energie.

Shiva ist der hinduistische Gott der Zerstörung, der zerstört, was zerstört gehört. Er ist der Bruder von Krishna, dem Gott der Liebe, der aus dem Zerstörten wieder Neues schafft, und der Bruder von Brahma, dem Erhalter und Beschützer. Wer an Macht interessiert ist, betet in der Regel Shiva an. Außerdem ist Shiva ein Gott, mit dem man gut kiffen kann. Die Sadhus glauben, ihm damit näherzukommen, und das Chillum, ein großkalibriges Rauchgerät, gehört zu den Devotionalien dieses Gottes.

„Bum Dharakka, pheenk Bombai, Calcutta. Jo na piye gnje ki kali – Larka se Larki Bholi!" (O Chillum, brenn Bombay und Kalkutta nieder. Ein Mann, der kein Haschisch raucht, ist nicht besser als ein Mädchen.)

Bin ich besser als ein Mädchen? Ich habe in Amrit Giri Babas Zeit jedes Chillum mitgeraucht, aber ich bleibe höflich, bescheiden und bestimmt. Den Diener mache ich nicht vor ihm. Wir liegen im Alter wahrscheinlich nicht weit auseinander. Er hat es in seinem Leben zu einem Star-Sadhu gebracht, ich bin Reisejournalist geworden. Er streckt die Faust in den Himmel, durch den ich ständig fliege. Überall hin und überall fort. Und hier will ich weg. Mir gefällt dieser Baba nicht – das sind die Schmerzen in meinem Beruf.

Was ist jetzt mit dem Interview? Ich möchte gern wissen, ob du dich an den Tag erinnerst, an dem du dich entschieden hast, den Arm hochzustrecken und nie wieder herunterzunehmen. Ich möchte wissen, wie lange es dauerte, bis die Muskeln sich im permanenten Krampf verknorpelt hatten, und ob du dich an den Tag erinnerst, an dem es plötzlich nicht mehr weh tat (positiv), weil dein Arm kein Arm mehr war (negativ), sondern ein Stück Holz, steif und tot. Und ich möchte wissen, wie du dich in der Zeit dazwischen gefühlt hast, in den endlosen Nächten, in denen du mit Shiva, dem Schmerz und den Sternen allein gewesen bist, und woran du gedacht hast, wenn du pinkeln gehen mußtest.

Als man meine Fragen dem Sadhu übersetzt hatte, bekam Amrit Giri Baba einen Wutanfall. Ob ich noch alle Tassen im Schrank hätte. Herbeigelaufen zu kommen, sich in sein Zelt zu setzen, seinen Tee zu trinken und auf Knopfdruck seine Lebensgeschichte abzufragen. „Wofür? Du machst Geld damit, aber was nützt es mir?" Er kramte eine Kamera aus seinen Sachen.

„One Englishman make photo and give me this", sagte er in indischem Englisch und meinte, ein Photo von ihm koste eine Kamera.

Es war eine Nikon, ein Billigmodell, aber immerhin eine Nikon.

„I don't push, I don't beg and I don't pay", antwortete ich – ich drängele nicht, bettele nicht und zahle nicht für meine Geschichten.

Als Amrit Giri Baba mein journalistisches Credo übersetzt worden war, ließ er mich wissen, ich hätte mich auf der Stelle aus dem Staub zu machen. Ich zögerte nicht damit.

Wütende Sadhus sind ungemütliche Heilige, und wir waren im Lager der Juna-Akahara, die für ihre Aggressivität gefürchtet sind. Rund 15 Millionen Sadhus gibt es in Indien. Sie werden Sadhus, Babas, Swamis, Yogis und alles mögliche genannt. Das kommt ganz auf die Gegend und die jeweilige Ordenszugehörigkeit an. Von den dreißig bekannten Orden sind dreizehn Kriegerorden, Akaharas genannt, das Hindu-Wort für Fingerring. Sie wurden im Mittelalter militarisiert, um Pilger vor den einfallenden Muslimen zu schützen. Akahara-Sadhus waren später die ersten, die gegen die Briten kämpften. Sie wurden besiegt und entwaffnet, aber ihre Todesverachtung konnte ihnen keiner nehmen. Unter den dreizehn Kampforden sind die Juna-Akaharas wiederum die wildesten; sie werden auch Indiens Hell's Angels genannt. Sich mit einem Juna-Akahara anzulegen bedeutet, sich dem Gott der Zerstörung in den Weg zu stellen. Drei Tage, bevor wir in ihr Lager kamen, hatten sie sich mit einem anderen Orden Straßenkämpfe geliefert. Dreißig Sadhus starben, mehrere Hundert wurden schwer verletzt. Viele Polizisten, die dazwischenritten, um die Sadhus zu trennen, ebenso. Die heiligen Männer haben sie von ihren Pferden gerissen und sie mit Dreispitzen traktiert.

Normalerweise leben Sadhus allein in kleinen Gruppen im Berg oder in den Bergen. Sie ziehen über die Wege und Straßen des Subkontinents, denn die ständige Wanderschaft ist Teil ihrer Disziplin. Die Seele soll keine Gelegenheit bekommen, sich an Freundschaften, Heim oder Familie zu binden.

Aber alle zwölf Jahre, sobald Jupiter in das Sternzeichen des Wassermanns rückt, werden in Neu-Delhi 12.000 Sonderbusse sowie 1.400 Busse aus den Staaten Punjab, Rajasthan, Himachal und Madhya Pradesh auf den Weg gebracht. Eine weitere Armada von Interstate-Bussen reist aus den Metropolen des Südens an, und die indische Eisenbahn ist mit sechzehn Sonderzügen dabei. Sieben Millionen Pilger wollen zum Kumbha Mela, dem größten Fest der Hindus, dem größten Fest der Welt, das traditionell drei Monate lang zu Füßen des Himalaja in der heiligen Stadt Haridwar stattfindet. Dort, wo der Ganges noch sauber ist. Wer sich in Haridwar während des Kumbha Mela im Ganges wäscht, der wäscht die Sünden von sieben Leben ab.

Und was die Straßenschlacht der Sadhus anging: Die Juna-Akaharas waren der Meinung, daß sie als erste in den Ganges springen dürften, weil sie der größte Orden sind. Zweitausend von ihnen waren in der Stadt, die meisten nackt, mit Asche beschmierte, durchtrainierte Körper – der Wald ist ein gutes Fitneßcamp. Vor allen Zelten brannte Feuer, in einigen standen Fernsehgeräte, und die Asketen sahen sich Videos an. Historische Hindu-Schinken, in denen Heilige noch Helden waren. Sechs Millionen Pilger befanden sich bereits in der Stadt, aber es kamen unablässig mehr, und Haridwar glich einem Zaubertopf, der einen Ozean aufzunehmen versuchte. An diesem Ort zu dieser Zeit Distanzen von hundert Metern zielorientiert hinter sich zu bringen, war reine Glückssache. Ich wollte Sadhus sehen, und das Kumbha Mela ist ihr Klassentreffen: Zu diesem Anlaß verläßt selbst der einsamste Asket seinen Wald.

Katya Baba gehört zu den guten Sadhus, er praktiziert Right-hand-Tantra, also Weiße Magie, und es ist ein Vergnügen, ihm in die Augen zu sehen. Er hat einen Blick, den Männer sonst wahrscheinlich nur während des Geschlechtsverkehrs haben – und auch nur dann, wenn sie die Frau wirklich lieben. Dabei hatte Katya Baba seit mehr als zwanzig Jahren keinen Geschlechtsverkehr. Seine Genitalien sind in einem Ledersack verschlossen, der an einen mächtigen Gürtel gekettet ist. Ein Gürtel, fast so groß wie ein Wagenrad, der keine Haken und Ösen hat, sondern ein schweres Schloß, das ihn zusammenhält. Den Schlüssel für das Schloß besitzt sein Guru. Und wenn er mal muß? Zum Urinieren bekommt er den Penis ein Stück aus dem Lederbeutel heraus, aber für eine Erektion reicht es nicht.

Der Sadhu darf seine Sexualenergie nicht verschleudern, er braucht sie für sich. Sadhus arbeiten, egal in welchem Orden sie sind, an totaler Keuschheit, totaler Armut, totalem

Gehorsam. Ein permanenter Kampf gegen das Ego, dessen Natur eine ganz andere ist. Erklärtes Ziel aller Sadhus ist nichts weniger als das ewige Leben, und laut der Lehren der sechstausend Jahre alten heiligen Veda-Schriften ist die Brücke zur Unsterblichkeit in der Mitte des menschlichen Schädels lokalisiert. Sie wird das siebte Chakra genannt.

Chakras sind Energiezentren. Wenn es die Sadhus schaffen, ihren Sex in Macht zu verwandeln (Lokalisierung: Solarplexus), die Macht in Liebe (Lokalisierung: Herz), die Liebe in Weisheit (Lokalisierung: Kehlkopf) und die Weisheit in Erleuchtung (Lokalisierung: Stirnmitte) – erst wenn sie das geschafft haben, können sie über die siebte Brücke gehen und ihr individuelles Bewußtsein mit dem kosmischen verbinden. Und wer einem von denen, die es fast geschafft haben, in die Augen blickt, wird von jemandem angesehen, der kurz vor seinem größten Orgasmus steht. Denn er hat Sex mit Gott.

Katya Babas Augen waren das erste und letzte, was ich von ihm sah, und in seinem Blick lag auch das überzeugendste Erlebnis, das ich mit einem Sadhu hatte. Am zweiten Tag unserer Bekanntschaft wurde Katya Baba furchtbar krank. Das hatte sich schon am Abend zuvor angekündigt. Er klagte über Kopfschmerzen und hustete schwer, als ich ihn verließ. Am nächsten Tag fand ich Katya Baba halbtot in seinem Zelt liegend, von sechs, sieben Sadhus umgeben, die ihn abwechselnd oder gleichzeitig massierten, die Stirn mit feuchten Tüchern kühlten und ihm den Kopf hielten, wenn er sich erbrach. Er erbrach sich praktisch ohne Pause. Als er nach einer guten Stunde noch immer nicht damit aufhörte, sich zu erbrechen, schlug ich vor, ihn in ein Hospital zu fahren. Katya Baba hob daraufhin für einen Moment seinen Kopf von dem Eimer, den ihm ein Schüler vor den Mund hielt, und öffnete, während ein anderer Schüler seinen Bart mit einem Tuch zu säubern begann, kurz die Augen, und wieder war es derselbe Blick. Wie frisch verliebt. Katya Baba blickte alle in seinem Zelt so an.

Seine Schüler boten einen repräsentativen Querschnitt durch das Jahrzehnte während Trainingsprogramm, das ein Sadhu durchlaufen muß, um selbst einmal Guru genannt zu werden. Da war der, den ich „Das Huhn" zu nennen begann, weil er nicht schwebte, sondern sich flatternd bewegte. Er war ein Nadu, ein Anfänger unter Asketen. Nadus müssen zwei Jahre ständig nackt leben, ihren Körper mit Asche bedecken und tagelang in einem Kreis aus brennendem Kuhmist meditieren. Die Nacktheit dient als Beweis ihrer Konsequenz, die Asche als Schutz gegen Hitze und Kälte. Und der brennende Kuhmist? Der erhobene Arm des bösen Amrit Giri Baba zählt zu den höher entwickelten Selbstkasteiungen der Sadhus. In einem Feuerkreis zu meditieren (gern auch unter Indiens brennender Mittagssonne), gehört zu den Anfängerdisziplinen. Schwieriger werden dann schon das Stehen im knietiefen eiskalten Wasser, das Schlafen auf Dornen oder Nagelbrettern, monatelanges Fasten und die Nummer mit dem Penis. Fortgeschrittene Sadhus sollen jeden Muskel ihres Körpers kontrollieren und sogar mit ihren Genitalien Gewichte bis zu fünfzig Kilogramm heben können. All diese Übungen werden „Tapes" genannt, und die Schmerzen, die sie bereiten, sollen eine innere Hitze erzeugen; so wie ein Ofen, auf dem die Suppe kochen kann.

Für die Sadhus um Katya Baba war das Kumbha Mela eher eine Art Feriencamp, eine Zeit der Kommunikation, des Kiffens, ein Treffen der Wege, ein ständiges Hallo und Tschüs, denn Katya Baba ist so beliebt wie bekannt und residierte während des Festes in einem der größeren Zelte des Sadhu-Camps. Dauernd schauten Gurukollegen, deren Schüler, alleinlebende Asketen oder Heilige aus dem Westen vorbei. Die merkwürdigsten Vögel schneiten in sein Zelt.

Am schönsten und wohlduftendsten waren die Mitglieder der Sakhi-Samp-Radaya-Sekte. Grundlage ihrer Philosophie ist die Überzeugung, daß sich die menschliche Seele in ihrer Beziehung zu Gott immer weiblich verhält. Nach ihrem Gelöbnis ziehen sie Frauenkleider an, bewegen sich wie Frauen, reden wie Frauen, parfümieren sich wie Frauen, und an drei Tagen im Monat nehmen sie frei, weil sie dann ihre Periode haben. Diese Sadhus wirkten auf mich weder schwul noch wie Transvestiten oder Drag Queens. Sie erinnerten eher an den früheren Prince, als er noch Purple Rain sang und in Damenwäsche auf der Bühne stand.

Die zwei Sadhus der Agheri-Panth-Sekte, die immer nur nachts in Katya Babas Zelt kamen, waren etwas gruseliger. Sie trugen schwarze Kleidung und nahmen ihre Mahlzeiten nicht von Plastiktellern oder Palmblättern zu sich, sondern aus in der Mitte durchgesägten Totenschädeln. Lächelnd erklärte Katya Baba, daß es die Schädel ihrer Gurus seien. Die Agheri Panths halten sich vornehmlich in der Nähe von Friedhöfen auf. Zu ihren Ritualen gehören Sex mit Toten und das anschließende Verzehren von Leichenfleisch. Warum? Katya Baba: „Ihr Weg ist das Brechen aller Tabus." Die Agheri Panth sind in Bangladesch zu Hause, und ihre bis ins 15. Jh. zurückreichende Tradition der Leichenfledderei wird von den anderen Sadhu-Sekten als ein zwar extremer, aber durchaus denkbarer Weg akzeptiert.

Andere Länder, andere Sitten. Ost und West fanden einmal in den siebziger Jahren zusammen, damals, als die Speerspitze der Hippies in die spirituelle Szene Indiens stieß. Die meisten dieser Pioniere sind längst wieder zu Hause, doch in Katya Babas Zelt traf ich drei, die geblieben sind. Seit mehr als zwanzig Jahren. Heute tragen sie andere Namen und sind nicht mehr von unserer Welt. Shanti aus Kalifornien, Govinda aus Kanada und Sharandas aus Texas.

Ladies first. Shanti sagte, sie sei eine weiße (im Sinne von gute) Hexe, und so sah sie auch aus: Riesennase, Riesenmund und überwache Augen. 1970 hat sie nach einer LSD-Party in Goa ihr Rückflugticket verbrannt und ist durch ganz Indien gezogen. Seit sieben Jahren lebt sie in Rishikesh, nur zwanzig Kilometer von Haridwar den Ganges hoch, und sie lebt von nichts, wie sie sagt, als ihrem Vertrauen. Sie berichtet von einem kleinen Restaurant, in dem sie jeden Morgen einen Chey und Chapati, Tee und Fladenbrot, gratis serviert bekommt. „So nice people", schwärmt sie, „so very nice." Shantis Spezialität, verrät sie mir im Vertrauen, ist das Gedankenlesen.

Govinda aus Kanada, ebenfalls vor einem Vierteljahrhundert über Goa in die Welt der Sadhus gekommen, galt in diesem Umfeld als Heiliger, als einer, der keine Bedürfnisse mehr hat, keinen Streit mehr kennt und das lebt, was die Schriften der Veda sagen: „Wer gleich sich bleibt bei Freud und Leid, der reift für die Unendlichkeit." Govinda war mehrere Male todkrank und zweimal im Gefängnis, er hat alle Höllen Indiens durchgemacht und ist jetzt in allen indischen Paradiesen. Er scheint ständig zu lachen. Was ist so witzig an diesem Leben?

Sharandas ist witzig. Der Texaner unter den Western-Sadhus ist in den Himalaja gekommen, um im Rahmen seiner Doktorarbeit (Psychologie) die Gehirnschwingungen von Asketen zu messen (Sadhus sollen wie Babys einen anomal hohen Anteil von besonders ruhigen Alpha-Schwingungen haben). Hin und wieder bekommt er noch Post von seinen Eltern, die ihn bitten, doch endlich sein Studium zu beenden. Nicht nur sie machen sich Sorgen, selbst sein Guru fürchtet um ihn.

„Bad company", sagt Katya Baba, schlechte Gesellschaft sei das Problem. Und Sharandas lacht dazu und kratzt sich an den Hoden. Er ist immer nackt und Katya Babas erklärter Lieblingsschüler, denn er hat alle Disziplinen seines Ordens mit Bravour bestanden. Sharandas kennt die Magie der Nervenknoten, er heilt mit den Händen, er hat viel Kraft – das heißt, er hatte viel Kraft. Denn zum Kumbha Mela erschienen auch einige Damen aus New York und Israel, in deren Kreisen es Sport geworden ist, das Keuschheitsgelübde von Asketen zu brechen.

Drei Tage blieb ich bei Katya Baba, dann konnte ich nicht mehr. Katya Babas Zelt stand in einem Sadhu-Camp auf der anderen Seite des Ganges. Ein riesiges Lager mit schätzungsweise 20.000 Asketen. Um Seuchen vorzubeugen, ließ das Gesundheitsministerium der Provinzregierung täglich ein paar Tonnen DDT versprühen. Das Insektengift lag wie Nebel in der Luft und wie Säure in den Lungen. Dazu die Fliegen, Wolken von Fliegen, unzählbar und mit einfachen Handbewegungen nicht mehr zu verscheuchen. Kein Licht, keine Luft, keine Ruhe, und am dritten Tag erreichte mich selbst das Leuchten in Katya Babas Augen nicht mehr. Als hätte Gott mein Flehen gehört, fuhr eine ganz in Weiß gekleidete Französin in einem weißen Jeep vor, um Katya Baba in einen Ashram außerhalb von Haridwar einzuladen. Man plane in dem Meditationszentrum eine „Konferenz der Wege" am nächsten Tag, mit je einem führenden Repräsentanten jeder Religion. Ein Brahmane, ein Moslem, ein Christ, ein Buddhist, nur ein großer Asket fehle ihnen noch – und Katya Baba habe immerhin 400 Schüler und einen exzellenten Ruf.

Tags drauf in Rishikesh. Ein weitläufiger Ashram mit riesigem Garten, buntem Zelt und großer Bühne. Shanti und Govinda saßen neben mir, ein nackter Sharandas folgte der sichtlich genervten Französin auf Schritt und Tritt, jede Menge Asketen, die schlechtgelaunt meditierten (man hatte ihnen das Kiffen verboten), nur Katya Baba sah ich nicht. Dafür Amrit Giri Baba, den Unsympathen, auch hier mit erhobener Faust und bösem Blick. Dann machte es bumm, bumm, bumm ... – kein lautes, aber ein tiefes, sattes Bumm, das man mehr mit dem Solarplexus als mit den Ohren hörte, und was mich anging, ich hörte es zum ersten Mal. Die Trommeln der Tibetaner, die geschlagen werden, wenn der Dalai-Lama naht.

Das Oberhaupt der Buddhisten erwies sich als überaus bescheidener, sympathischer Mann. Eine sehr aktive Bescheidenheit. Wann immer sich jemand vor ihm verbeugen wollte, verbeugte er sich noch tiefer, was möglicherweise seine gute Gesundheit erklärt, denn man verbeugte sich vor ihm praktisch ohne Unterlaß. Der Dalai-Lama erklärte, warum er gekommen war. Man hatte ihm einen Helikopter nach Dharamsala geschickt. Und er liebt Helikopter. Aber auch der schönste Helikopter bringe, bei aller Freude am Fliegen, nicht das wahre Glück (Applaus seitens der Asketen), genauso wenig wie die schönen Bärte (Applaus seitens der Damen). Dasselbe gelte für das Fasten, das Schlafen auf Nagelbrettern und die sexuelle Enthaltsamkeit (Applaus diesmal von Sharandas). Wie aber erlangen wir nun das wahre Glück? Der Dalai-Lama wußte es auch nicht. Er wußte nur, wie man es verliert. „Wer zuviel an sich selbst denkt, bekommt es mit der Angst zu tun", sagte er.

Als der Dalai-Lama die Bühne verließ und Richtung Hubschrauber stapfte, sah ich zu, daß ich ihm nahe kam. Für diesen Satz wollte ich mich bei ihm persönlich bedanken. Aber noch bevor ich den Kopf herunterbekam, hatte sich das Lächeln des Erleuchteten schon vor mir verbeugt.

Yakuza

(Tokio)

Die Voraussetzungen für das Interview waren mehr als günstig. Ich hatte seit Wochen eine Serie von exzellenten Tageshoroskopen, und eine vollbusigere Übersetzerin als die schöne Millie hätte ich nicht mitbringen können. Japaner lieben Größe und Harmonie, und noch dazu war der Fotograf, Alberto, fast so etwas wie ein Freund des Yakuza. Daß dieses Interview dann doch den Bach runterging, lag, wenn Sie mich fragen, am Essen.

Er hatte uns in ein sündhaft teures traditionelles Restaurant eingeladen, mitten in Tokio, mitten in Shinjukuku, mitten im Vergnügen, und es war ohne Zweifel wunderschön und größtenteils aus Papier. Es hatte viele kleine Stufen und bleiche Stellwände, und jeder der niedrigen Tische stand auf einer anderen Ebene. Aber ich mag nun mal keinen Fisch. Ich finde Fische eklig. Sie sollen bleiben, wo sie herkommen. Sie haben auf dem Land nichts zu suchen. Schon das Wort ist glitschig. Wenn jemals ein Geheimdienst Informationen aus mir herauszupressen gedenkt, sie brauchen mir nur einen Fisch zu servieren, und ich erzähle alles.

Als Vorspeise gab es etwas Grünes. „Fisch", sagte der Yakuza.

Von der Vorspeise bis zum nächsten Fisch fiel mir ein weiterer, die Kommunikation erschwerender, Umstand auf. Yakuza haben drei Gesichter. Eins für alle (das zeigte er mir, und das auch nur im Profil), eins für Freunde (Kumpel Alberto) und dann noch eins, das sie, wenn sie schlau sind, niemand anderem zeigen als sich selbst. Das zeigte er Millie.

So hatte ich zunächst alle Muße, den Yakuza in Ruhe zu betrachten. Er erinnerte mich, was seine Aura anging, an einen etwas geschrumpften Anthony Quinn in der Rolle des Onassis. Hariki Miata war klein, aber seine Armbanduhr war eine Million US-Dollar wert, sein Schneider ausgezeichnet, und wenn er lächelte, sah man, daß sein Zahnarzt gut an ihm verdiente. Sein Vermögen einzuschätzen ist müßig. Es reicht zu wissen, daß die Organisation, deren viertmächtigstes Mitglied er ist, es vom Umsatz her mit allen japanischen Banken aufnehmen kann. Als er nach zehn oder fünfzehn Minuten seinen Blick zum ersten Mal wieder aus Millies Dekolleté herausbekam, sah ich, daß er schüchtern war. An seiner linken Hand fehlten ein paar Glieder. Zwei vom kleinen Finger, eins vom Ringfinger. Seine Unterhaltung mit Alberto plätscherte währenddessen an mir vorbei. Alberto hatte vor Jahren lange mit dem Yakuza-Boß gearbeitet, es war das klassische *Weißt-du-noch-damals-im-Puff* und *Was-waren-wir-besoffen* und *Deine-letzte-Übersetzerin-war-ja-ein-Dreck-gegen-diese-hier*-Gespräch. Aber ich hörte kaum hin. Es interessierte mich nicht. Ich war fasziniert von seiner verstümmelten Hand.

Noch nie hatte ich einen Mann getroffen, der sich freiwillig einen Finger abhackt. Mit dem Schwert oder, wie sie es neuerdings machen, mit einem Hammer und einem scharfgeschliffenen Meißel. Das trennt den Knochen sauber ab – zack und knack, dann liegt es da, ein Stück von dir selbst. Ich hatte gehört, daß die meisten Menschen, die ein Körperteil verlieren, einige Zeit lang unter Schock stehen oder ohnmächtig werden oder „aua" sagen. Ein Yakuza hackt sich das Ding schweigend ab, wickelt es in ein Seidentuch und übergibt es seinem Boß. Das ist seine Art, sich für einen Fehler zu entschuldigen.

Frage: „Sind Yakuza Menschen?" Antwort: „Nein, Japaner."

Ich war zu Scherzen aufgelegt in dieser Nacht.

Nun wurde der dritte Gang serviert und positiv zu vermelden ist, daß Alberto mich jetzt langsam in das Gespräch einzubringen versuchte. Er stellte mich als Reporter vor, der gerade aus Hongkong kam, frisch aus den Höhlen der chinesischen Triaden. Das war in der Tat übertrieben. Ich hatte in Hongkong einer österreichischen Kulturveranstaltung beigewohnt, von den Triaden hatte ich nur etwas in der Zeitung gelesen. Aber das reichte. Es entspann sich folgender Dialog:

„Ich kenne Hongkong", sagte der Yakuza. „Wir haben eine Filiale dort."

„In welchem Geschäft?" „Import-Export." „Waffen?"

(Keine Antwort. Mag er mich nicht?)

„Mädchen?"

(Keine Antwort. Versteht er mich nicht?)

„Drogen?"

Der Yakuza lächelte. „Sie sollten nicht soviel fragen. Sie kommen ja gar nicht dazu, Ihren Fisch zu essen."

Es gab einen weiteren, die freie Rede bremsenden Umstand: Die Yakuza stehen unter Beschuß, 300 Jahre fast friedfertiger Kooperation mit der Staatsgewalt scheinen zu Ende. Japan hat seit dem Frühjahr 1992 ein Gesetz gegen organisierte Kriminalität, und die Polizei wendet es sogar an. Für einen Mann wie Hiraki Miata ist das glatter Vertragsbruch. „Es war ein historisches Geschäft", sagte er. „Die Yakuza hat für die Regierung die Drecksarbeit gemacht. Wir haben die Kommunisten umgebracht. Und wir haben die Straßen saubergehalten. Nicht die Polizei." Das stimmt. Das war der Vertrag. Keine Kleinkriminalität. Keine Anarchie. Die Kriminellen kontrollierten die Kriminellen. Dafür durften sie in Ruhe ihren Geschäften nachgehen. Jetzt dürfen sie nicht mal mehr zu dritt auf die Straße. Damit wären die Herren bereits eine Bande, was ein Jahr Haft kostet. Nur ein Idiot würde bei diesem Stand der Dinge ein offenes Interview geben.

Hariki Miata ist kein Idiot, das offenbarte sich allein schon darin, mit welcher Kunst er zunehmend Antworten gab, die irgendwie gar nichts mehr mit meinen Fragen zu tun hatten. Deswegen einige Fakten: Natürlich sind es Drogen, die sie aus Hongkong holen. Nicht Heroin, dafür gibt es in Japan keinen Markt. Kokain ist inzwischen zwar ein Geschäft, aber kein expandierendes, weil es nur die Ausländer in Tokio nehmen. Was verkauft wird, sind Amphetamine, die allerdings in wahrhaft japanischen Dimensionen. Würde eine internationale Wirtschaftskommission der Vereinten Nationen aus rein sportlichen Gründen ein weltweites Anti-Doping-Gesetz für Arbeiter, Angestellte und Manager verabschieden, dann wäre es mit der japanischen Vorherrschaft schnell vorbei. Eine ganze Industrienation auf Entzug. Die Droge paßt genau in die Struktur japanischen Denkens. Speed hier und jetzt. Eine der beliebtesten Versionen oder besser Mutationen auf Amphetaminbasis ist Ice. Die paßt noch besser. Weil sie den Speed mit einer guten Prise Größenwahn vermischt. Das bringt nicht nur Fleiß, das bringt Visionen. Ist schon jemandem aufgefallen, wie intensiv die Japaner an zukunftweisenden Produkten arbeiten? Ice ist die Droge, die die Yakuza aus Korea, Taiwan und von den Hongkong vorgelagerten Inseln holt. Aus eigenen Chemielabors. Oder gar Fabriken? Hariki nannte sie Filialen.

Was die Mädchen und die Waffen angeht, darum kümmern sich ihre Filialen in Bangkok und Manila. Ohne an dieser Stelle mit Details langweilen zu wollen, eine Geschichte über die Art und Weise, wie sie schmuggeln, ist erzählenswert:

Ein zoologisches Unternehmen. Sie legen die Kleinkaliberpistolen, die Großkaliberpistolen, die Schnellfeuerpistolen, die Maschinenpistolen, die Maschinengewehre, die Schalldämpfer und die Dumdum-Geschosse in Kisten voller Vipern. Niemand sucht freiwillig unter einem Haufen sich windender Giftschlangen nach irgend etwas. Warum sollte ausgerechnet der Zoll es tun?

Das Essen ging zu Ende. Auf dem Tisch vor mir stand inzwischen eine ganze Reihe kunstvoll dekorierter Teller, Schalen und Körbchen, die man nicht abzuräumen wagte, weil sie gänzlich unberührt waren. Der Tisch sah aus wie ein Aquarium ohne Wasser. „Laßt uns ins Bordell gehen", sagte der Yakuza. „Unsere Freundschaft vertiefen."

Als wir dann endlich auf der Straße waren – ich meine auf dem, was man in Tokio eine Straße nennen kann, einer, die keinen Himmel und keine Sterne hat, selbst wenn die Nacht klar ist, und der Mond über den tausend Stockwerken strahlt –, auf einer Straße also, die aussieht wie ein Stück ferner Planet, auf dem alles nur ein bißchen so wie bei uns auf der Erde ist, beschloß ich, diese Stadt zu lieben. Der Yakuza liebt sie auch, und jetzt sieht er sie zur Hölle gehen. Fremde Teufel übernehmen sie. Früher, als die Zeiten noch ehrenvoll waren und die Yakuza noch nicht durch Anti-Gang-Gesetze in der Ausübung ihres Berufes behindert wurden, gab es in Tokio (und dasselbe gilt für alle anderen Städte im japanischen Kaiserreich) nicht eine Bar, nicht eine Sushitheke, nicht eine Spielhalle, nicht eine Disco, nicht einen Zigarettenautomaten, für die nicht Schutzgelder von der Yakuza eingezogen wurden. Jetzt übernehmen die Koreaner und Chinesen das traditionelle Inland-Geschäft. Und selbst der etwas zu dünne vollbärtige Straßenmusiker mit der großen Trommel, dem schnurlosen Mikrophon und dem John-Lennon-Repertoire, selbst der zahlt nicht mehr an die

Yakuza, sondern an die Mafia aus Tel Aviv. Schwer zu glauben, aber wahr.

Offiziere aus Israel, die hier vor wenigen Monaten noch selber standen und sangen und Bilder verkauften, um ihren Urlaub auf den Philippinen zu finanzieren, kontrollieren jetzt das Straßengeschäft. Und verlangen das Doppelte von dem, was die Yakuza nahm. Dasselbe gilt für die Prostitution. Die thailändischen Mädchen bringen plötzlich ihre thailändischen Zuhälter mit, und die Stadt wimmelt von Edelnutten aus Paris, New York und Rom, und die zahlen an überhaupt niemanden mehr. Die rund 20.000 Iraner ohne Aufenthaltsgenehmigung gestalten den Schwarzmarkt der Stadt, und die Türken und Kurden mischen sich bei den Drogen ein, und es sollen auch schon Kolumbianer in Tokio gesehen worden sein.

Oh, wie das nervt, man kann es verstehen. Auch wenn die eigentlichen, die immensen, die kosmischen Gewinne der Yakuza inzwischen aus ganz anderen Quellen fließen (Immobilien, Börse etc.), trotzdem tut es ihnen weh. Denn es sind Japaner, und die sind alles andere als multikulturell eingestellt. Das Schlimmste aber von all diesen Unerfreulichkeiten ist, wie Hariki Miata kopfschüttelnd auf unserem Weg ins Bordell erzählte, das Schlimmste ist, daß jetzt sogar in Tokio die Leute auf den Straßen überfallen werden, wie überall sonst auf der Welt. Und er hat nur einen Leibwächter dabei. Lieber wären ihm zwei. Aber dann wären sie ja schon drei, und das ist verboten. „Es ist wirklich schlimm", sagte Hariki noch einmal. „Schlimm für uns, aber noch viel schlimmer für die anderen. Wir können warten. Irgendwann muß die Polizei ihren Fehler einsehen. Und dann ... (Hariki schlägt ein Kreuz mit seiner verstümmelten Hand), ... dann Santa-Maria." Mit Santa-Maria meint er umlegen. Habe ich eigentlich schon erwähnt, wie viele Yakuza es in Japan gibt? Alles in allem rund 150.000, straff organisiert. Und jeder von ihnen hat mindestens zwei Pistolen und ein Schwert. „Ich denke, wir werden die Schwerter nehmen", sagte Hariki, „das hat mehr Stil. Eine Pistole macht bäng und das war's. Mit einem Schwert tut das Sterben richtig weh", sagte er und schaute dabei drein wie ein Samurai in einem Film von Akira Kurosawa.

Der Reihe nach. Es ist ein Zahlenspiel. „Ya" heißt 8, „ku" heißt 9, „za" heißt 3. Die schlechteste Zahlenkombination im japanischen Kartenspiel. Das Blatt, das immer verliert. Die ersten Yakuza in der Geschichte Japans waren Ex-Samurai, Ex-Krieger, die durch allzuviel Frieden im 17. Jahrhundert ihren alten Job verloren hatten und deren neuer das Glücksspiel war. Die Samurai sind die Helden Japans, die Yakuza die gefallenen Engel. Die Samurai durften zwei Schwerter tragen, die Yakuza nur eins. Die Samurai töteten damit für das Kaiserreich. Die Yakuza dienten der Unterwelt. Aber ihr Ehrenkodex ist derselbe. Das Aufnahmeritual: Wer Mitglied der Yakuza werden will, muß ein bißchen von seinem Blut in eine Schale mit Sake tun. Der Boß macht es auch. Sobald der Neue davon getrunken hat, ist er drin und kommt nie wieder raus. Nur der Tod beendet die Mitgliedschaft. Organisationsstruktur: Der Neue ist der „jüngste Bruder" und gehorcht dem „älteren Bruder", der wiederum dem noch „älteren Bruder". Den Boß der Gang nennen sie „Vater". Gegenüber dem „Vater" einer stärkeren Gang ist der allerdings wieder ein „jüngerer Bruder", und an der Spitze der Pyramide steht der, der sie alle beherrscht. Den nennen sie „Gottvater". Gewinnverteilung: Die „jüngeren" zahlen Prozente an die „älteren". Die „älteren" zahlen Prozente an den „Vater". Der „Vater" zahlt Prozente an den „Gottvater". Kardinaltugend: absoluter Gehorsam. Kardinalsünde: nicht da sein, wenn der Boß dich braucht. Kleinere Sünden: Stehlen, Drogenkonsum. Schönheitsideal: lieber einen Finger verlieren als den Kopf und lieber den Kopf als das Gesicht.

Die Frauen waren sehr freundlich zu uns, sehr höflich, sehr gut ausgebildet. Sie waren übrigens keine Nutten, sondern Hostessen, und auch das ist durchaus ein Unterschied. Nutten verlangen Geld für Sex. Hostessen verlangen Geld für gar nichts. Und fürs Anfassen waren andere da. Sie war eine Philippinin und sie hatte einen sehr großen Busen und anscheinend auch ein großes Herz. Einen großen Korb trug sie auch bei sich. Ansonsten war sie nackt. Sie rutschte auf den Knien zu dem ersten der Gäste hin, die direkt an der Bühne saßen, und der Mann wußte wohl, welche außerordentliche Wohltat ihn erwartete, denn er streckte ihr bereits beide Hände mit den Handflächen nach oben entgegen. Sie nahm einen in Plastik eingeschweißten Waschlappen aus dem Korb, riß die Folie auf und putzte ihm damit sanft, aber gründlich die Hände sauber. Dann durfte er grabschen. An sich ein falsches Wort. Der Japaner behandelte die Brüste der philippinischen Tänzerin durchaus mit Respekt und Würde, und seine Technik war auch nicht schlecht. Er wog sie, er massierte sie, er streichelte sie in immer derselben Bewegung vom Brustansatz zu den Warzen hin, und weil Japaner höflich sind, mußte ihm niemand sagen, wann er aufzuhören hatte. Sein Nachbar streckte schon die Hände aus.

Und dann war ich dran. „Greifen Sie zu", sagte der Yakuza. Was sollte ich denn machen? Ich hatte ihn doch schon beim Essen beleidigt.

Borchardt

(Berlin)

Man sagt, daß es drei Minuten braucht, um sich in einen Menschen zu verlieben. Dasselbe gilt für die Liebe zu einem Lokal. Wie das geht? Ich denke, wir sehen bewußt und unterbewußt auf die Dinge und die Wesen, und das Unterbewußte reagiert archaischer, also schneller, und mißt man drei Minuten mit der Ewigkeit, kann man sogar sagen: es reagiert sofort. Mit dem Borchardt betrat ich ein weltstädtisches Restaurant.

Zum einen lag es an den Dimensionen. Es hat die Größe eines klassischen Bahnhofswartesaals, sagen wir in Hamburg, Rom oder Marseille, also wirklich groß und wirklich hoch, und es gibt keine Wände außer den vieren im Quadrat. Die Bestuhlung (eigentlich ein demütigendes Wort) ist frankophil, alle Polster und Bezüge sind rot. Ich habe es versäumt, mich nach dem Material der roten Bezüge zu erkundigen, aber ich glaube, so hatte ich mir immer die Bepolsterung einer Kantine vorgestellt, in der Molière zwischendurch saß und was aß.

Lobt man einen gastronomischen Betrieb zu sehr, kommt man schnell in den Ruf, dort umsonst konsumiert zu haben. Ja, ich gestehe, ich habe es getan, denn ist der Ruf erst ruiniert, lobt es sich ganz ungeniert. Was mir noch auf Anhieb gut gefiel, war das Personal. Es muß von einem Cineasten gecastet worden sein.

Ich kam gut drauf. Ich hatte mit dem Borchardt zwei Dinge gleichzeitig gefunden. Ein Stück real existierende Hauptstadt und zudem meine Bar, meinen Hang Out, meine Zuflucht, wenn die Kälte und die Dunkelheit extern wie intern nicht mehr auszuhalten sind. Ich freute mich zu früh, was den zweiten Punkt betraf. Zunächst aber hatte ich die Freude, den Inhaber des Borchardt kennenzulernen. Roland Mary, im Saarland geboren, Wassermann in unserem und Drache im chinesischen Horoskop sowie Otter im indianischen.

Ich interviewte ihn am Nachmittag, aber erst als ich am Abend privat zurückkam, offenbarte sich das Problem dieses Restaurants. Fred Kogel war da, Sönke Worthmann war da, Iris Berben, Kati Witt und Patricia Kaas waren da, Gerhard Schröder, obwohl er Stammgast ist, war nicht da, aber Angela Merkel war da und noch so manches aus Funk, Film, Fernsehen und den *Leute*-Seiten der *Bunte* mir bekannte Gesichter. Die *Leute*-Seiten der *Bunte* hatte ich ein paar Jahre lang geschrieben. Archivrecherchen, frei erfundene Meditationen. Daß Opfer und Täter plötzlich so nahe beieinander saßen, gefiel mir nicht.

Problem Nummer zwei: Wenn ich ein Lokal betrete, in das nur Erfolgreiche gehen, frage ich mich unwillkürlich, ob das meine Party ist. Warum frage ich mich das? Sie haben keinen Türsteher, der mir die Frage abnimmt. Sie vertrauen auf den doorman im Kopf. Habe ich Erfolg? Bin ich glücklich? Trage ich den Quan? Was bedeutet der Quan? Er bedeutet alles zu haben. Erfolg in den Geschäften sowie die Liebe der Frau, gegebenenfalls auch die Liebe der Kinder und die Liebe des Publikums. Es gibt Quanträger ersten Grades, wie Stammgast Thomas Gottschalk und Stammgast Arnold Schwarzenegger, Quanträger zweiten Grades, wie Stammgast Ben Becker und Stammgast Stefan Aust, Quanträger dritten Grades, wie Stammgast Heike Makatsch und Stammgast Inge Meysel, und es gibt die Friseure dazu (Stammgäste Meier/Walz) und was für eine Art

Quan trage ich? Ich will es nicht beschwören, aber ich glaube, es stand Aldi drauf. Ich ging mit einer Plastiktüte auf die Straße, weil ich mir noch immer keine vernünftige Tasche gekauft hatte, seitdem ich aus Havanna zurück war. Und was die Liebe angeht, bin ich wie jemand, der durch die Wüste irrt und rastet in dem Schatten eines verdorrten Baums.

Problem Nummer drei: Ich war im Borchardt nicht der einzige, der Bestandsaufnahme machte. Ich habe in die Augen vieler Gäste gesehen, und in den meisten sah ich diesen angeknipsten Glanz, der entsteht, wenn man willentlich und schlagartig auf positive thinking umschaltet. Natürlich entlarvt sich der Trick sofort, denn es mangelt ihm an Arroganz. Und ohne die Arroganz des wahrhaft Sieggewohnten wirken die strahlenden Blicke der Verlierer wie die Blicke von Schäfchen auf Ecstasy. Fast dasselbe gilt für den Blick, in dem nur Verachtung ist, wenn Prominente in der Nähe sind, denn Verachtung ohne Arroganz ist Neid.

Wir haben also ein Problem. Ich beschäftigte mich mehr mit meinen Reaktionen auf das Geschehen, als mit dem, was geschah. So kann man nicht recherchieren. Ich beschloß, das Lokal zu verlassen und Erfolg zu haben. Beim Gehen traf ich auf einen bekannten Anchorman des Privatfernsehens. Entweder kam er gerade aus dem Studio, oder er schminkt sich auch, wenn er essen geht. Irgendwie sexy. Er sah wie eine Beate-Uhse-Puppe für Schwiegermütter aus. Niemals möchte ich wie so einer sein, dachte ich, als ich auf die Straße trat, aber ich hätte gern sein Auto.

Winter in Berlin. Man weiß, wie das ist. Ähnlich wie in Hamburg, Frankfurt oder Köln. Kalt, naß, paranoid. Nazi-Horden jagen durch die Nacht, Mafiosi schlachten steuerzahlende Bürger ab, das Gute schläft, das Böse wacht. Ich wollte nicht zu den Guten. Um die Ecke von meinem Hotel

(Bogota) ist eine Bar. Sie hatte noch auf, zwei hundertprozentig unprominente Paare harrten aus. Die Frauen waren komplett besoffen. Ich hatte ein schlechtes Gewissen bezüglich meiner introvertierten Recherche im Borchardt und wollte die Sache wieder gut machen, indem ich aufschrieb, was ich hätte sehen können. Ich schrieb im Stehen, und nach kurzer Zeit kletterten die beiden weiblichen Gäste auf die Theke der Bar und begannen zu tanzen. Eine rechts, eine links von mir. Als die rechte wieder heruntergeklettert war, konnte sie ein paar Takte mit mir reden, bevor der Arm ihres Begleiters dazwischen kam. „Bist du ein Poet", fragte die Polin.

Das war natürlich wunderbar.

Für einen Poeten ist eine gute Bar so etwas wie eine Kirche. Hier findet er geistige Getränke und das Gespräch mit Gott, sowie im fortgeschrittenen Stadium das Gespräch mit den Engeln. Davon schreibt er gelegentlich etwas auf, ähnlich wie Moses es tat, auf dem Berg Sinai. Eine Stadt, die solche gastronomischen Einrichtungen hat, ist gesegnet.

„Das kannst du bei uns auch haben", sagte Borchardt-Boß Roland Mary, als ich ihm von den Tänzerinnen auf der Bar erzählte. „Neulich stieg Ben Becker im Vollrausch hier auf einen Tisch, zog sich die Hose runter und holte seinen Pimmel raus."

„Das ist nicht dasselbe", antwortete ich.

Ich war mit Erfolg zurück. Es ist ja nicht besonders schwer, Erfolg zu haben. Man braucht nur eine Zeit lang keine Drogen zu nehmen, keinen Alkohol mißbrauchen und mit einer Frau zusammenleben, die nervt. Dann schafft man was weg. Oder meditieren und die Balance wieder herstellen. Dann schafft man nichts, außer Glück, und der Glückliche ist in einer Gesellschaft von Quartalsdepressiven der Erfolgreiche schlechthin. Das macht ihn noch nicht pro-

48

minent? Was soll's. Wozu prominent sein, wenn man ein Glückspilz ist?

„Wozu", fragte Roland Mary, „ich sag dir wozu. Wir leben in schwierigen Zeiten. Nur reich sein, reicht nicht mehr. Zu langweilig. Es reicht auch nicht, reich und nicht langweilig zu sein und keinen Bauch zu haben. Besser wär's, aber noch nicht optimal. Die besten Frauen bekommst du nur, wenn du prominent bist."

Fred Kogel (Sat.1-Boß) war mit einer schlanken, sportlichen Freundin zu Tisch, die fast aufs Haar so groß war, wie er selbst, auch ihre Kopfform ähnelte seiner und sie hatte intelligente, warme Augen in ihrem ebenmäßigen Gesicht. Jack White (Musikproduzent) saß mit seiner übernatürlich schönen türkischen Frau ein paar Stühle weiter. Sie trug ihre schwarzen Locken bis zur Hüfte und eine bauchnabelfreie, hautenge Hose aus latexähnlichem Material (es kann auch schlangenlederähnlich gewesen sein). Irgendein Vogel, den ich aus Gute-Zeiten-Schlechte-Zeiten kannte, konsumierte ernsthafte Alkoholika mit einem volldekolletierten blonden Knallfrosch, und der Sohn von Iris Berben war mit einem Mädchen im Leopardenrock da. Klasse Mode. So gehen Frauen aus, die sich fürs Ficken nicht umziehen wollen.

Kompliment auch an den Innenarchitekt. Er hat Bereiche geschaffen. Die kleinen Tischchen im Kaffeehausformat, die parallel zur Bar stehen, sind für die Nichtprominenz, ebenso die Tische an den Fenstern zur Straße und an den Fenstern zum Innenhof. In diesen Bereichen wird es eng, wenn das Lokal voll ist. Alles in der Mitte sowie die Logen an der Seitenwand atmen dagegen Großzügigkeit in Sachen Beinfreiheit und sind VIP-Bereich. Very important Fred Kogel könnte einige very important Produzenten, die in der Nähe sitzen, reich machen, von denen wiederum sind very important Schauspieler im Lokal abhängig, und am Ende dieser Seilschaft der Angst und Begierden hoffen Journalisten, daß sie wahrgenommen werden. Wer kann in solchen Verhältnissen vernünftig essen?

Antwort: die Stars. Der Erfolg des Borchardt funktioniert doch so: die reichen Gäste kommen wegen der prominenten Gäste, die Prominenten kommen wegen der Stars. Nicht wegen des Star-Moderators, des Star-Werbers oder des Star-Kochs, sondern wegen der Stars. Der Unterschied? Prominente sind Menschen, Stars dagegen sind die Antwort der Moderne auf den wachsenden Nihilismus in Wirtschaft, Kultur und Politik. Die alten Götter haben sich verbraucht, hier sind die neuen Projektionsflächen für die eine oder andere Eigenschaft des coolsten Wesens im Universum. Starqualität heißt Gottqualität.

Ich sah eine Frau, die alle Blicke im Lokal verschlang. Ich erkannte sie nicht, was typisch ist. Ein Star wird so oft kopiert, daß man ihn automatisch für seine Kopie hält, wenn man ihn trifft. Ich folgte ihr trotzdem die Dielentreppe zu den Toiletten herunter und setzte mich in das fabelhafte 15.000 Mark Ledersofa, das im Vorraum steht, während der Star für einige Minuten verschwand.

Größe wie Interieur des Toilettenvorraums im Borchardt würde so manchem Studenten als Wohnung genügen. Das Sofa, hier und da ein bißchen Edelholz, ein Zigarettenautomat und ein buntes Bild, das aus der Ferne besehen abstrakte Kunst sein mag, aber es sind so 200, 300 Autogramme von Gästen (Ustinov, Brandauer, Danny de Vito, Johnny Depp ...), denen Roland farbige Stifte zum Schreiben gab, und links des Sofas ist eine Garderobe außer Betrieb, ein kleiner halboffener Raum, auf dessen Theke eine Lampe und ein bunter Elefant stehen. Ein indischer Elefant, nehme ich an. Und was sage ich?

„How you doing?" sagte ich, als der Star aus der Toilette kam.

Sie blieb einen Moment stehen und drückte die Hüften durch. Sie schwankte. „Generally I'm not here, to answer your fucking questions", antwortete sie. „But if you really wanne get it, man, my doctor said, I got too much testosterone in my blood. Thats why I like men, which are hooked on heavy sex. I feel like a gay transvestite."

Das war's. Sie taumelte die Treppe hoch, ich blieb noch eine Weile sitzen, dann kehrte ich an die Bar zurück. Roland Mary stellte sich neben mich.

„Hast du mit ihr gesprochen?"

„Sie sprach mit mir."

„Was hat sie gesagt?"

„Daß sie auf analen Sex steht."

„Sie hat dir gesagt, daß sie auf analen Sex steht?!"

„Das war die Kurzfassung. Wer ist sie?"

„Du weißt nicht, wer sie ist? Und fragst sie solche Sachen?"

„Ich habe ‚how you doing' gefragt. Wer ist sie?"

„Courtney Love".

„Jesus Christus!"

„Der sitzt da drüben."

US-Schauspieler William Defoe („Die letzte Versuchung Christi") hatte also inzwischen ebenso den Weg ins Borchardt gefunden, wie Finanzminister Eichel und Filmmogul Axel Brauner mit seiner bezaubernden Tochter Alice. Kati Witt dagegen ging. Die Garderobiere trug ihr den Mantel hinterher, Roland Mary half ihr rein. Noch ein Wort zur Garderobiere. Sie heißt Thi Kim Phuong Nguyen. Sie kommt aus einem Dorf südlich von Saigon. Ihre rattenscharfe rote Hose sitzt wie eine zweite Haut, desgleichen das Oberteil, und entweder trägt sie einen Wonderbra, oder die Vietnamesen haben gut gebaute Frauen. Phuong ist übrigens der Name einer Blume, die, wie mir die Garderobiere erzählte, sehr, sehr schön ist, aber nur am Mekong wächst.

Ich vergaß im folgenden den Kellner danach zu befragen, ob der sparsame Eichel Trinkgeld gegeben hat, und ich weiß auch nicht, was der Finanzminister aß. Vielleicht eine Dithmarsche Bauerngans mit mariniertem Rotkraut und Hagebuttenknödeln zu 40 Mark? Mit gepökelten Spanferkelbäckchen auf süß-saurem Spitzkohl für 22,50 Mark vorweg sowie exotischen Früchten in Champagnergelee mit Zitronensorbet (16 Mark) hintendran. Und den Beluga Kaviar für 195 Mark die 50 Gramm. Stoßen wir an. Das macht einen schönen Klang, und wenn alle es tun, bringt das Klingen der Gläser die Neurologie auf Trab.

Ist es wirklich der glockengleiche Schlag von geschliffenem Glas auf geschliffenem Glas? Der Kuß der Gläser, sozusagen. Oder ist es das Klappern der Teller und das Plappern der Gäste? Vielleicht ist es auch das Lachen der Frauen, das sich in Tongirlanden durch diesen Soundteppich webt, und vielleicht ist es all das zusammen. Und wenn dann noch mehr als 30 Prozent aller Feuerzeuge an der Bar und an den Tischen von Dupont sind, entsteht durch den hellen Gong, den Feuerstein auf Silber macht, endgültig der Synapsensprung im Lokal. „Aber wirklich nur die silbernen", sagt Roland Mary, „die goldenen bringen das nicht."

Ein Gastronom dieser Klasse muß so ungefähr alles wissen, was unwichtig ist. Wichtig ist, daß man satt wird, nicht verdurstet und es nicht reinregnet. Das ist die Basis der erfolgreichen Gastronomie. Aber nicht deren Magie. Wie lernt man die? Man bricht sein Ingenieursstudium ab, wird Saxophonist, zieht mit einer fahrenden Truppe von Künstlern über Land, bereist Indien (acht Monate) und wird dann in Berlin mit einer Gastronomin bekannt. Marina ist noch heute Roland Marys Geschäftspartnerin, und sie ist wie er fast jeden Tag persönlich im Lokal. Aber sie redet weniger. Verglichen mit Roland Mary ist allerdings auch eine Quasselstrippe wie Stammgast Reich-Ranicki im Grunde ein Stockfisch, denn der Boß vom Borchardt ist ein naturbegabter Kommunikator. Er versteht small talk als Königsdisziplin der traditionellen preußischen Gastronomie, die ihrerseits in der Nomadenkultur des Orients wurzelt, wo alle immer überall gewesen sind. Darf ich in diesem Zusammenhang auf einen Irrtum in der Firmenchronik des Restaurants hinweisen?

Das 1853 von dem Königlichen Kommerzienrat Borchardt gegründete gastronomische Erfolgsunternehmen verantwortete in seiner Eigenschaft als Hoflieferant des Deutschen Kaisers nicht das Catering von Wilhelms erster Orientreise nach Damaskus. Abdul Hamid, der letzte Sultan des Osmanischen Reiches, hatte vielmehr nach Istanbul eingeladen. Das Borchardt hat also am Bosporus aufgetragen. Wußten Sie übrigens, wie der Sultan damals das Meer zu beleuchten pflegte, über dem er seine Parties gab? Er ließ auf den Rücken von 2.000 Riesenschildkröten Öllämpchen anbringen und die Tiere dann nach Herzenslust schwimmen. Dazu hat das Borchardt 1.050 Gedecke mit elf Gängen und sechs Sorten Dessert in 55 Minuten serviert.

Die Kellner heute? Das beste, was man von einem Gast im Borchardt sagen kann, ist, daß er fast so gut aussieht, wie irgendeiner vom Personal. Gut aussehen im Sinne von Charaktergesicht. Im Vergleich mit ihnen fällt auf, wie durchschnittlich der Typus des Gastes ist. Mich wundert's nicht. Die Kommunizierbarkeit von Prominenz braucht die Akzeptanz einer breiten Bevölkerungsschicht. Vielleicht liegt es aber auch daran, daß jene, die geben, immer besser aussehen als die, die nehmen, und vielleicht bin ich doch ein Kommunist. Tatsache ist: Das Borchardt verlangt von seinem Personal in erster Linie Charisma. Alles andere ist so selbstverständlich wie normal. Die klassische Weste, die lange Schürze, Hochgeschwindigkeit. Und immer locker bleiben. Schlagfertig, dreisprachig, eindeutig serviceorientiert, doch keineswegs unterwürfig sowie kein blödes Gesicht, wenn Axel Brauner kein Trinkgeld gibt. Und wer war das, der noch nie davon gehört hat, daß auf der ganzen Welt für die Flügeltür zur Küche nur ein Gesetz geschrieben steht? Rechts, immer nur rechts, geht man rein und rechts, immer nur rechts, kommt man raus. Also wer ging heute links und bezahlt die Kristallscheibe und die Scampi im Splittersalat auf feinstem Meißner Porzellan?

Ich, ich war das.

Ich wollte den Koch interviewen.

Wozu es nicht kam.

Der Tod
ist ein sanfter Bruder

(Kalkutta)

Ich weiß nicht, ob es in der Absicht von Mutter Theresa gelegen hat, daß ihr Haus des Todes am Kaligath steht, einem Platz in Kalkutta, an dem Kali verehrt wird, die Göttin der Zerstörung. Ich weiß auch nicht, ob es die Inder oder die Engländer gebaut haben. An seinen Außenmauern kleben die Stände der Straßenhändler, gegenüber sind die Kioske mit Cola, ein blinder Bettler geht langsam durch das Morgenlicht und hält die rechte Hand auf, eine andere hat er nicht. Es ist 8.30 Uhr.

Der Eingang zu Mutter Theresas Haus ist schmal, und weil gleich dahinter eine Wand ist, kann man, selbst wenn die Tür offen steht, nicht von draußen hineinsehen. Es ist dunkel drinnen und angenehm kühl, ich habe nirgendwo sonst in Indien so viele Ventilatoren von einer Decke herunterhängen sehen. Große, ovale, summende Blätter bewegen die Luft.

Vor mir liegen in drei Reihen etwa 90 Patienten auf blauen Liegen mit blauen Tüchern bedeckt, einige sitzen, ein paar erbrechen sich. Entkräftet, verkrüppelt, furchtbar dünn. Sie stöhnen oder jammern oder schreien mit ihren Augen, die das einzige an ihnen sind, das nicht kleiner geworden ist, und die Nonnen bewegen sich dazwischen wie stumme, verkleidete Engel.

Andy steht auf der anderen Seite des Krankensaals und redet mit jemandem. Ich habe Fotos von ihm gesehen, im letzten Jahr, auf einer Dachterrasse in Delhi. Ich weiß in groben Zügen, wer er ist. Deutscher, Mitte Vierzig, ehemals Computerexperte der Bayerischen Vereinsbank. Vor zehn Jahren führte ihn der Zufall in das Haus der Toten, und er blieb. Als er in meine Richtung sah, winkte ich zu ihm herüber. Er winkte zurück und gab mir mit den Händen zu verstehen, daß er gleich kommen wird, aber vorher hat er noch etwas zu tun. Er beugte sich zu einem Krüppel herunter und streichelte ihn.

Als er vor mir steht, sehe ich einen Mann, der gänzlich ohne Argwohn zuhören kann. Er trägt eine kurze Hose, Sandalen und einen Kittel, den man am Rücken schnürt. Sein Gesicht ist von den Tropen gezeichnet, seine Augen lachen. Ich stelle mich vor, und Andy sagt, er würde gern mit mir reden, später, jetzt habe er zu viel zu tun. Und er sagte, er könne mir Beschäftigung verschaffen, falls ich welche suche.

Im nächsten Moment ist er über einen Neuankömmling gebeugt, der am Eingang liegt, direkt neben mir. Ich hatte ihn nicht mal gesehen. Ein großer, bis auf die Knochen abgemagerter, vielleicht 30jähriger Mann, den man gerade von der Straße geholt hatte. Er trägt ein schmutziges Lendentuch als einziges Kleidungsstück. Andy hebt es hoch und wischt mit einem Tuch die Exkremente weg, so schnell, daß man nicht einmal „Guten Tag" oder „Wie geht's" in dieser Zeit hätte sagen können. Er schaut nach und wischt noch einmal. „Willst du mal einen füttern?" fragt er mich.

Ob ich will oder nicht, ich folge ihm durch den schmalen Gang, den sie zwischen den Liegen gelassen haben. Er geht zügig. Alles was er tut, macht er zügig, und es ziehen Bilder an mir vorbei, von denen jedes einzelne mir für den Rest des Lebens zu denken geben könnte, würde ich in ihrem Anblick verweilen, und ich bin froh, daß wir so zügig gehen. Andy spricht mit mir, ohne sich umzudrehen. Er sagt, er würde mir einen lustigen Alten geben.

Der lustige Alte ist blind. Er hat keine Augen mehr, nur Höhlen, und im Mund hat er nur einen einzigen Zahn, und auch der sieht wackelig aus. Ein Schneidezahn im Oberkiefer, mit dem er nach dem Weißbrot pickt, das ich ihm vor den Mund halte.

Wir verstehen uns schnell. Er begreift, daß ich ein wenig pingelig bin und mit seinem Speichel nicht in Berührung kommen will, und ich finde genauso schnell heraus, daß es ihm Schmerzen bereitet, wenn ich ihm das Brot einfach in den Mund stopfe. Sein Zahnfleisch scheint rund um den letzten Zahn etwas entzündet zu sein. Er schimpft und zetert und reibt die Fäuste in seinen Augenhöhlen. Andy kommt mit einem Becher warmer Milch vorbei.

„Tupf das Brot ein", sagt er, und dann sagt er noch etwas auf Bengali, worüber der Blinde lacht, und schon ist Andy wieder weg. Wir machen es dann so: Ich berühre mit dem milchgetränkten Weißbrot so sanft seine Lippen, daß es wie ein Streicheln ist und der Alte zieht es mit seinem letzten Zahn ein Stück in den Mund hinein und schlürft es weg. Weißbrot und Banane und Banane und Weißbrot, und er mümmelt nunmehr ruhig und friedlich und macht ein glückliches Gesicht.

Andy weiß, was er tut. Er hatte eine gute Lehrerin. Mutter Theresa hatte ihm beigebracht, wie man mit Journalisten umgeht. Erst die Praxis, dann das Gespräch. Das erspart viele Fragen, aber bringt andere Fragen mit sich, auf die man sonst nicht stößt. Zum Beispiel, wer hier wem was gibt? Der blinde, fast bewegungsunfähige Greis, dessen ganzes Leben Armut gewesen ist, reagiert auf meinen Service mit solch einer kindlichen Dankbarkeit, daß ich wie automatisch leise zu singen beginne, während ich ihn fütte-

57

re. Ein indisches Lied. Auf den Straßen aufgeschnappt. Ganz einfache Melodie und ein Reim aus vier Worten, den man wie eine Endlosschleife wiederholt, und das belustigt den Blinden so sehr, daß er sich verschluckt. Er lacht und hustet und beginnt kichernd etwas zu erzählen, und ein paar von denen, die in seiner Nähe liegen, kichern mit. Andy ist zurück. Er sagt, jetzt hätte er ein paar Minuten Zeit.

„Nach dem Frühstück wird gebadet", sagt Andy. „Das lieben die Burschen überhaupt nicht. Sie versuchen sich mit allen Mitteln davor zu drücken. Aber da kennen wir keine Gnade, da nicht."

Wir stehen am Ende des Krankensaals, links sind die Baderäume, es herrscht viel Betrieb. Helfer tragen protestierende Patienten zu den Duschen. Helfer jeglicher Nationalität. Zwei Spanier, ein Schweizer, ein Franzose, mehrere Japaner. Die Japaner tragen Mundschutz und Gummihandschuhe. Wir stehen ein bißchen im Weg.

„Jeden Morgen, wenn ich aufwache, bitte ich Jesus darum, daß er mir heute keine Japaner schickt", sagt Andy. „Sie sprechen kein Wort Englisch. Der Bursche da kam heute morgen und stellte sich vor mich hin und guckte mich an. Mehr nicht. Ich sage, ‚Was kann ich für dich tun?' Er guckt nur. Ich sage, ‚Willst du eine Besichtigung?'. Das würde mir passen. Ich führe dich durchs Haus und nach zehn Minuten bist du wieder raus. Da holt er einen Sprachcomputer aus der Tasche und tippt drauf los und was erscheint auf dem Digital? ‚Service!' Jesus, womit habe ich das verdient? Andererseits lernen sie unheimlich schnell. Am ersten Tag machen sie alles falsch, aber beobachten mich intensiv. Am nächsten Tag machen sie dann alles genau so wie ich. Die Japaner sind Meister im Kopieren. Wir können keinen abweisen," sagt Andy, „wir müssen jedem eine Chance geben, die Erfahrungen hier zu machen." Mother habe ihn ja auch nicht weggeschickt. Immer, wenn Andy über Mutter Theresa spricht, lachen seine Augen noch ein wenig mehr. Mother war eine „lebende Heilige", sagt Andy, selbst die Hindus haben sie verehrt. Als sie gestorben ist, haben die Inder das ganze Haus mit Blumen abgedeckt. Praktisch bedeutet das allerdings nichts. Praktisch seien die Inder der Meinung, daß es Schwachsinn sei, was sie hier tun. Es mache für Indien keinen Sinn.

„Sie haben recht", sagt Andy, „für Indien macht es keinen Sinn. Aber für den Blinden, den du gefüttert hast, macht es 'ne Menge Sinn. Er ist seit zweieinhalb Jahren bei uns, weil er selbst fürs Betteln zu altersschwach geworden ist. Auf der Straße würde er verhungern. Hier bekommt er sein Gnadenbrot."

Die meisten der anderen Patienten bekämen ihren Gnadentod. Ein Sterben in Würde statt in Urin und Erbrochenem. Auf der Straße kümmern sich nur die Ratten und Hunde um die Sterbenden, in Mother's house würden sie in den Tod gestreichelt. „Viel mehr können wir meist nicht tun", sagt Andy. „Wir holen sie aus dem Abfall, wir halten sie sauber, wir geben ihnen zu essen, und wir geben ihnen das Gefühl, daß man sich kümmert."

Andy redet über die Wunden, mit denen er es hier zu tun hat. Sie seien zu groß, um sie jemals wieder zu schließen. Dafür bräuchte es Hauttransplantationen. Das feuchte Klima und die in mancher Hinsicht grausame Gesellschaft ließen diese Menschen bei lebendigem Leib verfaulen. „Wir kümmern uns so gut es geht darum", sagt Andy. „Desinfizieren, verbinden, manche päppeln wir auch wieder auf und können sie entlassen. Aber wenn sie zu uns zurückkommen, sieht das Bein noch schlimmer aus."

Ich frage ihn, ob sie auch ansteckende Krankheiten hier haben. Er sagt ja. Zur Zeit drei Fälle mit Tuberkulose, jede

Menge Hepatitis B, und fast alle haben schwere Ruhr. Angst? Nein. Er habe eine bessere Kondition als die Patienten. Vor zwei Jahren hat ihn die Tuberkulose erwischt, und er ist nach Nepal in die Berge gegangen. Die gute Luft, das gute Essen, die Ruhe, und nach zwei Monaten war er wieder gesund. Alles habe sein Gutes. Seit der TB rauche er nicht mehr. Vor einem Jahr dann die Malaria. Er sei richtig erleichtert gewesen, daß es nur Malaria gewesen sei. Die könne man behandeln.

Ich frage ihn, warum er das mache. Er sagt, es sei seine Droge. Er käme nicht mehr davon los. Ich frage ihn, wovon er lebe. Er sagt, daß er genügend Geld habe, erspartes und ein bißchen spekuliertes, und er nennt mir ohne Zögern die Summe, aber dann besinnt er sich, und bittet mich, sie nicht zu verraten, sonst falle seine Verwandtschaft über ihn her. Ich frage ihn, ob es stimme, daß er aus der Kirche ausgetreten sei. Er sagt, es stimme. Aber das sei vor langer Zeit gewesen, bevor er nach Kalkutta gekommen sei.

Die Zeit, bevor Andy nach Kalkutta kam, war für ihn wie ein anderes Leben. Er hat nichts mehr damit zu tun, außer, daß er noch immer Weißwürstel und dunkles Bier mag, mehr als mag, er träumt davon, und hin und wieder schickt man ihm bayrische Delikatessen in einem Spendenpaket. Selten allerdings, denn die meisten dieser Pakete kämen aus Italien und die Italiener spendeten hauptsächlich Spaghetti und Saucen.

Sein Geburtsort sei Lenggries, ein Dörfchen, 70 Kilometer von München, das eine berühmte Kapelle habe, und die Haushälterin von Papst Pius XII. käme ebenfalls von dort. Und dann? Nun ja, viele Leute, die ihr Land verlassen, hätten wenig drauf. Er habe durchaus schon bewiesen, daß er was kann. Elf Jahre bei der Bank, zuletzt als EDV-Schichtleiter, und sie wollten ihn nicht gehen lassen als er ging.

Das war 1983. Er flog nach Kairo und kletterte auf die Pyramiden, er fuhr durch die Wüste Sinai, er ist in Damaskus, Istanbul und Teheran gewesen; in Indien trat er zunächst für sechs Monate in einen Ashram von Mahatma Gandhi ein. Weiter mit dem Zug in Richtung Südost. Thailand, die Philippinen, vielleicht Japan, das waren in etwa seine Ziele, und in Kalkutta habe ihn dann Mutter Theresa gestoppt. In einem Straßencafé traf Andy einen Mann, der im Haus der Toten arbeitete und Mittagspause machte. Nach der Pause ist Andy mit ihm gegangen.

„Erst bin ich eine Woche geblieben", sagt Andy, „dann sieben Monate, dann viereinhalb Jahre, und jetzt bin ich schon wieder zweieinhalb Jahre am Stück hier. Wenn Jesus es zuläßt, werde ich nie mehr woanders hingehen. Ich habe meinen Platz gefunden. Und was ist jetzt mit dir? Willst du mal einen massieren?"

Er bringt mich zu einem Schwachsinnigen, der am Verhungern ist. Sie können ihn nicht einmal mehr an einen Tropf hängen, weil er sich die Nadeln herausreißt. Festbinden wollen sie ihn nicht. Andy erklärt mir, was zu tun ist. „Sie liegen sich wund. In Europa haben sie Wasserbetten und alles mögliche, und auch da liegen sie sich wund. Hier geht es schneller. Wir massieren sie, um die Blutzirkulation anzuregen." Er dreht den Schwachsinnigen auf den Bauch und legt seinen Rücken frei. „Massier' ihn von den Schultern bis zum Po. Und nicht so fragil. Er muß es spüren."

Was ich erlebe, ist schwer zu beschreiben, ohne kitschig zu werden, ohne Pathos, einfach so. Ich denke, es ist ein Erlebnis der Art, von dem Mutter Theresa sagte, daß sie das Leben eines Menschen veränderten. Das Haus der Toten habe jeden verändert, sagte sie. Egal, ob er zehn Jahre oder nur zehn Minuten blieb. Wahrscheinlich hat auch Andy eine Erfahrung dieser Art gemacht, als er sich damals entschied.

Ich erschrecke mich, als ich den Mann anfasse. Ich habe noch nie ein lebendes Skelett berührt. Ich gebe mir Mühe, ihn nicht zu zerbrechen, ich gebe mir Mühe, ihm nicht wehzutun; mit den Fingerspitzen massiere ich die Beulen auf seinen Hüftknochen, und dann kommt die Liebe ins Spiel, denn ich beginne mit dem Herzen zu massieren. Der Sterbende reagiert. Sein Stöhnen verändert sich. Mitten in seinen Schmerzen ist plötzlich etwas, das sich gut anfühlt. Und es hört sich gut an, wie er stöhnt. Mehr wie ein Seufzen, und diesmal singe ich dazu kein Lied, sondern murmele beruhigende Worte, von denen er nur den Klang versteht. So, wie es Mütter tun.

Meine Ohren öffnen sich. Ich kann nicht sagen, daß sie vorher verschlossen waren, aber was ich jetzt höre, ist nicht dasselbe, wie mein Hören vorhin. Ich höre sie alle und alle auf einmal, alle um mich herum. Alle stöhnen. Laut und leise und immer wieder fließt das Stöhnen zu einer Welle auf und bricht sich und fließt weiter. Das Meer des Leidens. Mitten drin. Und noch mehr mitten drin höre ich den Schwachsinnigen, der plötzlich aus Freude stöhnt, und höre mich, der plötzlich mit Liebe spricht, und für ihn wie für mich ist es eine Erfahrung von Gnade.

Wo Gnade ist, da ist Gott. Wo Gott ist, da ist keine Hölle. Liebe überwindet den Tod. Und als Andy wieder auftauchte und fragte, wie es gehe, verstand ich endlich das Lachen in seinen Augen. Dieses ständige Lachen. Egal was er sieht. „Du hast keine Angst mehr vor dem Tod", sage ich.

„Absolut nicht", sagt er. „Der Tod ist ein sanfter Bruder."

Café Òpera

(Barcelona)

Wessen Obsession es ist, in einer auf kaputte Auspuff-
töpfe spezialisierten Autowerkstatt zu frühstücken, der wird
in den Straßen-Cafés der Rambles im Grunde bestens bedient. Und wenn es trotzdem noch so etwas wie Hoffnung
gibt, dann fällt mir nur jene ein, daß selbst in Spanien der
Tag kommen wird, an dem man die Lebensqualität einer
Stadt nicht daran mißt, wie viele Verrückte durch ihre Straßen toben, sondern wieviel Sauerstoff du in ihr zu atmen
bekommst.

Der Mensch, so sagt man, schafft es 30 Tage ohne Nahrung, drei Tage ohne Wasser und drei Minuten ohne Luft.
Hat er große, junge, noch ungeschwefelte und nur wenig
verölte Lungen, so hält er es sogar fünf Minuten ohne diesen Stoff aus. Aber dann ist Schluß. Dann schwindet das
bewußte Sein dahin wie das Licht in der Abenddämme-
rung, und dann brauchst du schon am Morgen ein, zwei,
drei Tassen Kaffee con leche oder solo, eimerweise, irgendwann. Und wenn der große Hafen dieser Stadt und das ganze
herrliche blaue Mittelmeer hintendran nicht blau, sondern
voll mit braunem Kaffee wären, selbst das bekämen wir
leer. Köstlich. Koffein statt H_2O.

Man sollte sich dann allerdings nicht wundern, wenn man
bereits nach zwei bis drei Tagen in dieser Stadt dem zu äh-
neln beginnt, was hierzulande ein menschliches Antlitz genannt wird. Was heute morgen an Smog-Gesichtern an
meinem Tisch vor dem Café de l'Òpera vorbeigeschlichen
ist, hätte in anderen Zeiten dazu geführt, erst die Gesun-

den aus der Stadt zu evakuieren und dann die Tore zu schließen. Nicht für immer. Nur so lange, bis die Pest vorüber ist.

Allerdings, und das ist der versöhnliche Aspekt der Geschichte, die Leute hier ruinieren sich nicht ohne Stil. So sah ich einen Mann vorhin, einen großen Mann, im Zweireiher, erstklassige Schuhe, in der Brusttasche ein Tuch aus Seide, und die wenigen Haare trug er lang und mit Gel modelliert. Zwei nicht auseinandergeklappte pechschwarze Flügel an einem gewaltigen Hinterkopf. Ein Ex-Torero? Ein Banker? Ein Verleger pornographischer Literatur? Oder vielleicht auch nur einer von denen, die man nachts, bei Vollmond, in regennassen Gassen ganz allein als Fledermäuse wiedertrifft.

Ich bin in Barcelona Central, ziemlich genau auf der Mitte des Boulevards, der Rambles heißt. Früher eine Prachtstraße, der klassische Hang-Out der katalanischen Bourgeoisie, der stolzen Nachfahren von Wilfried dem Behaarten, die im Leben nur eines fürchteten: daß ihnen der nächstbeste Kristalleuchter auf den Kopf fällt. Das ist lange her. Heute sind die Rambles nur noch Blues mit überteuertem Bier. Touristen und Transvestiten flanieren hier, links und rechts tobt der Verkehr, und zwischen alldem schwingt derzeit, genau vor mir, eine rothaarige Rubensfrau im blauweiß gestreiften Mini ihren Körper zu einer Musik, die in ihrem Inneren spielt. Die Frau ist dick, aber nicht unflott. Einem Balanceakt mit Wasserbällen gleich bewegt sie die verschiedensten Teile ihres Körpers und legt sie frei. Alles ist groß, alles ist rund, alles ist enthemmtes Fleisch. Erst mochte ich nicht hinsehen. Aber jetzt, vom Licht der Mittagssonne vergoldet, erscheint sie mir mehr und mehr nicht wie ein Rubensmodell, sondern wie ein Rubensengel, und nichts, absolut nichts spricht dagegen, daß sie kommt und sich zu mir setzt.

Wir kommunizieren in EG-Pidgin. Etwas Französisch, etwas Spanisch, etwas Englisch, und alles italienisch geölt. Sie kommt aus Andalusien, wie zu vermuten war, sie ist mit einem Römer verheiratet, sie hat zwei Kinder und ihr Leben lang Theater gemacht. „Haha", sagt sie, „dancing", sagt sie, „ce finito", und sie greift sich an die Hüfte und schleudert dann ihre Hände weg, um zu zeigen, wie eines Tages ihre Figur explodierte. „Haha", sagt sie noch einmal, und jetzt sind wir bei der Ursache der Explosion, bei der Pantomime des großen Fressens: Der Rubensengel stopft ekstatisch imaginäres Fleisch, Früchte, Brot, Käse und Wein in sich hinein, und während er zu einem dritten haha ansetzt und zu einigen schnellen Bewegungen pornographischer Natur, hat sieben Schritte von uns entfernt ein Saxophonspieler zu leiden begonnen. Momentan jedoch wird meine Aufmerksamkeit anderweitig gefordert. Ziemlich weit rechts unten, an der Peripherie meines Blickfeldes, bewegt sich langsam, so langsam, als würde sie von dem Atem eines Sterbenden getragen, eine Hand auf eine Tasche zu, die dort auf dem Boden steht. Meine Tasche. Die Hand öffnet sie, aber sie fährt nicht in sie hinein. Sie gleitet auch nicht hinein. Sie schwebt über der Tasche wie ein Blatt, das noch nicht fallen will, und mir ist, als seien die Kuppen dieser nun lang und immer länger werdenden Finger mit Nerven oder besser mit Sensoren bestückt, die auf 10.000-Peseten-Scheine und Stadtpläne ähnlich reagieren, wie meine auf heiß und kalt. Und das meiste in der Tasche ist heiß, ist Geld, ist Paß, ist HighTech, und so sehe ich also in einer Mischung aus Faszination und aufrichtiger Besorgnis diese Hand in verzückter Unentschlossenheit über meinem Eigentum vibrieren. Als sie sich endlich entschieden hat und zugreifen will, mache ich die Tasche wieder zu.

Noch immer leidet das Saxophon in dieser so einsam

schönen Weise, rhythmisch aufgemöbelt von den Kongas, Bongos und Mantras einer nahen Hare-Krishna-Truppe, die auch nicht ohne ist, weil ihnen ihre indischen Gesänge immer wieder in Flamenco abrutschen, und von links streicht ein Geiger heran, ein bärtiges Wurzelmännchen mit langen Haaren und langem Hemd; und das Licht spiegelt sich in den großen Bogenfenstern der Oper gegenüber nun endgültig so, wie man es von einem sonnigen Spätsommertag in Barcelona erwarten kann.

Der Rubensengel indes, inzwischen wieder vollständig bekleidet, holt einen Block und eine kleine Schachtel mit Buntstiften aus den unergründlichen Tiefen seiner Taille, reißt ein Blatt heraus, faltet es in der Mitte und dann noch einmal, reißt es wieder durch und schreibt erst ein Gedicht und dann seine Adresse drauf. Drei Rosen, eine rot, eine orange, eine lila, malt die Frau hingebungsvoll neben ihren Namen und flämmt dann mit energischen Bewegungen zur Rahmung des Ganzen mit meinem Feuerzeug die Ränder des Blattes braun.

Zunächst das Gedicht. Sie wollte drei Worte dafür von mir. Drei Worte, die für mich das Leben sind. Ich sagte „Fluß", ich sagte „Liebe", und „Tod" sagte ich auch. Der Rubensengel schreibt:

„Flüsse fließen zum / Meer. / Flüsse, ruhige / Flüsse. / Männer segeln auf ihnen / umher, / manche machen Liebe / und manche nicht. / Die, die Liebe / machen, / haben Kinder. / Die anderen sterben / allein."

Moran Laguna heißt die Dame, und ich stecke mir ihre Visitenkarte direkt ins Herz.

Im Café de l'Òpera ist die Luft noch ein bißchen schlimmer als draußen, ansonsten ist es ein sehr schönes Café. Alt und berühmt, weil es mal so eine Art Kantine für den Musentempel auf der anderen Straßenseite gewesen ist. Die

Tankstelle der Tenöre, der Absturz des Soprans. Divas, Agenten, Kritiker und natürlich die Knackärsche des Balletts waren da, das Café trug seinen Namen zu Recht. Soviel zur Legende und zu dem, was in jedem Reiseführer steht. Und das ist das Problem. Wir kennen die magische Fünf-Prozent-Quote. Wenn mehr als fünf Prozent der Kaffeehausgäste Touristen sind, schlägt die Atmosphäre um. Das ist mit dem Café Americain in Amsterdam geschehen, mit dem Hawelka in Wien, und auch das Cataract in Assuan ist nicht mehr das, was es mal war. Und was war es? Welche Funktion hatte das Kaffeehaus schlechthin? Wofür wurde es denn gemacht? Es war die Mönchsklause der Intellektuellen für das stille Rendezvous von Tasse und Mensch, die klassische Location für das gute Gespräch, die Werkbank der Literatur und der Brunnen der Philosophie. Aber es war nie und nirgends gedacht als ein Warteraum für Touristen. Denn was tun die? Das Wort verrät es bereits. Sie touren. Sie schaun mal rein, breiten ihre Stadtpläne aus und lächeln, wo es nichts zu lächeln gibt. Bei der Bestellung zum Beispiel. Einen Ober anzulächeln, das ist in den Kaffeehäusern der ganzen Welt verpönt, in Barcelona aber ist es geradezu eine Aufforderung zum Rausschmiß. Nicht weil sie unhöflich, sondern weil sie Katalanen sind. Das Volk ohne Lächeln.

Es gibt einen Witz darüber. Wenn die Europäer anläßlich ihrer Vereinigung eine große Party feiern sollten, dann müßten die Italiener sie organisieren, die Schotten sie finanzieren, die Franzosen übersetzen, die Deutschen sorgen für die Unterhaltung, die Engländer kochen, die Polen bewachen den Parkplatz, die Belgier passen auf die Kinder auf, die Niederländer halten die Party drogenfrei und die Katalanen machen das nette Gesicht dazu.

Ich habe in Barcelona außer dem Rubensengel, den Touristen, den Hare-Krishna-Leuten und einigen leichtfertigen Transvestiten eigentlich niemanden lächeln sehen. Sie können es vielleicht, aber es ist nicht ihr Stil. Dafür sind sie berühmt. Katalanen haben das Mienenspiel eines Gefrierfachs. Sogar die Schwulen hier sind cool.

Deren Platz ist übrigens die Theke. Anscheinend versucht man im Café de l'Òpera durch Ghettoisierung die Atmosphäre zu retten. Die Touristen werden in den großen Raum nach hinten komplimentiert, wo am meisten Platz und die schlechteste Luft ist, die Gays gruppieren sich um die Barhocker im Mittelschiff, und vorne, in der Nähe der Tür und der Straße, sitzen die Alten, deren Gesichter Geschichten erzählen und einladen zur anthropologischen Meditation.

Denn was hier sitzt und mit sturem, aber keineswegs stupidem Blick dem Weg der weißen Schwaden folgt, die aus unzähligen Zigaretten zum barocken Stuck der Decke ziehen, ist die Frucht aus vielerlei Samen; eine Mischung aus iberischer, keltischer, griechischer und römischer Besiedlung mit einer Prise Westgoten und Arabern darin, gerade stark genug, daß sie würzt, aber nicht nervt. Das mag der Grund sein, warum sich jeder europäische Ausländer sofort zu Hause fühlt, wenn er nach Barcelona kommt. Er findet genug aus seiner eigenen Kultur. Er ist nicht „bei den Zulus", wie die Katalanen sagen. Er ist in einer zentraleuropäischen, mediterranen Metropole. Niemand braucht hier zu lächeln, wenn er nicht will. Und Glasperlen nimmt auch keiner an. Du mußt schon mit was Echtem kommen, wenn du echt kommunizieren willst. Also red' keinen Stuß. Red' kein Spanisch. Katalanisch ist die Sprache hier.

Das in etwa sagen mir die Gesichter der Alten, vorne im Café. Die Gesichter der Schwulen an der Bar sagen mir Ähnliches. Es dürfte bekannt sein, daß Barcelona seit spätestens Mitte der achtziger Jahre nur deshalb zum Mekka der europäischen Schwulen geworden ist, weil sie hier endlich auf Artgenossen trafen, die keine Leidensgenossen waren. Katalanische Gays sind stolze Gays.

Die Gesichter der Ober variieren dasselbe Thema. Sie sind nur deshalb so gemein, weil sie was Besseres als Freundlichkeit zu bieten haben: Professionalität! Die Ober im Café de l'Òpera sind die Schwarzenegger ihrer Zunft. Laut, schnell und absolut da. Und irgendwann in der Nacht, wenn das Gute schläft und das Böse wacht, also zwischen zwei und drei Uhr in der Früh, kommen die Haifische zur Tür herein. Auch sie ohne Gruß und ohne Lächeln, aber ihr Stolz hat im buchstäblichen Sinn etwas Schneidendes. Fünfzehn Zentimeter ist die durchschnittliche Länge des hier gebräuchlichen Stiletts.

Zurück auf den Rambles. Noch immer viel Verkehr. Die Kanaldeckel sind hochgeklappt. Zombies überall. Junkies, Huren, menschliche Wracks. Wie Seufzer aus dem Schattenreich wehen sie durch die Finsternis, die zwischen den erleuchteten Porno-Kiosken herrscht. Die Kaffeehausstühle sind längst auf die Tische gestellt, die Gaukler sind im Bett, die Puppen in den Boxen. Und ich glaube, es war genau in diesem Moment, als ich Moran Laguna wirklich verstand und das Gedicht, das sie mir schrieb, als auf den Rambles noch die Sonne schien. „Die, die Liebe machen, haben Kinder. Die anderen sterben allein."

Pillen, Pilze, Paranoia

(Amsterdam)

Amsterdam, Sommer 1968.

Wir gingen in ziemlich jungen Jahren über ziemlich nasses Kopfsteinpflaster, Tom und ich, ziellos, wie es unsere Art war. In den Grachten schwammen rote Lichter, und die Gassen waren so eng wie Reißverschlüsse, und plötzlich standen wir vor einer seltsamen Kirche. Sie war rundum bunt bemalt, und vor dem Eingang drängelten sich jede Menge Jesuse, und der Stempel, den sie uns auf den Handrücken drückten, nachdem wir die 25 Gulden Eintritt bezahlt hatten, war eine grünlich phosphoreszierende und (wie sich später herausstellte) sehr schwer abzuwaschende Verheißung: PARADISO.

Ich gebe zu, das war ein langer Satz. Ich neige zu langen Sätzen, seitdem ich im Paradiso war, wo uns alsbald eine absonderlich gekleidete homogene Masse absorbierte, die waberte, schwabberte, tänzelte und schwebte wie ein psychedelischer Polyp, wie ein knallbunter, ständig seine Form verändernder Tintenfisch mit tausend Armen und tausend Beinen und tausend Händen, und in jeder Hand qualmten die viel zu großen Zigaretten, und die Luft war süß und schwanger von Dämonen, Engeln und Sex.

„So was nenne ich eine Kirche", sagte Tom.

Das Mittelschiff, da, wo früher die Bänke mit den Gebetsleisten gestanden haben, gehörte den Tanzenden, die Seitenflügel den Ruhenden und jenen, die Liebe machten. Sie lagen tatsächlich übereinander wie in einem völlig überfüllten Lazarett, und wenn ich mich an etwas Spezielles erinnere, in diesem klassischen Monumentalwerk von Love & Peace, dann an den alten, einbeinigen Mann, dessen weiße Haare bis zu den Hüften fielen, und der mit seinen Krücken über die kopulierenden Hippies stieg. Und da, wo einst der Altar gestanden hatte, spielte die Band. „The dealer is the man with a lot of love-grass in his hand." Steppenwolf, auf ihrer ersten Station ihrer ersten Europatournee. Es dauerte genau siebeneinhalb Minuten, bis ich die Botschaft verstand ...

Nun ist es mit dem ersten Joint, den ein Mensch in seinem Leben raucht, nicht unbedingt so, wie man es in manchen Bürgerkreisen erzählt. Man wird nicht vom ersten Zug süchtig. Meistens wird einem schlecht. Sauschlecht. Ich schaffte es gerade noch bis zum Ausgang, bin auch die Treppen noch runtergekommen, habe auch den Bürgersteig noch überquert, bevor ich mich auf der Straße erbrach. Das Merkwürdige daran war nur, daß es mir gefiel. Sonst hätte ich es nicht noch mal probiert. Dreimal insgesamt, mit immer dem gleichen Ergebnis. Auf allen vieren auf der Straße, mit krampfendem Magen und Würgen in der Kehle, und alles, was ich wahrnahm, war dieser eigentümlich sinnliche Glanz des Regens auf dem Kopfsteinpflaster.

Danach, irgendwann danach, gingen wir wieder an den roten Grachten entlang, zurück zu dem Student Hotel am Voorburgwal, wo der Rest unserer Berufsschulklasse schlief. Es war ein Schulausflug. Am nächsten Tag sollten wir Rembrandts berühmte „Nachtwache" im Rijksmuseum besichtigen.

Amsterdam, Winter 1980.
Haschisch ist die Mutter der Träume, und die Träume sind die Väter der Dichter, und nur die Dichter kriegen (weil sie die besseren Argumente haben) die wirklich schö-

nen Frauen. Darum wurde ich Journalist. In den nächsten Jahren weilte ich nur noch professionell in Amsterdam, wo die Geschichten auf der Straße liegen wie anderswo der Hunde Notdurft. Ich glaube, ich habe über alles geschrieben. Über Hausbesetzer, über Coffee-Shops, über Clownspower, Schwulenpower, Frauenpower, über weiße Fahrräder, über das schönste Art déco-Kino Europas, über Piratenradio, Piraten-TV, nur nicht über den holländischen Käse.

Als ich an diesem Tag, also ziemlich genau zwölf Jahre nach meinem ersten Besuch im Paradiso, wieder in der Stadt war, wollte ich über die Amsterdamer Künstlerförderung schreiben und interviewte zu diesem Zweck einen Maler, an dessen Namen ich mich nicht mehr erinnern kann. Ich weiß nur noch, daß es an einem Vormittag war, so gegen elf Uhr, und der Mann war noch nicht ganz da. Er kränkelte und bat mich, zunächst seine Medizin holen zu dürfen, aus der Apotheke, ich könnte ihn ja begleiten. Die Apotheke war dann reichlich weit weg, und eine Menge grauer Gestalten standen davor. Wenn ich zurückdenke, muß ich ganz schön bescheuert gewesen sein, daß ich zu diesem Zeitpunkt immer noch glaubte, mein Interviewpartner habe die klassische Künstlergrippe. Wahrscheinlich lag es daran, daß ich es war, der die Grippe hatte. Oder besser, ich grippelte, und als der Mann aus der Apotheke zurückkam, bot er mir eine Pille an. „Die ist gut gegen alles", sagte er, „danach fühlst du dich besser."

Grundsätzlich würde ich sagen, daß es zwei Sorten Idioten gibt. Die einen machen den Mund auf, und alles, was herauskommt, ist Mist. Die anderen stecken nur Mist rein. Ich weiß bis heute nicht, zu welcher Sorte ich gehöre. Die Künstlermedizin war ein Hammer. Von Rechts wegen hätte es Methadon sein müssen, weil mein neuer Freund ein

Junkie war. Hat er mir später erzählt. Und in Amsterdam bekam und bekommt jeder Junkie, der sich registrieren läßt, umsonst und legal diese Ersatzdroge, die ihm zwar nicht den Kick besorgt, den er am Heroin so schätzt, ihm aber immerhin den „Affen" nimmt, den Entzug, das Frieren danach. Allerdings ist Methadon keine Pille, sondern eine Flüssigkeit, und alle Leute vom Fach, denen ich erzählt habe, was mir mit jener Medizin widerfuhr, waren sicher, daß es ein Morphiumpräparat gewesen sein muß.

Egal. Es war mir plötzlich alles so egal. Ob der Typ mit einem Interview rausrückt und ich zu Hause die Scheine zählen kann: egal; ob meine Geliebte mich betrügt: egal; wo ich schlafe heute nacht und ob ich doch noch zum Duschen komme: egal; ob ich morgen nach Deutschland trampe, mit dem Zug fahre oder für immer in Amsterdam bleibe: egal; meine Aufgabe in diesem Leben, mein Karma, mein Schicksal, die Prüfungen, an denen sich mein Charakter schleift: egal; Kälte, fünf Grad minus, schlechte Schuhe, zu dünne Socken, Zähne nicht geputzt, kein Frühstück: egal. Total egal. Hauptsache ist, daß du in Bewegung bleibst.

Daran erinnere ich mich noch genau. Wir gingen unheimlich schnell. Wie der lustige Bhagwan schon zu sagen pflegte: viel Speed und kein Ziel und immer im Kreis. Das ist das Schöne an Amsterdam. Wenn du dich für eine Gracht entschieden hast, dann gibt's kein Verirren mehr. Dann kommst du immer wieder da an, wo du losgegangen bist, so oft du willst und so lange die Wirkung anhält und nichts, gar nichts nimmt dir die Konzentration, um zu reden, reden, reden. Keine Ahnung, über was wir geredet haben. Auch das war egal. Man fühlt sich wie ein Embryo, der sich noch nicht entschieden hat, ob er blaue oder rosa Windeln tragen wird, weil es so verdammt komfortabel in dieser Fruchtblase der großen Mutter Morphium ist.

Nun kann ich mir denken, oder anders gesagt: Ich kann es mir bestens vorstellen, wie ein Junkie auf das reagiert, was er hier liest. Ich seh' sein müdes Lächeln. Vielleicht gähnt er. Weil mein Morphium-Präparat-Erlebnis-Bericht auf ihn einen ähnlichen Eindruck machen muß wie die Beschreibung einer Butterfahrt auf einen, der alle Weltmeere befahren hat. Aber hier stehe ich und kann nicht anders, an der Klippe, am Strand, und schaue auf das böse Meer hinaus, in dem so viele ersoffen sind. Jimi Hendrix, Janis Joplin, Jim Morrison, übrigens auch mein Freund Tom, und mein Freund Buschi und mein Freund Sigismund und wie sie alle hießen und wie sie alle starben, lange schon, bevor der goldene Schuß ihr Herz wegblies. Denn der Tod kommt schneller als man denkt, nach Morphium, Heroin und ähnlicher Medizin. Bereits am Nachmittag dieses Tages platzte die Fruchtblase der Glückseligkeit, als wären wir eine dieser typischen hundsgemein steilen Amsterdamer Treppenhäuser runtergefallen, und dann dauerte es auch nicht mehr lange, und ich war allein. Der Künstler war weg, mein „Affe" war da. Die Droge andersrum. Sämtliche Lebenskräfte aus den Organen abgesaugt, im Kopf Gedanken wie gerissene Fäden, und in den Knochen, oder noch tiefer, im Knochenmark, da friert's. So schnell kannst du gar nicht zittern. Draußen fünf Grad minus, drinnen solides Eis, aber das ist noch nicht einmal das Schlimmste. Das ist noch nicht einmal, worum es mir geht und worauf ich hinaus will. Das wirklich Linke an diesem ersten und letzten Entzug meines Lebens war noch etwas anderes. Nicht die Schmerzen, nicht die Depressionen, nicht der Blues. Es war das, woran ich dachte. Denn während ich weiter um die Gracht herumlief und eine seelenlose Sonne die dreistöckigen Fassaden der Amsterdamer Patrizierhäuser bestrich, begann ich an das Morphium zu denken. Wie man an eine heimliche Geliebte denkt. Die kalte weiße Göttin aus den Bergen Burmas hatte ihre kalten weißen Finger in mein Herz gesteckt, und ich war nahe daran, mich zu verlieben.

Seit diesem Tag habe ich kein Mitleid mehr mit Junkies. Sie sind keine Opfer. Nach dem ersten Schuß, nach dem ersten Brown-Sugar-Stick, nach dem ersten miesen Morphium-Kick können sie sich noch immer entscheiden. Und wenn sie weitermachen, dann ist es die Entscheidung für eine dämonische Leidenschaft, die stärker ist als Sex, stärker als Liebe, stärker als Hunger und Durst, stärker als Hoffnung, Trauer und Kampf, stärker als alles, was den Menschen zum Menschen macht. Die kalte weiße Göttin bedient sie rundum, und daß die Junkies noch dazu von ihren Freunden, Eltern, Bekannten, Frauen und den Sozialämtern bemuttert und durchgefüttert werden, erfüllt sie mit einem ganz speziellen inneren Grinsen.

Darum halte ich das Amsterdamer Modell im Umgang mit Junkies auch nur zur Hälfte für gut. Ihnen ewig und drei Tage Methadon zu geben, damit es ihnen nicht superschlecht geht auf ihrem Super-Ego-Trip, ihnen in Community-Centern Wohnungen, Arbeit und menschliche Wärme zu vermitteln, damit ihr mega-unsoziales Verhalten keine mega-unkomfortablen Folgen hat, sie bis ans Grab zu therapieren, damit sie wissen, warum sie bis ans Grab schießen müssen, das ist die Hälfte, die ich sinnlos finde. Kein Junkie kommt so von der Droge. Er arrangiert sich nur mit ihr. Und das hilft ihm nicht. Es hilft nur der Gesellschaft, und das ist die Hälfte, die ich o.k. finde. Amsterdam hat heute weniger Drogenkriminalität, weniger Drogenprostitution und weniger Drogentote als jede vergleichbare Großstadt in Europa. 44 starben letztes Jahr an den Grachten, mehr nicht, davon waren die Hälfte deutsche Junkies, die nicht in das niederländische Methadonprogramm aufgenommen wurden.

Noch etwas: Das Durchschnittsalter der Amsterdamer Junkies steigt seit fünf Jahren mit jeder Erhebung um genau ein Jahr. Das heißt, die Langzeitdrücker werden älter, und junge kommen nicht mehr dazu. Das hat zwei Gründe. Zum einen ist es der Erfolg der niederländischen Drogenpolitik, dort, wo sie hundertprozentig intelligent und effizient ist: in der klaren Trennung von harten und weichen Drogen. Seit 1976 ist der Konsum, Besitz und Handel von Haschisch und Marihuana bis zu einer Obergrenze von 29 Gramm kein strafrechtliches Delikt mehr. Damit hat man die Junkieszene von der der Kiffer getrennt. Ein siebzehnjähriges, ahnungsloses Mäuschen, das aus reiner Neugierde mal am Gras schnuppern will, wird nicht mehr an einen Dealer geraten, der gleichzeitig ein Pusher ist, sondern in einen der rund 300 Amsterdamer Coffee-Shops gehen und in die Dopekarte gucken. Große Auswahl, beste Qualität, moderate Preise, plus Musik und Käsekuchen.

Der andere Grund, warum in Amsterdam der Heroinmafia der Nachwuchs ausgeht: Es gibt wie in der Bekleidungsindustrie, im Filmgeschäft und im Musikbusiness auch im Umgang mit Drogen bestimmte Moden. Und damit bin ich bei meinem dritten und letzten Bericht, live, von der Front.

Amsterdam, Januar 1992.
Ich kam diesmal weder als bewußtseinserweiterter Tourist noch als Journalist. Es war einfach nur eine Billigfliegerfalle. Transit zwischen Hongkong und Hamburg, eine Nacht, bevor es weitergeht. Man kann bei solcher Schicksalslage in Amsterdam entweder ein Hotel nehmen, dann passiert einem nichts, oder man kann Freunde besuchen. Ich ging an diesem Tag zu Jan, weil er so schön wohnt und immer da ist. Man ist bei Jan immer zur richtigen Zeit am richti-

gen Ort. „Wir haben eine Acid House Party heute nacht", sagte er, und ich antwortete, daß dies nur die Ungläubigen Zufall nennen, und dann packte der Mann die Drogen auf den Tisch. Eine umfassende Kollektion. 84prozentiges Kokain, absolut reines Amphetamin, etwas Opium, eine Tüte mit psychedelischen Pilzen (auch Magic Mushrooms genannt), LSD, Ecstasy (Haschisch und Marihuana lagen sowieso überall herum) und etwas, das Jan „Babyfood" nannte. Besonders langweilig würde es auf dieser Party sicher nicht werden.

Nun bin ich allerdings in einem Alter, in dem man einige Aspekte der Langeweile durchaus zu schätzen weiß. Die kräfteschonenden zum Beispiel. Für die essentiellen Lebensenergien ist Langeweile so etwas wie ein Sparbuch. Andererseits ist 84prozentiges Kokain für Drogenfreaks wie Weihnachten, Ostern, Karibikurlaub und Gehaltserhöhung zusammen. Was in Deutschland unter der Markenbezeichnung Koks auf dem Markt ist, hat im besten Fall nur zu vierzig Prozent damit zu tun. Der bittere Rest ist schlicht Milchpulver und noch Ärgeres. Ich sagte trotzdem: nein.

Also kein Koka, kein Amphetamin und kein LSD, aber was bitte ist Babyfood? „Eine völlig neue Droge", erklärte Jan. „Sie verlangsamt extrem die Motorik." Er gab zu, es selbst noch nicht ausprobiert zu haben, aber immerhin hat er es einen amerikanischen Touristen testen lassen. „Der lag mit angezogenen Beinen wie ein Säugling auf dem Rükken. Ich habe ihn gefragt, wie er sich fühlt. Er brauchte eine halbe Stunde, um endlich nur eines zu sagen: great! Um es kurz zu machen: Theoretisch sah ich hier und heute eigentlich keinen Grund mehr, mir die Realität mit Drogen zu vermasseln, praktisch aber war es der klassische Moment für die klassische Ausnahme, und so fokussierte sich die Qual der Wahl auf Ecstasy und Magic Mushrooms.

Ecstasy war mir zu einfach. Es ist die perfekteste Designer-droge. Garantie auf makellose Lust und Liebe, kein Schatten von irgendwas, nicht mal ein Kater, schöne neue Welt und etwa sechs Stunden das im Herzen, was Buddha empfunden haben muß, nachdem er zwölf Jahre unter seinem Baum gesessen hat. Allerdings soll Ecstasy auf die Gene gehen: nichts für Mamas Jungen.

Ich nahm die Pilze, die ähnlich wirken wie LSD, nur nicht so stark; und dann waren wir auch schon draußen, in einem Vorort von Amsterdam, eingezwängt in einer dicken, langen, sich um die nächste Straßenecke ringelnden Schlange, denn noch fing die Party nicht an. Alles in allem waren es so an die 600 Leute, die vor der Türe standen, und alle waren sie ähnlich „gebrieft". LSD, Pilze, aber die meisten waren auf Ecstasy, wie Jan versicherte. Ich merkte es an den Umgangssitten. Das Mädchen zum Beispiel, das neben mir stand, sorgte sich um meine Gesundheit. Es war kalt, und sie gab mir ihren Schal. Das war nicht alles. Sie legte ihn um meinen Hals. Sie knotete ihn. Sie strich ihn glatt. Sie streichelte ihn glatt. Sie streichelte ohne Unterlaß. Das ist Ecstasy. Wenn eine harmlose Berührung zum fließenden Austausch von Atomen wird.

Wäre ich auf derselben Droge gewesen, hätte das die Wartezeit erheblich verkürzt. Aber Magic Mushrooms wirken anders. Ich bekam Platzangst und Gefühlsblockaden. Was will diese Frau von mir? Mich heiraten? Mich erdrosseln? Und wann machen sie die scheiß Tür hier endlich wieder auf?!!

Drinnen, wo der Techno Beat schließlich auf uns niederdröhnte wie der Hammer Allahs, ging es nochmal drei Stunden so weiter. Die Welt um mich herum tanzte, tanzte, tanzte, nur ich kümmerte mich einsam-verdrossen um die letzten Fragen der Menschheit. Erst als ich sie alle, alle gelöst hatte, ging auch für mich das Feiern los, denn ich war open-minded, und der Pilz nahm die Schwingungen des Ecstasy auf, oder besser: Sie sprangen mich wie ein Tiger an. Das sind die zwei Möglichkeiten, die du hast, mit dieser Designer-Pille. Sex oder tanzen, und tanzen ist auch nicht schlecht.

Ein Prinzip, das übrigens auch ohne Drogen stimmt. Ekstase ohne Ecstasy, die Musikindustrie arbeitet daran. Mit Computerbässen, die bar jeder Melodie, Harmonie oder sonstwelcher musikalischer Phantasie, penetrant im Herzrhythmus schlagen. Durchgehend, stundenlang, und schaffst du die ersten 60 Minuten, dann bist du auch den Rest der Nacht dabei und high und erlebst, ohne daß dir was die Gene ruiniert, genau das, was die Schwarzen im Busch erleben, wenn ihnen die Medizinmänner einheizen. Arme, Beine, Gesichter, Brüste, Augen, Nasen, Haare, Ärsche, Hüften, Zähne, Fäuste, Finger, Farben, Formen; Leben zuckte durch mein Blickfeld, Flashlight fiel wie Regen, Trommeln fegten durch mein Blut. Dancefloor, Acid House, Techno Beat aus dem Herzen eines jagenden Geparden, und dann, ich glaube es war drei Leben später, schickten die DJs die letzte Botschaft der Nacht. Nur eine Zeile, eine Linie, ständig wiederholt, so hell, so klar, so erfrischend verlockend, das Beste versprechend. Mir war, als käme sie direkt aus dem Olymp, die goldene Fanfare am Ende einer langen Reise, am Ende eines langen Trips, der vor 24 Jahren im Paradiso begonnen hatte und hier und heute in einer kleinen Diskothek am Stadtrand von Amsterdam seinen letzten Tango tanzte.

„Back to reality" hieß das finale Stück. Die Party war zu Ende.

Vier Tage
im Quartier der Pest

(Maharashtra)

3. Oktober 1994.

Die Angst vor der Pest saß wie eine Ratte in den Höhlen meines Unterbewußtseins, als ich gegen Mitternacht aus dem Sarah International Airport in Bombay trat und ein Taxi bestieg. Reine Nervensache. Jeden Morgen, jeden Abend die Lymphdrüsen abtasten und sauber im Glauben bleiben, denn den Gläubigen erwischt es nicht, hat Mohammed, der Prophet, gesagt.

Der Arzt, der Apotheker, der Chefredakteur rieten dagegen zur prophylaktischen Version. Vibramycin, eine Tablette pro Tag, als vorbeugende Medizin, und wenn mich die Pest trotzdem krallen sollte, dann die Wumme Breitband-Antibiotika.

Ich hatte Ampullen mit Anwendungshinweisen, Spritzen und Nadeln dabei, aber keine Ahnung, wie man eine Spritze zusammenbaut und wie man die Ader trifft. Zum ersten Mal fand ich es von Nachteil, nicht irgendwann auch mal Junkie gewesen zu sein.

„Welcome in India", sagte der Fahrer, „we have big problem here."

Also wie immer. Ich bot ihm eine Zigarette an. Um ihm Feuer zu geben, lehnte ich mich weit zu ihm hinüber, kam sehr nah an sein Gesicht. Aber es klappte nicht. Er nahm mein Feuerzeug, machte es selbst und drückte es mir wieder in die Hand. Habe ich jetzt die Pest?

4. Oktober 1994.

Geradezu prima geschlafen im „Taj Mahal". Es war das beste Hotelzimmer meines bisherigen Lebens. Kolonialstil, Roomservice rund um die Uhr, mit butterweichen Teppichen und einem Bad, so geräumig wie ein Einzelzimmer im „Sheraton". Mein Fenster ging zum Gate of India raus, zum Arabischen Meer. Da waren Schiffe, da waren Boote, da waren Menschen am Kai. Keiner trug Mundschutz.

In der Lobby auch nicht, wo ich Enrico, den Fotografen aus Italien, traf. Er war schon seit sechs Tagen hier. Erst gestern war er aus Surat zurückgekommen. Alles gelaufen, sagte er. Du kommst zu spät. Die Panik ist vorbei. Die Leute sterben nicht mehr. Sie haben ihren Mundschutz abgenommen und ihre Läden wieder aufgemacht. Was willst du tun?

Erst mal ankommen, erst mal rausgehen, auf die Straße. Und kaum öffnet sich die schwere „Taj Mahal"-Eingangstür, rumms, waren da die Tropen. Big mother India umarmte mich mit einem heißen, schwülen Kuß. Willkommen. Vergiß die Pest. Enrico sah das anders. Er wollte so schnell wie möglich mit einem Trupp Rattenfänger los. Über 6.000 Ratten hatten sie in den letzten drei Tagen getötet. Man sagt, daß in Bombay vierzig auf jeden Menschen kommen. Und über zwölf Millionen Einwohner hat diese Stadt. Das wird eine lange Nacht, Enrico, da tut Eile nicht not. Außerdem mag ich keine Ratten. Ich will auch keine sehen.

„Aber was willst du?"

„Batterien für meine Hörgeräte."

„Kein Problem."

Wir fanden sie bereits nach zehn Minuten. Das hätte ich nicht von Bombay gedacht. Hat sich sehr verändert, diese Stadt. Enrico wollte ins Krankenhaus.

Und wann setze ich mir den Mundschutz auf? Spätestens, wenn Enrico es tut. Der kennt sich aus. Der kennt auch den Arzt der Quarantänestation, einen kleinen, lustigen Mann, der nicht lügen kann. Das kann keiner in diesem Land. Das wissen sie selbst am besten. Wenn Inder lügen, dann versuchen sie, einen Glanz über ihre Augen zu ziehen, der ihre wahren Gedanken verdeckt. Und weil sie ahnen, daß dieser Glanz sie sofort verrät, werden sie unsicher. Und wenn sie unsicher werden, dann lachen sie. Der kleine indische Doktor in seinem kleinen indischen Krankenhausbüro, von dessen Wänden der Putz blättert, spricht von 120 neuen Patienten mit Pestverdacht. Aber alle Blutproben seien negativ. Sie hätten alle was anderes, Cholera, Malaria, Syphilis, TBC. Aber keine Pest. Nicht ein Fall, und er lachte dabei die ganze Zeit. Enrico lachte auch, ich lachte, und als ein zweiter Arzt in den Raum kam und uns lachen sah, machte er mit. Ich hatte mir das alles in allem weniger lustig vorgestellt in einem indischen Pestkrankenhaus.

Natürlich konnte ich es verstehen. Die Pest hatte sich in den vergangenen Tagen auf zweierlei Art in diesem Land ausgebreitet. Zuerst über die Flöhe, die von den Ratten auf die Menschen hüpften, und dann über die Medien. Die Bazillen haben die Krankheit gebracht, die Journalisten haben die Panik gemacht. Ohne deren Arbeit wäre keiner aus Surat geflohen, hätte keiner die Pest nach Delhi, Bombay, Madras, Kalkutta und Bangalore geschleppt. Journalismus und Epidemien, das paßt in etwa so zusammen wie Feuer und Benzin.

Isolierstation.

Zeit für den Mundschutz, Zeit für die Angst, Zeit, sämtliche Organe zu verkrampfen, in dem Versuch, sie zu schließen vor allem, was von außen kommt. Da waren sie, da lagen sie, da hockten sie auf ihren Betten, ohne Gesicht, nur mit großen, indischen Augen. Und einige standen auf und kamen näher, und als der kleine Doktor uns einen Patienten vorstellte, kamen sie noch näher ran. Das ist so in Indien. Wenn sie neugierig sind, kriechen sie fast in dich hinein. Ein Kreis von angeblich nicht pestbefallenen, Mundschutz und blaue Kittel tragenden Kranken schloß sich um mich. Und zog sich enger. Und irgendwas in mir machte dieses Geräusch, das man hört, wenn die Falle zuschnappt. Etwas berührte mich. Einer von ihnen stupste meinen Arm mit seinem Gesicht. Der Doktor fauchte ihn an. Habe ich jetzt die Pest?

Im Taxi, zurück ins Hotel, ging's mir schlecht. Es gibt ja bekanntlich drei Sorten von Pest. Die Beulenpest, die Lungenpest und die Pest im Kopf. Das ist die ansteckendste. Du brauchst nur darüber zu lesen und wirst schon krank. Und so sah ich plötzlich im Taxi die Welt durch zweifaches Glas. Das im Fenster und das, was man nicht runterkurbeln kann. Wie eine Glocke negativer Energie umgab es mich. Ich sah das indische Leben auf der Straße, die lustigen Autos, die Lichter, die Menschen, die Palmen, das Obst an den Ständen, ich sah die Hunde, ein paar heilige Kühe, schöne Häuser, häßliche Häuser, Ampeln und Reklame, und es war nicht mehr meine Welt. Als hätte ich bereits Abschied genommen, als hätte ich mich bereits ein paar Schritte von allem entfernt. Kann sich der Bazillus durch den Mundschutz eines Kranken bohren und dann durch den Ärmel meines Baumwollhemdes? Und wenn ja, kann er dann so tun, als hätte ich keine Antibiotika zur Vorbeugung genommen? Ätsch Mann, bätsch Mann, ich mach', was ich will? Die mentale Pest rafft zuerst den Verstand dahin.

5. Oktober 1994.

Ich hatte eine Entscheidung getroffen. Ich wußte jetzt, wohin. Nicht in die Slums und Krankenhäuser von Surat, deren Bilder sowieso schon und ohne mein Zutun um die Welt gingen, sondern raus aufs Land. Wo sie herkam, diese 94er Epidemie. Die ersten Pestfälle wurden im Bezirk Beed registriert, etwa 400 Kilometer von Bombay entfernt. Das haben sie alle nebenbei erwähnt, *Spiegel, Stern, New York Times.* Aber keiner war dort gewesen. Mein Informationsstand zu diesem Zeitpunkt: Vor etwa einem Jahr bebte dort die Erde. Das hat Aufruhr unter die Ratten im Wald gebracht. Nach dem Erdbeben sind sie in die Dörfer gezogen und sind mit den Dorfratten familiär geworden. Die Ratten aus dem Wald hatten die Pest und steckten die anderen an. Durch einen Floh, der von Ratte zu Ratte springt. Manchmal springt er auch Menschen an. Und die Menschen haben ihn von Beed nach Surat gebracht.

Um nach Beed zu kommen, mußten wir in eine Stadt namens Aurangabad fliegen und von dort mit dem Taxi weiterfahren. Der Flug ging um sieben Uhr morgens, das heißt, um fünf waren wir wach. Es war ein schöner Morgen. Das Taxi bretterte durch leere Straßen, die Luft war angenehm kühl, in mir waberte Reisefreude. Wir flogen mit Indian Airlines, eine der schlechtesten Fluglinien weltweit. Ihre technischen Probleme bemerkten sie glücklicherweise noch vor dem Start.

In Aurangabad frühstückten wir im Hotel „Taj Residence". Wie ein Palast gebaut, nur völlig leer. „Wegen der Pest", sagte der Junge, der uns bediente. Die Morgenzeitung berichtete, daß man die Seuche überall in Indien unter Kontrolle gebracht habe, nur nicht in Beed, da sei sie noch außer Rand und Band. 125 Kilometer von Teebuden und Märkten gesäumte indische Landstraße sind es bis dahin.

Das Krankenhaus in Beed war genauso wie das in Bombay. Nur daß es hier uniformierte Ordensschwestern gab. Und einen Arzt, der nicht lachte. Der hatte Angst. Oder lag es daran, daß ein Gesicht, das von der Nasenwurzel bis zum Kinn von einem Mundschutz bedeckt ist, immer Angst vermittelt? Weil einem so schnell vom eigenen Atem heiß dahinter wird? Es ist ein komisches Gefühl. Und man sieht nur die obere Gesichtspartie. Allein der Mundschutz signalisiert Gefahr in deinem Gehirn. Höchste Stufe. Rot.

140 Pestfälle hatten sie. Und keiner von denen stand auf, als wir die Intensivstation betraten. Die waren wirklich krank. Enrico schoß in Windeseile seine Fotos, dann suchten wir das Weite.

Ein Spaziergang durch die Bezirkshauptstadt. 50.000 Einwohner, nie ein Tourist. Keine Sehenswürdigkeiten, nur frühkapitalistischer Handel und Wandel. Textilindustrie. Ein kleines Städtchen mit kleinen Läden und schmalen Straßen, Enrico suchte das Krematorium. Fotografen sind so. Krankenhaus, Verbrennungsstätte, Rattenvernichtungsaktion, das ist ihr natürliches Arbeitsprogramm. Meines nicht. Ich wollte zum Tempel. Ich hatte die Nase voll. Meine Geschichte hatte ich noch immer nicht gefunden.

Ich brauchte langsam, ganz langsam, die Hilfe der Götter, einen Wink, einen Fingerzeig. Enrico suchte das Krematorium, ich wollte davon nichts wissen. Wir kamen an den Fluß, der Beed in zwei Hälften teilt. Davor war eine Stadtmauer und ein Tor, und dahinter war der Tempel. Die indischen Tempel stehen oft in einem Wasserbassin, in dem die Hindus ihre Wäsche waschen und ihre Seele baden. Dieses war schmutzig, und ein schmutziger Sadhu saß davor. Der Tempel stand in der Mitte des Bassins, ein Pfad führte durch das Wasser zu ihm hin. Ich machte es klassisch. Erst setzte ich mich an den Bassinrand, um fünf Minuten zu meditieren, was schwierig war, weil drei Inder gleichzeitig auf mich einredeten, dann zog ich mir die Schuhe aus und ging in Ganeshs Haus. Ganesh, der Elefantengott. Überwinder aller Schwierigkeiten. Schutzpatron der Dichter, Diebe und Händler. Ich läutete die Glocken über mir, drei Stück, und jede dreimal. Ganesh, Ganesh, der du aus Stein vor mir stehst, erhöre meine Bitte und weise mir den Weg. Meinetwegen mit deinem Rüssel.

„Wie heißt das Dorf?"

„Mamla."

„Wie weit ist es von hier?"

„Dreißig Meilen."

„Kommst du mit?"

„Nein."

Er war der Besitzer des Teehauses, er sprach Englisch und er hat mir fünf Minuten nach meinem Besuch in dem Tempel das Ziel meiner Reise genannt. Die Pest war von dem kleinen Dorf Mamla nach Beed gekommen. Vor mehr als einem Monat. Wie es da jetzt aussah, wußte er nicht. Aber er hätte es gerne gewußt. Mitkommen wollte er trotzdem nicht. Trotz aller Neugierde.

Als wir aus Beed hinausfuhren, konnte ich es förmlich riechen. Ich war auf dem richtigen Weg. Im richtigen Indien. Die Landstraße wurde endgültig schmal, und es waren nur noch Lehmhütten an ihrem Rand und Hängebauchschweine, und statt Autos kamen uns Ochsenkarren entgegen mit Männern drauf, die rote Turbane trugen. Und die Frauen, so bunt wie Schmetterlinge, trugen Blumen und Nasenringe. Es war ein hügeliges, grünes, fruchtbares Land mit Bergen rechts hinten am Horizont. Klasse Licht fiel vom Himmel. Spätnachmittag. Vielleicht noch zwei Stunden bis Sonnenuntergang.

Dann mußten wir von der asphaltierten Straße auf einen

Ochsenkarrenweg. Der Fahrer fluchte wegen der großen Steine und weil er das Dorf nicht fand. Fragte ein paar Leute. Ein kleiner Junge bot sich als Führer an. Stieg zu uns in den Wagen. Er war schön, er strahlte, ich fühlte, wie mein Herz wegschwamm. Ich weiß nicht, wie man es anders benennen kann: Der Kleine auf dem Beifahrersitz hatte eine große Seele.

„Wie heißt du?"

„Rabrindra."

Noch eine Meile voller gemeiner Steine, dann waren wir da. „Mamla", sagte Rabrindra. Das Dorf, aus dem die Pest gekommen ist.

Zunächst verstand niemand den anderen. Vierzig Kinder und ein paar Männer sahen mich strahlend an. „You speak English?" Wurde strahlend verneint. Ich winkte unseren Fahrer ran. Der beherrschte ein paar Worte. Zehn vielleicht. Für „Car" und „Tourist" und „Hotel" gingen schon mal drei davon drauf. Und mir entfleuchte auch das eine oder andere Wort. Viva la mimica. Ich legte meine Hände wie zwei Flügel an meinen Kopf, und die flogen mit den Gedanken fort.

Auf diese Art war folgendes zu erfahren. Rund 300 Menschen leben in dem Dorf. Über die Hälfte von ihnen hat die Pest. Jeden Tag kommt ein Arzt oder ein Medizinassistent und die Krankenschwester. Auch morgen früh, um zehn Uhr. Und jetzt sei es besser, wenn wir wieder in die Stadt zurückführen, weil in dieser Gegend nachts bewaffnete Räuber umgingen.

6. Oktober 1994.

Ich hatte für die Kinder drei Torten mitgebracht. Aus der Hotelkonditorei des „Rama-International". Eine Schokoladen-, eine Erdbeer- und eine Sahnetorte. Ich hielt das

für 'ne gute Idee. Der Fahrer nicht. Die Torten standen
während der vier Stunden dauernden Fahrt nach Mamla in
Pappkartons verpackt neben ihm. Er fürchtete, sie würden
in der Sonne schmelzen und in seinen kunstvoll bestickten
Beifahrersitz fließen. Ein bißchen albern angesichts der
Gefahren, die da sonst noch waren.

Was für Gefahren? Es gibt keine mehr, sagte Mr. Datta-
traya Babusao, der Medizinassistent. Er war tatsächlich am
nächsten Morgen in Mamla. Und auch die Schwester Miss
Sushila Gaikwad. Und dann kam noch Mr. Mukesh Waichalkar, der Desinfektor. Hatte zwei Helfer dabei, Rattenkäfige
und DDT. Und beide, Mr. Babusao und Mr. Waichalkar,
sprachen Englisch. Endlich verständliche Worte in dieser
durch Panik verwirrten Welt.

Also, es war am 26. August dieses Jahres, da wachte der
elfjährige Mahadeo Sambhaji Khalge morgens mit hohem
Fieber auf. Seine Eltern glaubten, er hätte Malaria, und
brachten ihn mit dem Ochsenkarren zum Erste-Hilfe-Zen-
trum Kuppa, das ist siebzehn Kilometer entfernt. Ein kleines Steinhaus mit zwei Zimmern und einem alten Mikro-
skop. Da fanden sie heraus, daß es nicht die Malaria war.
Der kleine Mahadeo war der erste, der in Indien an der Pest
erkrankte.

Sie gaben ihm das Antibiotikum Tetracyclin, und er ge-
nas. Als wir über ihn sprachen, zupfte er strahlend an mir
rum. Wollte mir was zeigen. Brachte mich zu den Feldern
seines Vaters. Merkwürdige Blumen wuchsen darauf. Er
faßte an sein Hemd, um zu erklären, daß es ein Baumwoll-
feld war.

Innerhalb von vier Wochen erkrankten insgesamt 145
Dorfbewohner an der Pest. Sie fanden dann heraus, woran
es lag. Auf dem Weg zu ihren Feldern stand eine unbe-
wohnte Hütte. Sie war voller Ratten, und eine schwarze

Wolke von Fliegen schwirrte ständig darin herum. Und kam heraus, wenn die Menschen daran vorbeigingen. Heute ist diese Hütte so fliegenfrei wie eine Isolierstation in der Schweiz. Sie haben sie mit DDT praktisch tapeziert. Das ganze Dorf haben sie mit diesem Gift abgedeckt, den Boden und alle Mauern, bis zu einer Höhe von 60 Zentimetern, obwohl die Rattenflöhe nur 20 Zentimeter hoch hüpfen.

Deshalb wurde auch empfohlen, Gummistiefel zu tragen (was natürlich keiner tat) und in den Hütten nicht mehr auf dem Lehmboden zu schlafen, sondern auf Betten, auch 60 Zentimeter hoch.

Dann stellten sie ein Zelt mitten in das Dorf, gleich gegenüber ihrem kleinen Maruti-Altar. Die Maruti sind die Windgötter der alten Arier, die waren schon 2.500 Jahre vor Christus hier, Gefährten des Kriegsgottes Indra, Kinder Shivas. Ihnen untersteht der Sturm. Jeden Morgen bei Sonnenaufgang standen die Dorfbewohner vor dem Altar und schwenkten ihre kleinen Kerzen und sangen, der Sturm möge die Pest aus dem Dorf wehen. Danach gingen sie zu dem Zelt, wo Schwester Sushila mit einer großen Dose mit bunten Pillen auf sie wartete. Nur wer wirklich erkrankt war, bekam Tetracyclin. Prophylaktisch lief in Mamla gar nichts. Aus vier Gründen.

1. Wer zu lange vorbeugend Antibiotika nimmt, bei dem wirken sie irgendwann nicht mehr, und wenn dann die Pest kommt, hat er Pech gehabt.

2. Die Nebenwirkungen sind hart.

3. Ohne die Antibiotika sind die Pestsymptome klarer und eindeutiger zu erkennen.

4. Wenn die Krankheit da ist, wirken die Pillen fast hundertprozentig sicher.

Die Heilungschancen für die früh genug erkannte Pest sind größer als die von Malaria. Und wer einmal die Pest hatte und sie kuriert hat, bekommt sie nie wieder. Ist für alle Zeiten immun.

Früh genug behandelt. Das ist der Punkt. Die Pest beginnt immer mit hohem Fieber und Beulen. Die Lymphknoten schwellen an, die Bakterien gehen ins Blut. Wenn sie die Lunge erreichen, wird Lungenpest daraus. Und dann ist Schluß mit lustig. Weil die Lungenpest über den Atem und den Speichel und das Blut darin extrem ansteckend ist. Bei irgendwem muß das so gelaufen sein, als er vom Bezirk Beed nach Surat unterwegs war. Und dann kamen die Bilder, die wir inzwischen alle kennen. Weil in Surat in den ersten Tagen kein Impfstoff da war und keiner durchblickte und weil die meisten Kranken Slumbewohner waren. Schwach, ausgezehrt, keine Abwehrkräfte. Auch die Lungenpest ist heilbar. Man muß nur sehr viel früher ran. Sonst bist du nach drei Tagen tot. Die Beulenpest läßt dir ohne Medizin zwei Wochen Zeit. Mit Antibiotika läßt sie dir die halbe Ewigkeit.

Was mir in Mamla klar wurde, war, daß die ganze Welt falsch tickte, als in Indien die Pest ausbrach. Wir haben die indischen Ärzte Schönredner genannt und schlampig, dabei haben sie uns gezeigt, wie es geht. Im Westen findet man kaum noch einen Arzt, der praktische Erfahrungen mit der Pest hat. Nicht mal im Hamburger Tropeninstitut. Weil sie da den letzten Fall 1948 hatten.

In Indien gibt's jedes Jahr ein bißchen Pest. So zwanzig Fälle im Schnitt. Für sie eine Krankheit wie Cholera, Malaria etc. Wer immer die Pest bekommen sollte, ist bei einem indischen Arzt besser aufgehoben als bei uns. Weil er a) richtig behandelt wird und b) keine Panik verschrieben bekommt. Die Inder haben diesen Horrormythos nicht. Die

Panik war das Werk der Medien. Kann man bei insgesamt 200 Toten in einem 900-Millionen-Land im Ernst von einer Epidemie sprechen, die das ganze Land bedroht, die ganze Welt? Overreported nennt man das.

Von den 145 Pestkranken in Mamla ist nicht einer gestorben, und es sieht auch keiner dahin. Im Gegenteil. Sie haben den Schwarzen Tod gerochen, jetzt duftet das Leben um so mehr. Das ist es, was das Strahlen auf ihren Gesichtern ausmacht. Deshalb hatte ich die Torten dabei. Geburtstagsfeier für ein Dorf. Ich schnitt mit einem Riesenmesser die Stücke, alle Kinder stellten sich an. Etwa die Hälfte von ihnen hat es bereut. Die mochten keinen Kuchen aus der Edelkonditorei. Aßen ihn aber trotzdem, aus Höflichkeit. Dann zeigten sie mir die Sonnenblumenfelder, wir liefen auf dem Weg dorthin. Ich meine Dauerlauf, mit kurzen Sprints. Wie Kinder eben sind. Etwas außerhalb des Dorfes kamen wir an einer abgelegenen Hütte vorbei. Da war auch ein Bach und ein Schwein, und in der Hütte saß ein halbnackter alter Mann. Eine Schale mit Reis neben sich. Er rührte sich nicht. Auch nicht, als ich mit den Kindern vor ihm stand. Ich war nicht nur der erste Journalist, ich war der erste Ausländer überhaupt in diesem Dorf. Und er zuckte nicht mal mit der Wimper. Ein Heiliger? Der kleine Mahadeo Sambheji Khalge, Indiens erster Pestpatient, tippte, um es mir zu erklären, mit dem Finger an seine Stirn und verdrehte die Augen.

Drei Frauen kamen über einen Pfad aus dem Sonnenblumenfeld. Wir verließen den Spinner und gingen mit ihnen zurück ins Dorf. Wo inzwischen geklebt wurde. Sie hatten neue Plakate bekommen. Vor meinem Spaziergang hingen an den Lehmwänden der Hütten nur die kleinen schwarzweißen mit den Verhaltensregeln für die Pest. Jetzt hatten sie zwei große bunte in DIN A1. Das eine zeigte einen Mann und eine Frau, die erschöpft ein riesiges Haus trugen, in dem zu viele Kinder waren. Auf dem anderen war ein Mädchen mit langen schwarzen Zöpfen zu sehen, das weinte. Um seinen Kopf war so etwas wie ein schwarzer Gürtel gebunden, und von dem hingen parallel zu den Zöpfen Steigbügel herab. Darunter stand etwas auf Hindi. Der Medizinassistent übersetzte es mir.

„Heirate kein Mädchen unter achtzehn!"

„Warum?" fragte ich.

„Weil es zu jung dafür ist. Es hat noch sein ganzes Leben vor sich."

„Und wenn es achtzehn geworden ist?"

„Dann heirate es."

Was gibt es noch von diesem Tag in Mamla zu berichten? Eine Ziege kam nieder, hat zwei kleine schwarze Babys gekriegt, und vor den Hütten hockten die Nasenringe tragenden Frauen und kochten das übliche Gericht, Reis und Dahl, und als wir rausfuhren aus dem Dorf, in dem die Pest zu Hause war, da winkten dreißig, vierzig Kinder lachend hinter uns her. Danke, ihr Götter des Windes und Dank auch dir, du Gott der Chemiefabrik.

Der Skarabäus

(Kairo)

Natürlich kann auch alles Zufall gewesen sein, und eine andere Erklärung wäre, daß man sich selbst belügt. Man erzählt ein Erlebnis und dichtet eine Kleinigkeit dazu oder eine Kleinigkeit weg, und wenn man die Lüge oft genug wiederholt, wird sie irgendwann zur Realität der Biographie, und man beginnt an seine Legenden zu glauben. Ein interessantes neurologisches Phänomen, denn in diesem Fall erinnern wir uns nicht an das, was geschah, sondern an das, was wir darüber erzählt haben. Ich bin mir dieser Gefahr bewußt, aber diese Geschichte ist wahr. Und das macht mich traurig, denn es bedeutet, daß ich etwas verloren habe, was ich jetzt gut gebrauchen könnte. Und verloren ist nicht mal das richtige Wort. Ich habe den Skarabäus verschenkt, so, wie er an mich verschenkt worden ist. Damals in Ägypten.

Ich war '92 für die *Bunte* zum Golfkrieg unterwegs. Saddam Hussein schickte täglich ein paar Raketen nach Israel, bisher noch ohne Giftgas, aber das konnte sich stündlich ändern. Weil kein Flug nach Tel Aviv zu bekommen war, wählte ich die Route über Kairo, wo ich am frühen Abend landete und sogleich die „Pension Suisse" aufsuchte. Ich will hier nicht undankbar sein. Die *Bunte* hätte auch das Nil-Hilton bezahlt. Aber ich wollte einen Freund wiedersehen.

Der Lift in dem großen schmutzigen Haus in Downtown Kairo war von der Sorte, in die man nicht einsteigt, wenn man noch gesunde Instinkte hat. Ein Eisenkäfig, der sich seit vielen, vielen Jahren so ungeölt wie ungepflegt durch zehn Stockwerke auf und ab bewegte, und er stoppte sehr abrupt etwas unterhalb des achten Stocks, in dem sich die „Pension Suisse" befand. Ibrahim schlief an der Rezeption. Ich weckte ihn, und wir lagen uns in den Armen. Wir hatten uns zehn Jahre nicht gesehen.

Ibrahim gehört zu den großen, massiven Orientalen mit Baby-Herz. Er war Halbsudanese, seine Familie kam aus Assuan in Südägypten, und das sind freundliche Leute dort unten. Allerdings ist Nubien, wie die Provinz früher genannt wurde, auch das Zentrum der schwarzen Magie. Im Umgang mit Ibrahim war davon nie etwas zu spüren gewesen. Für mich war er nur der beste Freund, den man in einer Stadt wie dieser haben konnte. Er sprach fließend Englisch, liebte Rock 'n' Roll, besorgte alles, kannte jeden und, was vielleicht das Wichtigste war, er konnte schweigen und trotzdem die Zeit mit einem teilen, und mir war es egal, ob seine Gutmütigkeit möglicherweise nur Phlegma war. Aus dem er jetzt allerdings fiel. „Wie lange bleibst du?" Bis morgen. Ich muß nach Tel Aviv. „Du bist verrückt."

Er gab mir ein Zimmer und lud mich zum Essen ein. Wir gingen zu Fuß zu dem Restaurant. Die Straßen im Zentrum von Kairo sind nicht sehr märchenhaft, nicht mal orientalisch. Es ist der moderne Teil der Stadt, die Engländer haben ihn gebaut, die Ägypter haben ihn versaut, die Menschen auf der Straße sahen heruntergekommen aus. Nicht so fröhlich, wie ich sie von früher kannte. Nicht nur wegen des Krieges. Es wurde einfach alles immer schlechter. Ibrahim erzählte mir, daß zehn Prozent der Bevölkerung von Kairo inzwischen Heroin konsumierten, er im übrigen auch. Er erzählte, daß er geheiratet habe und Vater geworden sei, und als ich ihn fragte, was er von Saddam Hussein halte, waren wir da. Leider bestellte Ibrahim im folgenden eine gebratene Taube, mit Kopf, und wenn mir irgendwas den Appetit verschlägt, dann der Anblick, wie vor mir ein Vogel zerlegt wird, den ich schon lebendig nicht leiden kann. „Willst du wirklich nach Tel Aviv?" Ja. „Wie kommst du hin?" Ich nehme morgen früh den Flieger nach Sharm el Sheik und dann ein Taxi durch die Sinai. „Du wirst sterben." So schlimm ist es nicht, Ibrahim.

Weil er nach dem Essen noch etwas erledigen wollte, ging ich allein in die Pension zurück, und als ich in meinem Zimmer angekommen war, bereute ich doch, nicht im Hilton eingecheckt zu haben. Durchgeknallte Kakerlaken auf durchgelegenen Matratzen, und der Deckenventilator eierte zum Gottserbarmen. Ich rauchte eine einsame Zigarette und fragte mich, ob Ibrahim beleidigt sein würde, wenn ich ihn schon diese Nacht verließ, aber da kam er auch schon zurück. Er setzte sich auf einen Stuhl und machte ein wichtiges Gesicht. „Ich habe etwas für dich", sagte er.

Der Skarabäus war aus Stein. Er hatte Risse auf dem Rücken und eine grünliche Färbung, so als wäre er angemoost. „Du mußt ihn an der Grenze verstecken. Antiquitäten dürfen nicht ausgeführt werden. Er ist über 2.000 Jahre alt. Er hat große Kraft. „Glaubst du an Magie?" Ich antwortete nicht. „Auch wenn du nicht daran glaubst. Der Skarabäus wirkt auf jeden Fall. Es gibt nur ein Problem." Daß er teuer ist, dachte ich und schämte mich sofort dafür. „Ich weiß nicht auf welcher Seite er steht", sagte Ibrahim. „Er bringt entweder Leben oder Tod. Willst du ihn?"

Nachdem er gegangen war, stand ich noch lange am Fenster und schaute in den Mond. Ich kam zu mir. Man sagt ja, daß bei Flügen die Seele langsamer reist, als der Rest des Passagiers, in der Regel kommt sie drei Tage später an. Das wird oft mit dem Jet Lag verwechselt, hat aber nichts damit zu tun. Erst an diesem Morgen hatte ich den Job bekommen, und der Tag war mit Reisestreß und Organisation vergangen. Routine statt Intuition. Und plötzlich war ich nicht mehr Herr der Situation. Was zum Teufel hatte ich mit diesem Krieg tun?

Wie so oft nach paranoiden Nächten erstrahlte der nächste Morgen besonders schön. Egypt Air flog mit einer Propellermaschine ans Rote Meer, und sie flog tief genug, um den Schatten des Fliegers wie einen großen Hai über den Sand jagen zu sehen. Palmen säumten die Landebahn des kleinen Flughafens von Sharm el Sheik, ähnlich beschaulich war die Fahrt mit dem Taxi durch die Wüste, und auch in Tel Aviv sollte es so bleiben. Ich war im Krieg, aber es fühlte sich wie Urlaub an, ein Gefühl, daß dreimal pro Tag durch Raketenalarm unterbrochen wurde, aber man gewöhnte sich schnell daran. Ich habe es überlebt, und natürlich hat das nichts mit Magie zu tun, denn alle anderen Journalisten in Tel Aviv überlebten es auch. Die Iraker schickten kein Giftgas und im Grunde fiel nur Schrott vom Himmel. Keine der veralteten Scuds schlug auch nur in der Nähe des Hilton ein, in dem wir alle wohnten. Und feierten, wenn ich mich recht erinnere. Die alten Hasen unter den Kriegsreportern sind von Haus aus große Schluckspechte, und die Israelis badeten in Solidarität. Der Taxifahrer und der Fahrgast, der Polizist und der Dieb, der Intellektuelle und das Militär, die ganze Stadt lag sich in den Armen. Auch das schreibe ich nicht der magischen Wirkung des Skarabäus zu und auch nicht den Erfolg, den ich mit der Reportage hatte. Sie schrieb sich praktisch wie von selbst. Aber sind gute Texte bereits ein übernatürliches Phänomen? Ich glaube nicht. Ich glaube, der Zauberkäfer entfaltete seine Wirkungskraft erst, als ich wieder zu Hause war.

Rolling home (A-Dur)

Rolling home (A-Dur)

ROLLING HOME (A-DUR)

ROLLING HOME (D-DUR)

ACROSS THE SEA (A-DUR)

ROLLING HOME (D-DUR)

TO DEAR OLD HAMBORG (A-DUR)

ROLLING HOME (E-DUR)

SWEATHEART TO SEE (A-DUR)

Auf der Reeperbahn nachts um halb irgendwas landete ich nach meiner Rückkehr aus Tel Aviv bei Mona, alias Susanne, alias was weiß ich. Sie war eine der schönsten Huren der Stadt und eine dankbare Kifferin. Die Zimmer in der Herbertstraße eignen sich vorzüglich zum Kiffen, weil sie so gemütlich eingerichtet sind: plüschig, gedämpftes Licht, und die Dildos sind nach Größe aufgereiht wie Souvenirs im Wohnzimmerschrank. Mona arbeitete als Domina, obwohl sie keine war, sie verdiente nur gut damit. Sie zog ihre Lederkorsage aus, damit sie besser inhalieren konnte. Das übliche Gequatsche. Sie erzählte von ihren Sklaven, ich von meinen Reisen, und irgendwann, wie Frauen so sind, kam was kommen mußte. „Hast du mir nichts mitgebracht?"

Das ist eine meiner Untugenden. Ich bringe nie etwas mit. Nie und niemanden, es sei denn, ich habe zufällig etwas dabei. Ich schenkte ihr den Skarabäus und ging. Weil sie zu stoned war, um weiterzuarbeiten, ging sie mit und wir tranken noch einen Schluck im „Top Ten", einer Diskothek an der Reeperbahn, denn zu diesem Zeitpunkt war mir bereits alles egal. Es muß so eine Woche später gewesen sein, als ich wieder von Mona hörte. Ich lag auf meinem Sofa unterm Dach, da rief sie mich an und erzählte folgendes:

In Promi-Pöseldorf hatte eine Diskothek Pleite gemacht. Der Inhaber, ein alter Gast von ihr, bot ihr den Laden für ein Trinkgeld an, weil er dringend 100.000 Mark brauchte. Mona kannte auch einen Millionär, und der hat einmal in seinem Leben etwas Gutes getan und ihr das Geld gegeben, und ab sofort war sie keine Hure mehr, sondern Diskothekenbesitzerin. Ich fuhr sofort zu ihr. Die Diskothek war klein, aber bestens gelegen. Drei Minuten bis zur Außenalster, eine Minute bis zum Milchstraßenverlag (*Max*, *fit for fun*) und als ich eintrat, schrie sie gerade eine Barfrau an. „Immer Ärger mit dem Personal", sagte Mona, als ich vor ihr stand. „Was kann ich dir anbieten?"

„Den Skarabäus", sagte ich.

Sie gab ihn mir nicht.

Raketen auf Tel Aviv

(Heiliges Land)

Alarm.

Die Sirenen kamen unerwartet, obwohl sie das einzige sind, woran hier alle Tag und Nacht denken. Aber irgendein Teil in unserem Gehirn scheint die Angst zu filtern wie die Masken das Gas. Ich bin seit 24 Stunden in der Stadt, und das eben war mein erster Giftgasalarm. Noch weiß ich nichts, außer, daß ich im sechsten Stock des „Hilton" bin, in den Schutzräumen des Hotels. Weil sie dort die Fenster isoliert und mit Holzplatten abgedeckt haben, sieht man nichts von dem, was am Himmel passiert. Nur Journalisten, Hotelangestellte, Soldaten.

Eine seltsam anonyme Szenerie. Seltsam deshalb, weil wir alle Insektenköpfe aus schwarzem Gummi haben, mit zwei Bullaugen darin, die etwas größer als Fünfmarkstücke und etwas kleiner als Bierdeckel sind. Und anonym, weil mir hier zum erstenmal klar wird, daß nur im Gesicht die Individualität des Menschen liegt. Nicht im Geschlecht, nicht in der Farbe des Hemdes, im Schnitt der Kleider, nicht mal in den Händen. Das alles verblaßt, wird unwichtig, fast unsichtbar, wenn darüber die Gasmaske ist. Zumindest das hat Saddam Hussein geschafft. Er hat einer ganzen Stadt das Gesicht genommen.

Die Gasmasken anzulegen ist, wenn du kurze Haare hast, kein Problem. Frauen tun sich da etwas schwerer und die orthodoxen Juden, mit ihren langen Bärten, haben heute Sonderanfertigungen bekommen. Ich habe das Standardmodell. Man legt es am Kinn an, zieht dann die Maske über

den Kopf und schließt sie, indem man die fünf Gummi-
strapse nach hinten festzurrt. Allerdings nicht zu fest, sonst
zerquetscht es dir das Kinn und die Backenknochen, aber
auch nicht zu locker, sonst nutzt sie nichts.

Der Test ist einfach. Du preßt deine Hand gegen die
Öffnung, die in der Mitte des Gasfilters ist und wenn du
jetzt keine Luft mehr bekommst, hast du alles richtig gemacht. Dann sind deine Atemwege hermetisch abgeschlos-
sen und gegen das Nervengas geschützt, das Saddam aus
Deutschland bezogen hat. Nervengas – eine bestialische
Waffe. Es wirkt so, als wenn man dir Salzsäure zu trinken
gibt, und das Senfgas, ebenfalls aus Deutschland und ebenfalls von Saddam bereits gegen Iraner, Kurden und seine
eigenen Leute eingesetzt, verbrennt dir zuerst die Haut, dann
das Fleisch und dann die Organe, und dagegen haben wir
eine Tube dabei, so groß wie die, in denen Zahnpasta ist.

„Sobald Sie gelbe Flecken auf Ihrer Haut entdecken“,
sagte der israelische Presseoffizier, „schmieren Sie sich das
Zeugs aus der Tube drauf.“

„Sind Sie sicher, daß das hilft?“

„Wenn Sie schnell genug sind – vielleicht.“

Das also ist das Minimal-Handgepäck für Tel Aviv. Die
Anti-Senfgas-Creme, die schwarze Insektenmaske und dazu
diese kleine Spritze, die man sich in den Oberschenkel jagen muß, wenn einem doch plötzlich übel und schwarz vor
Augen werden sollte. Sie verhindert zwar in den meisten
Fällen auch nicht den Tod, aber sie „erleichtert die Sache
ein bißchen“, wie der Presseoffizier es formulierte. Und
dieses Päckchen sollte man ständig bei sich tragen oder zumindest an keinem Platz ablegen, den man nicht innerhalb
von fünf Minuten erreichen kann. Das ist die Zeitspanne,
die dir bleibt, wenn die Sirenen zu heulen beginnen.

Es kann dich überall erwischen. Im Taxi, auf der Toilette, im Restaurant, im Bad, im Bett. Darum schlafen fast alle hier vollständig bekleidet. Trainingsanzüge sind der Renner in den Kaufhäusern. Viele ziehen sogar ihre Schuhe im Bett nicht mehr aus. Fünf Minuten, um unter die Maske zu kommen und dann in irgendeinen gut abgedichteten Raum. Ich habe, was das angeht, Glück. Mein Zimmer ist im siebten Stock, also nur eine Nottreppe von der Schutzetage des „Hilton" entfernt, auf deren Flur jetzt die Maskenmenschen stehen und sitzen und warten und hoffen. Die Türen zu allen Räumen sind geöffnet, alle Fernseher laufen. Information!!! Was ist passiert? Wie viele Raketen waren es? Oder sind es? Und wie viele haben die „Patriots" erwischt? Und wo gingen die nicht erwischten runter? Mit Gas? Oder nur konventionelle Sprengköpfe? Aber so schnell ist selbst CNN nicht, und die Fenster hier sind, wie gesagt, blind.

Entwarnung. Masken ab. Frei atmen. So gut kann Luft schmecken. Zurück aufs Zimmer. An die Bar. Ein Bier. Jetzt sehe ich wieder den Himmel und das Meer und die Häuser von Tel Aviv. Ein Sturm tobt seit gestern über der Stadt. Wolken jagen, Palmen biegen sich, meterhohe Wellen. Zwei Hubschrauber fliegen dicht am Hotel vorbei. Lichtblitze sind hinter der Stadt. Endlich News im Fernsehen. CNN ist soweit. Die Raketen gingen in der Westbank runter. Ich werde einen Spaziergang machen.

Was für eine Stadt!

Ich stelle mir vor, wie es in anderen Städten dieser Welt aussehen würde, wenn pro Nacht ein bis zwei Raketen auf sie stürzten. 32 bisher insgesamt. Mit jeweils 250 Kilo Sprengstoff. Wie würde es in Istanbul aussehen? Nicht schwer zu erraten. Gasmasken bekämen nur die VIPs, den Rest regelt der Schwarzmarkt. Die Armen beißen die Hunde. Hamburg: Ich schätze, Evakuierung. Es gibt zur Zeit kein ängstlicheres Volk als die Deutschen. Neu-Delhi: Tau-

sende von Opfern. Nicht durch die Raketen, aber totge-
trampelt während der Massenflucht oder von Hindus mas-
sakrierte Moslems. New York: Plünderungen. Massenein-
tritt in Sekten. Ausverkauf bei Drogendealern. Orgien.

Und Tel Aviv?

Ich sprach mit einem Mann, der seinen Namen nicht
nennen wollte, aber die Geschichte seiner Familie erzählte.
Er ist 42, Computertechniker. Er hat eine Frau und einen
Sohn. Als die erste Scud auf die Stadt fiel, beschlossen sie,
den Sohn aus Tel Aviv zu fliegen. Nach Amerika, wo sie
Verwandte haben. Die Frau sollte ihn begleiten. Er wollte
bleiben. Einerseits, weil die Arbeit weitergehen mußte, andererseits, weil er sich schämen würde, die zu verlassen, die
nicht flüchten können. Auf dem Weg zum Flughafen entscheidet sich auch die Frau zu bleiben. Er zwang sie zur
Abreise. „Wenn du nicht mit unserem Sohn gehst, werde
ich es tun. Dann bist du allein hier." Sie flog mit dem Jungen nach L. A. Drei Tage später war sie zurück. „Ich habe
mich gefühlt, als würde ich mein Land betrügen." Sie war
nicht die einzige. Die El Al-Flieger nach Tel Aviv sind voll
mit Juden aus aller Welt. Die Maschinen raus sind leer.

Oder die kleine Jemenitin. Shavit. Einundzwanzig Jahre.
Augen wie schwarze Perlen, olivfarbene Haut. Ich traf sie
in einem 24-Stunden-Restaurant, zwei Stunden nach Mitternacht. Sie arbeitet dort, von 24 Uhr bis 8 Uhr morgens.
Weil sie nachts nicht einschlafen will. „Das ist das Gemein-
ste", sagt sie, „diese letzten Minuten im Bett. Du bist müde,
total fertig, aber du willst die Augen nicht zumachen. Die
Vorstellung, daß dich die Sirenen im Schlaf erwischen, daß
sie das erste sind, was du hörst, daß du in der Hölle auf-
wachst, ist ein Horror. Darum arbeite ich nachts."

Das Restaurant hat zwei Räume. Einen großen und einen kleinen. Der kleine hat die abgedichteten Fenster und

eine Plastikplane im Durchgang. Kerzen brennen, ein Kuchen wird angeschnitten. Zwei Küchenangestellte feiern Geburtstag. Ich bekomme ein Stück von der Torte.

„Warum feiert ihr nicht in Eilat?" frage ich Shavit. „Unten am Roten Meer scheint die Sonne, und außerdem kommen die Raketen nicht bis dahin."

„Oh, nein", sagt das Mädchen mit den Perlenaugen. „Niemand bekommt uns aus dieser Stadt."

„Habt ihr keine Angst vor dem Tod?"

„Natürlich haben wir Angst. Wir sind Menschen. Aber wir sind auch Israelis".

„Was heißt das?"

„Wir laufen nicht weg."

Der zweite Alarm.

Ich nahm ihn professioneller. Diesmal vergaß ich nicht den Zimmerschlüssel mitzunehmen. Und setzte die Gasmaske nicht mehr mit zitternden Händen auf. Die Routine des Schreckens lernt man schnell. Dann sah ich zum erstenmal ein Kind im Schutzraum des Hotels. Vier, fünf Jahre alt. Auf dem Schoß seiner Mutter. Es trug eine andere Maske, die speziell für Kinder und Asthmatiker entwickelt wurde. Mit einem langen, bis zum Bauch reichenden Schlauch und einer Pumpe daran, die die Luft selbständig in die Lungen treibt. Das Kind sah damit nicht wie ein Insekten-, sondern wie ein Elefantenmensch aus. Zuerst war es ganz ruhig. Hatte das anscheinend schon öfter erlebt. Dann fühlte es sich unwohl. Vielleicht juckte die Maske oder klemmte, vielleicht mußte es husten, vielleicht hatte es einfach nur Angst. Sprechen konnte das Kind unter dem Ding ja nicht. Kleine Hände versuchten, das Gummi zu verschieben, zupften daran, erst zaghaft, dann stärker. Die Mutter merkte es, nahm die Hände in ihre. Auch sie konnte nicht reden, nicht beruhigend summen oder küssen. Auch sie hatte kein Gesicht.

Was für ein Volk!

Früher hatte ich eine geteilte Meinung über die Israelis. Ihre Frauen fand ich wunderschön, ihre Männer oft zu arrogant. Und wie sie mit den Palästinensern umgingen, das war mir ein Greuel. Es ist mir noch immer ein Greuel, aber im Augenblick liebe ich sie für ihren Mut, ihre Disziplin und ihre Professionalität im Überleben. Weiterleben und trotzdem – leben. Vor allem tagsüber. Weil Saddam bisher seine Raketen nur nach Anbruch der Dunkelheit schickte. Das ist fast wie ein Naturgesetz geworden. Friede zwischen Sonnenaufgang und Sonnenuntergang. Die Zeit für Einkäufe und Arbeit, Schule und Kindergarten, Kaffeehaus, ja, sogar surfen sieht man sie, wenn zwischendurch mal der Sturm nachläßt.

Natürlich machen sie auch Witze. Makabre, aber auf was für Gedanken soll man hier sonst kommen? Schaufensterpuppen in den Fenstern teurer Boutiquen, die Gasmasken tragen, Papageien, denen man beibringt, wie eine Sirene zu schreien, und was hörte ich auf die Frage, warum die letzten Raketen alle in der Westbank runtergingen, weitab von der Stadt, ohne Schaden anzurichten? „Weil unsere Rabbis endlich mal beten." Das war die offizielle Antwort aus dem Pressestab der Armee.

Was die jungen Israelis angeht, kann ich mir diese Coolness leicht erklären. Sie sind im Krieg geboren, mit Terror aufgewachsen, und selbst die Mädchen bekommen keinen Schreikrampf, wenn man ihnen ein Maschinengewehr in die Hände drückt. Sie sind Krieger, sie haben Kampf im Blut. Aber die Alten? Die Deutschen, die Opfer, denen Bilder von Auschwitz kommen, wenn sie an ihre Kindheit denken. Wie werden sie mit Saddam Hussein fertig?

Ich fragte Ernst Laske, 76, Bibliothekar. Seine Mutter wurde im KZ umgebracht, sein Vater nahm sich das Leben, und er flüchtete 1938 aus Berlin über Dänemark, Schweden, Frankreich, Marokko und Zypern vor dem Gas, das ihm jetzt via Irak nachgeschickt werden soll. Das ist – kurz gesagt – seine Geschichte. Er ließ mich trotzdem in seine Wohnung.

Ein kleiner Mann mit großer Brille, Hunderten von Büchern und einem guten Cognac griffbereit. Er lebt allein, darum hat er nur sein Badezimmer zum Schutzraum erklärt. „Das war am einfachsten. Es hat kein Fenster und keine Außenwand und es reicht für mich", sagte er. „Und für einen Besucher ist da auch noch Platz."

Ernst Laske erwies sich bald als ein alter Jude, der nicht unbedingt ins Klischee paßt. Er ist weder verbittert noch besonders ängstlich, und Geld hat ihn auch nie interessiert. Er gründete einen Kibbuz, als er nach Israel kam, und machte die Wüste zur Oase. Das war alles. Nach 29 Jahren hatte er keine Lust mehr und ging nach Tel Aviv, um in einem kleinen Buchladen zu arbeiten. Dem ältesten der Stadt übrigens. Und dem besten.

„Ich liebe Bücher", sagt er. „Das habe ich von meinem Vater." „War er auch Bibliothekar?"

„Nein, Textilfabrikant."

„Die Nazis haben ihm den Betrieb weggenommen?"

„Natürlich."

„Und sie würden trotzdem einen Deutschen in ihr Badezimmer lassen, wenn die Raketen kommen, die mit unserer Hilfe gebaut sind?"

„Was haben Sie damit zu tun?"

Dann schaltet er den Fernseher an. Es war 21 Uhr. Nachrichten. Berichte aus Bagdad, Teheran und dann Jerusalem. Rita Süßmuth zu Besuch. Pressekonferenz. Sie waren gerade beim Thema. Deutschlands Rüstungsexporte in den Irak. Frau Süßmuth quälte sich. Ernst Laske schaltete den Fernseher aus. „Sie müssen jetzt langsam wieder zurück ins Hotel", sagte er. „Es wird zu gefährlich auf der Straße. Soll ich ein Taxi rufen?"

„Nein, ich brauche Luft."

„Dann begleite ich Sie ein Stück."

Was für eine Nacht!

Ein abnehmender Mond strahlte am Himmel. Kaum Wolken, wenig Wind. Ein klares, schönes, orientalisches Sternenzelt. „Eine gute Nacht für Raketen", sagte der alte Mann an meiner Seite. „Die Iraker schicken ungern ihre Scuds durch Sturm und Regen, weil sie dann zu sehr vom Kurs abkommen. Das ist übrigens das ehemalige Vergnügungsviertel von Tel Aviv."

Ich kannte es. Ich war vor zwei Jahren hier. Damals war es keine Straße, sondern eher eine Open-air-Diskothek. Tausend Miniröcke standen hier herum und tausend Cabrios, und über allem war dieses Gemisch aus Rock 'n' Roll, der aus tausend verschiedenen Musikboxen aus den Kneipen drang. Vorbei. Aus. Angst. Jetzt war diese Straße – und alle anderen Straßen, durch die wir noch kamen –, menschenleer. Und die Bars waren dunkel und die Musikboxen stumm. Hin und wieder hielt ein Wagen, und irgendwer eilte in sein Haus. Finsternis zog in mein Herz, und plötzlich blieb mein Begleiter stehen und zeigte auf einen Rohbau, links von uns. Er war sehr massiv gebaut und hatte statt Fenstern und Türen noch große Löcher. „Das Haus ist ein idealer Schutz, falls es losgeht", sagte Ernst Laske. „Alle anderen Häuser in dieser Straße sehen nicht sehr vertrauenswürdig aus, aber bei diesem würden die Druckwellen durch die Löcher schießen und die Wände blieben stehen. Auf sowas müssen Sie achten, junger Mann, wenn Sie nachts in Tel Aviv spazierengehen." Ich hatte Glück. Ich schaffte es bis zum Hotel. Erst dann kam der dritte Alarm.

Aufruhr im Basar

(Marrakesch)

Man hat es mir zugeflüstert: Meine marokkanische Freundin verschwindet von Zeit zu Zeit für ein paar Tage aus der Stadt, um weit hinaus aufs Land zu fahren, wo eine bekannte Zauberin auf sie wartet. Meine Freundin glaubt nicht so sehr an meine unendliche Liebe. Sie will sicher gehen. Dafür investiert sie was – Zauberei ist teuer.

Immer wenn meine Freundin sagt, daß sie für drei, vier Tage zu ihren Eltern nach Casablanca fährt, dann fährt sie aufs Land und nimmt eine Tüte mit. In der Tüte sind Tücher. Die Tücher sind ein fester Bestandteil unseres Liebesaktes. Ich hielt das bisher für eine gute alte marokkanische Sitte. Ich dachte, das sei ein Beispiel für die Feinheiten orientalischer Kultur, die sich bewußt darüber ist, daß ein Mann nach dem Orgasmus Ruhe braucht. Ruhe und eine Zigarette. Um die Hygiene kümmert sich die Frau.

In den Tüchern in der Tüte ist mein Samen, wer hätte das gedacht. Was genau die Zauberin damit macht, weiß ich nicht noch nicht. Wenn meine Freundin das nächste Mal verschwindet, werde ich einen Detektiv engagieren, damit er sie verfolgt und mit einem großen Zoom heimlich Fotos macht. Vielleicht verbrennen sie die Tücher bei Neumond, vielleicht machen sie Kekse daraus.

Bei meinem letzten Besuch ging es meiner Freundin sichtbar schlecht. Ich schickte sie zum Arzt. Sie kam mit Spritzen und Ampullen zurück. Ich hätte ganz gern gewußt, warum. Krieg das mal raus, wenn sie nur Arabisch und Französisch und du nur Deutsch und Englisch sprichst – und die Sprache der Liebe natürlich. „Doktor parle what?" fragte ich. „Sufulus". sagte sie.

Ich wollte wissen. ob sie weiß, was das heißt. Sie verstand nicht so recht. Wenn man in der Fremde mit Worten nicht weiterkommt, bringt einen die Mimik voran. Meine Freundin begann zu weinen. Ich tröstete sie und erklärte ihr, daß diese Krankheit nicht unbedingt zu ihr gekommen ist, weil sie mich betrogen hat. Es kann eine verschleppte Syphilis sein – acht, neun Jahre alt. Ich erklärte ihr weiter, daß das meiner Liebe zu ihr keinen Abbruch tue und sie mich ab dem nächsten Tag für eine längere Zeit nicht sehen werde.

Was macht sie jetzt? frage ich mich. Wie ich hörte, können Zauberinnen auch mit Haaren arbeiten. Die hat der Wind längst verweht. Sie hat auch Fotos von mir. Aber was sind Fotos gegen die Struktur meiner Genetik, die in ihren Tüchern ist. Eine Ladung für die Tüte hat sie noch.

Ich glaube nicht an Zauberei. Ich glaube nicht an Astrologie, ich glaube nicht an Handlesen, ich glaube nicht an Schwarze Magie. An Voodoo glaube ich ein bißchen. Aber letztlich bin ich Buddhist. Die Buddhisten sagen, die Ebene der Dämonen sei auch nur Illusion. Bei einem Kräuterhändler im Basar erkundigte ich mich nach den gebräuchlichen Zutaten für die Magie noire.

Ich fragte ihn, ob viele Frauen bei ihm diesbezüglich kaufen würden. Er sagte, ja, täglich kämen ein paar. Er zeigte mir sieben der wichtigsten Kräuter, mit denen man einem Menschen Unglück bringen kann, und er zeigte mir die zu Staub zerriebenen Überreste irgendwelcher Tiere. In Kaffee genossen, versklaven sie den Ehemann zu ewiger Blindheit, zu ewiger Liebe, weil diese Dinge aneinandergekoppelt sind. Sagte mir der Kräuterhändler und verkaufte mir eine Mischung aus der Abteilung Magie blanche, eine Art

Antibiotikum aus der Hexenapotheke. Vertreibt, im Hof des Hauses verbrannt, jeden bösen Zauber.

Drei Frauen waren zu Hause, als ich zurück kam: meine Freundin, meine Köchin und eine Bauchtänzerin. Die erste machte das Feuer an, die zweite regte sich nicht, die dritte lief im Kreis. „I don't like this", sagte sie immer und immer wieder, bis die Kräutermischung abgebrannt, ausgeglüht und abgedampft war. Ich sah einen alten Verdacht bestätigt: Diese Frau blies zu oft die Backen auf, konzentrierte ihren Atem, starrte zu oft geradeaus. Zudem hat sie eine unheimliche Mutter, die kommt mindestens zweimal pro Woche in mein Haus, manchmal öfter, aber nie seltener. Ihr Gesicht ist tätowiert.

Ich will damit sagen, daß ich mir nicht sicher bin, ob die Geschichten, die mir über meine Freundin zu Ohren gekommen sind, wirklich stimmen. Vielleicht ist es nur ganz normale Intrigenspinnerei. Das Gerücht kommt von meiner Köchin. Als meine Freundin davon hörte, urinierte sie vor Wut in deren Wirkungsbereich. Andere Länder, andere Sitten.

In diesem Hexenkessel habe ich das Mensch-ärgere-dich-nicht-Spiel eingeführt. Die Marokkaner haben die Regeln blitzschnell verstanden und sind mit Leidenschaft dabei. Wir spielen jeden Abend. Das Powerplay wird auf harmlosen Bahnen über 36 weiße und vier farbige Kreise absorbiert, wie ich meine. Trotzdem gefallen mir die Ergebnisse nicht.

Meistens spielen meine Freundin, die Bauchtänzerin, Omar und ich. Omar ist mein bester Freund in der Stadt, die Frauen würden ihn am liebsten kastrieren oder umbauen lassen, wie sie sagen, dann hätte er mich. Sie kennen eine Spezialklinik in Casablanca, wir reden oft davon. Meine Freundin hatte mich neulich erst um die Beschneidung meiner Vorhaut in dieser Klinik gebeten, damit ich so sauber wie ein Moslem sei. „Kein Problem", sagte ich, „wenn du mitkommst und dir die Brust vergrößern läßt." Erst sagte sie ja, dann zeigte ich ihr Dolly Buster in einer *Tempo*-Ausgabe. Da war die Sache vom Tisch.

Mensch-ärgere-dich-nicht – ich habe Rot. Omar Schwarz, die Bauchtänzerin Gelb, meine Freundin Grün. Und Schwarz gewinnt immer. Ich meine: immer. Omar hat nicht einmal verloren. In der Regel spielen wir pro Abend mindestens zweimal und das seit einem Monat oder mehr. Wenn Omar den Würfel wirft, sagt er „six", und wenn der Würfel ausgewürfelt hat, zeigt die Sechs nach oben. Sagt er „srie", dann ist es die Drei. Egal, was er sagt, der Würfel scheint ihn zu hören und gehorcht. Omar hat immer gewonnen, und die Bauchtänzerin war immer die Nummer zwei. Meine Freundin hat nur verloren. Das ließ mich in dem Glauben, ich liebte ein Opferlamm.

Einmal fragte ich das Opferlamm nach seiner Meinung zur Zauberei. Es richtete sich auf, zeigte mit seinem Finger auf seine Augen und sah von weit oben auf diese Welt herab. „Allah", sagte meine Freundin. „Allah look." Dann machte sie mit ihrer Hand eine Bewegung, das klassische Symbol fürs Durchschneiden der Kehle. Da fällt mir ein, sie soll irgendwann gesagt haben, sie würde Omar auch ganz unsymbolisch ein Messer in den Bauch treiben, wenn der weiter versuche, sie von mir zu trennen. Ich hörte das gerne, zeugte es doch von großer Leidenschaft – falls es stimmt und nicht nur ein weiteres Gerücht ist.

Téléphoner à l'arabe: Das ist die Fähigkeit der Marokkaner zur Informationsvernetzung ohne technisches Gerät, so eine Art Böse-Zungen-Datenautobahn. Alle reden ständig über alle. Sie haben im Grunde nicht viel mehr zu tun. Und wer sie, wie ich, über alle Maßen verwöhnt, verführt sie, sich den negativen Aspekten ihres Charakters zu ergeben, beispielsweise der unbändigen Freude am haltlosen Geschwätz. Wer hinterbrachte mir die Messergeschichte? Mustafa, der nervenkranke Muselman. „Ich kann dir mein Haus nicht länger vermieten", hat er gesagt. „Die Frauen sind schlecht. Lieber verzichte ich auf dein Geld, als meinen guten Ruf zu verlieren." Nun, da wäre er der erste Marokkaner dieser Art.

Als nach dem Tode des Propheten die islamischen Armeen Nordafrika überfluteten, kamen sie erst da zum Stehen, wo heute die Grenze zwischen Algerien und Marokko verläuft. Unbeugsame Berberstämme warfen sich ihnen entgegen. Sie hatten enorme Verluste, aber sie ließen die Araber nicht vorbei – und rein schon gar nicht. Sie warfen den Feind sogar zurück. Die Araber ritten wieder nach Hause, um sich zu beraten. Ergebnis: eine Personalentscheidung an der Spitze ihrer Armee. Ein neuer Feldherr brachte die Sache voran. Als er den Berbern einen hohen Anteil an der Beute aller weiteren gemeinsamen Feldzüge versprach, ließen sie sich sofort in sein Heer integrieren. Marokkaner sind gekaufte Moslems. Das macht sie berechenbar.

Einmal saßen wir zu siebt um meinen großen Tisch: die Bauchtänzerin und meine Freundin, Omar, Mustafa und ich sowie zwei weitere befreundete Marokkaner. Es wurde gegessen, getrunken und geredet, strikt Arabisch. Ich war nur mit einem halben Ohr dabei. Am nächsten Tag bat ich die Frauen, mir aus ihrer Erinnerung das Gespräch zu übersetzen.

Es drehte sich hauptsächlich um Fragen des Zugewinnausgleichs, wer sich von wem übervorteilt fühlte in dem gemeinsamen Geschäft an mir. Sie diskutierten Lösungsmodelle, und noch am Tisch gab es Verschiebungen ihrer

Anteile. Ich wurde zwischen Vorspeise, Hauptgericht und Dessert sozusagen in Aktienpaketen herumgereicht. Und ständig haben dabei die marokkanischen Männer auf die marokkanischen Frauen geschimpft. Es geht mir auf die Nerven.

Einmal las ich einen Roman über die Entstehung des Staates Israel. Der Autor, selbst ein Israeli, stellte in einem der Kapitel die Streitsucht der Araber folgendermaßen dar: Ein Junge kämpft gegen seinen Bruder, zusammen kämpfen sie gegen ihre Schwestern, alle Kinder kämpfen gegen Vater und Mutter, Vater und Mutter kämpfen gegeneinander, die ganze Familie kämpft gegen die Nachbarschaft, die Nachbarn kämpfen zusammen gegen den Rest ihres Viertels, das Viertel kämpft gegen die Stadt, die Stadt kämpft gegen alle anderen Städte des Landes, das Land kämpft gegen das Nachbarland. Und alle arabischen Länder zusammen, alle moslemischen, alle, die unter der grünen Fahne des Propheten stehen, kämpfen gegen die Heiden – gegen die Ungläubigen. Gegen mich. Was für ein Treiben. Der Boulevard-Journalismus hört nicht auf, es Tausendundeine Nacht zu nennen.

Sehnsucht Familie

(Tanger)

Ich kam gerade aus der Sahara zurück nach Marrakesch. Ein Beduinen-Boß hatte mir angeboten, mit ihm 52 Tage durch die Sahara zu reiten. Nach Timbuktu, wo Schwarzafrika beginnt. Die Zeit dazwischen wollte ich für einen Trip nach Miami nutzen, vielleicht reichte es auch noch für eine Geschichte in Indien. Wenn nicht Indien, dann Kolumbien. Was hat das mit Familie zu tun? Es hat etwas mit Freiheit zu tun. Und damit sind wir beim Thema. Auf alle Fälle aber muß ich erst mal ganz schnell nach Tanger. Samira ficken. Dazwischen erreichte mich ein Fax. Aus Deutschland: Redaktion *Prinz*. „Lieber Helge, wir suchen Dich wie eine Stecknadel im Wüstensand. Wir brauchen die Geschichte dringend. Sofort. Bitte, bitte schreib und faxe."

Warum gerade ich? Weil ich alles erlebt habe. Sehnsucht nach Familie und das Gegenteil. Ich nahm den Nachtzug nach Tanger. Zwölf Stunden Rattatam. Um sieben Uhr war ich da, war im Hotel, schlief bis zehn. Telefon. Wieder *Prinz*. Deadline morgen früh. Zwanzig Blatt. Das ist verdammt viel zu Papier gemachtes Holz. „Also setz dich sofort hin und schreib!"

Ich rief Samira an. Date für die Pause am Nachmittag. Sie kam aber sofort. Als ich mich endlich aus ihr herausgeschält hatte, war es dunkel geworden und Zeit für ein Bier.

Vermisse ich Familie? Manchmal. Zwischendurch. Samira im Bad, ich auf dem Bett. Da kroch ein Gefühl in mir hoch. Ich beschloß, später darüber nachzudenken. Runter in den

Nachtclub des Hotels. Samira schüttet Gin in sich rein. Sie sah traurig aus. Ich bohrte so lange, bis sie plauderte. Sie ist fünfundzwanzig, sie ist schön, sie ist eine Hure. Sie will aussteigen. Aber die Männer, die sie heiraten würden, verlangen nach Babys. Sie schläft so gern bis nachmittags. Haben wir nicht alle dieselben Probleme? Als wir wieder im Hotelzimmer waren, versuchte ich, die Schreibmaschine zu erreichen. Ich hätte es beinahe geschafft. Das Telefon weckte mich. Noch mal *Prinz*. „Du hast Zeit bis heute 18 Uhr!" Für mich bedeutet das 17 Uhr, denn ich bin in Marokko 'ne Stunde zurück. Also, wie die Dinge jetzt stehen, noch fünf Stunden. Habe mich ins „Café el Manara" abgesetzt. Da dürfen nur Männer rein. Da kann man in Ruhe über Familie nachdenken.

Die Sehnsucht nach Familie fängt spätestens mit 25 an. Das Gesetz der Natur. Weil es die Sehnsucht nach Kindern ist. Es gibt kein anderes Alter, in dem Frauen leichter Kinder bekommen können als mit Mitte Zwanzig. Ihr Körper ist superreif und 1a drauf dafür. Wie ein Baum, der im Mai blüht und im Sommer Früchte zur Erde wirft. Die Sehnsucht nach Kindern ist eingebaut. Wir haben eine Uhr in uns, die tickt uns durch die Kindheit, durch die Pubertät, und wenn der Zeiger zwischen 20 und 30 steht, fängt sie an zu piepen. Sachte, leise, aber eigentlich durch nichts abzustellen. Man kann versuchen, es zu überhören. Dann kriegen Frauen diesen trotzigen Mund. Wie Samira gestern nacht.

Was gegen Kinder spricht, ist klar. Freiheit. Also sprach der Zeitgeist: Mit 25 fängt das Leben erst an. Mit 27 bist du der King. Mit 30 hast du alle Strände zwischen Rio und den Seychellen gesehen, mit 40 stehst du ganz oben deinen Mann, und dann fangen auch schon bald die Wechseljahre an.

Die Inder sagen, wir leben derzeit im Kali Yuga, dem Zeitalter der Dunkelheit. Kein Mensch blickt mehr durch. Verwirrung ist unser Brot. Freiheit. Selbstverwirklichung. Entfaltung der Persönlichkeit. Was für ein Mißverständnis! So wie der Körper mit 25 reif ist für ein Kind, so ist die Seele mit 25 reif für die Verantwortung. Eine Last, die stark macht, wenn man sie freiwillig trägt. Seelische Muskeln. Nur Mütter sind richtige Frauen. Alle anderen sind Mädchen. Ewige Mädchen. So sieht es der Orient. Wenn eine Frau Kinder bekommen hat, darf sie einen großen, breiten, reichverzierten Gürtel tragen. Sie tun es mit Stolz. Sie haben ein Wunder vollbracht. Sie haben Schmerzen ertragen. Es gibt für die Frau kein elementareres Erlebnis als die Geburt. Ich weiß, wovon ich rede. Ich war dreimal dabei. Sie können nicht mehr zurück, wenn die Wehen anfangen. Sie können nur nach vorn. Und sie können nicht fassen, wie weh es tut. Aber nachher, wenn Baby-Buddha kräht und rotzt und sabbert, dann können sie nicht glauben, wieviel zu ertragen sie fähig sind. Schmerzen sind da, um uns wachsen zu lassen, und es gibt kein schöneres Lächeln als das der Frauen kurz nach der Geburt. Sie sind Kriegerinnen geworden. Echte Amazonen. Das ist was anderes als Emanzipation.

Und noch einmal zum Thema Freiheit: Das Mißverständnis liegt darin, daß wir die Freiheit des Ego meinen und nicht die Freiheit vom Ego. Nur darum geht es. Das eine will immer mehr, das andere immer weniger. Das eine macht Krieg, das andere macht Frieden. Das eine muß kämpfen, das andere darf lieben. Es gibt verschiedene Arten der Liebe. Im Grunde sind es Transformationen. Verwandlungen, so wie sich Raupen zu Schmetterlingen entpuppen. Mit dem Verlieben geht's meist los. Dieses schockartige Erlebnis, wenn dir der Atem plötzlich einmal den Körper runter-

und rauf- und wieder runtersaust. Das ist die Zündung, damit springt der Motor an. Stell dir vor, du sitzt im Auto und willst immer nur das. Nur zünden. Da geht der Liebe ganz schnell die Batterie aus. Macht kein Mensch von Jugend und Verstand. Also leg den Gang ein und fahr los. Jetzt fängt die Beziehung an. Das Kennenlernen, das Vertrauen, die Wärme, die Zärtlichkeit, der immer tiefer gehende Sex? Bis zum Ende der Vagina, bis ins Herz, bis an die Grenzen der Seele. Und was verbindet sich da?

Was ich sagen will: Der Wagen rollt, aus dem Verlieben ist Zweisamkeit geworden. Und niemand fährt durch die Gegend ohne Ziel. O.k., der Weg ist das Ziel, aber der Weg führt wohin. Das Ziel der Zweierbeziehung ist die Dreierbeziehung, das Ziel des Sex ist die Familie. Und spielst du da nicht mit, geht die Liebe kaputt. Und die Beziehung kommt in die Kiste. Ich habe 'ne Menge von diesen Kisten im Keller stehen. Ich finde das nicht schön.

Ich bin jetzt von der Medina zum Hotel gelatscht, am Meer entlang, habe ein wenig entspannt, und Samira lag noch im Bett. Ich legte mich dazu. Wärme. Die Frau ist ein Ofen. Da geht's dem Streß wie einem Eiswürfel. Das ist es doch, was Männer brauchen, wenn sie von der Jagd kommen. Ich könnte sie haben. Sofort. Sie ist ziemlich perfekt. Ihr einziger Makel ist, daß ich sie sofort haben kann. Mich interessieren nur schwierige Fälle. Sportive Idiotie. Noch kann ich mir das erlauben. In zehn Jahren sehe ich älter aus. Da kann ich Frauen wie sie als Sugar-Daddy beglücken, und noch mal zehn Jahre drauf oder gar zwanzig, dann geht das mit dem Sabbern los. Die Sehnsucht nach Familie ist wohl auch der Wunsch, nicht alleine zu sein, wenn's ans Sterben geht. Wer weint um den Single? Samira ist gerade raus aus dem Hotel. Ins Hammam. Orientalisches Badehaus. Soll sie anrufen, wenn ich mit der Geschichte fertig bin. Das kann dauern. Weiß nicht, wie es weitergehen soll. Telefon!

Deadline-Verschiebung bis morgen früh. „Hoho", wie mein altes Vorbild Hunter S. Thompson immer sagte. „Das wahre Schreiben fängt immer erst nach der Deadline an." Zurück ins „Café el Manara". Habe keine Lust, allein zu sein. Kaum bin ich drin, wird's richtig marokkanisch. Ein Nervenkranker fuchtelt mit dem Messer rum. Und langsam macht mir das Reisen Laune. Ich habe eine Freundin in Tanger und eine offene Rechnung in Marrakesch. Apsalon spielt mit Würfeln am Nachbartisch, es ist ein wunderbares Café. Hier kann ich schreiben, hier kann ich sein. Vielleicht bleibe ich in Marokko, vielleicht fliege ich nach Miami. Ich bin so frei wie noch nie. Manchmal höre ich sogar auf, darüber nachzudenken, was ich will. Ich habe, wie ein Freund von Apsalon neulich sagte, „das Loslassen der Probleme problemlos gelöst". Mohammed Hatsch heißt der Mann. Ich konnte kaum fassen, daß so etwas von einem Marokkaner kam.

Will ich noch mal eine Familie? Am Feuer sitzen, mit einem Kind unter den Sternen? Warum nicht? Ich werde in zwölf Tagen einundvierzig. Genau das richtige Alter dafür. Man muß ein Mann sein, bevor man eine Frau ertragen kann.

Kampf der Kehlen

(Schweiz)

Hamburg, 26.6., morgens, Flughafen. Am Lufthansa-Schalter lag neben dem Ticket noch ein Telegramm: „Welcome in Switzerland. Wir haben für Sie und den Fotografen im Hotel Victoria in Brig, Bahnhofstraße, zwei Zimmer gebucht. Der Fotograf heißt Sebastiao Salgado und kommt aus Paris. Das Auto steht in Genf am Flughafen parat. Bei irgendwelchen Problemen – Anruf genügt. Let's jodel."

Ich gab mein Gepäck mit der federleichten elektronischen Schreibmaschine auf, was ich nicht hätte tun sollen. Im Flieger machte ich mir dann die ersten Gedanken zum Thema.

Jodeln. Wo ich herkomme, da gibt es so was nicht. In Hamburg wird nicht gejodelt. Wir haben davon gehört, gerüchteweise. Eine uralte Tradition soll es sein. Auf Tell zurückgehend. Genauer auf seinen Sohn. Dem hat der Tell einen Pfeil in die Hoden geschossen, und das Gebrüll von dem Kleinen hat die Feinde dermaßen erschreckt, daß das Flüchten kein Ende nehmen wollte.

Andere behaupten, diese Kunst ginge auf das Alte Testament zurück, auf den Propheten Zacharias, der da sagte: „Warum jauchzet und jodelt ihr nicht?" Doch ich halte beide Theorien eher für Hamburger Schmäh. Wahrscheinlich ist das nur praktische Bergbauernkunst: Mit dem Jodeln treiben sie morgens die Kühe aus dem Stall, und mit dem Ur-Muh der Alphörner werden sie abends wieder reingelockt.

Genf, 26.6., mittags, Aeroport Arrivée. Eine merkwürdige Sprache sprechen die hier, außerdem ist mein Gepäck nicht da. In Frankfurt verlorengegangen, man wird es nachschikken. Wann? Demain! Falls das morgen heißt, ist das zu spät. Ich hab's eilig. Wo steht das Auto parat? Es war kein Auto, es war ein Opel. Wie fährt man so was? Nach Brig? Wo ist Brig? Eine Stunde von Genf hatte der Redakteur gesagt. Mit dem Flugzeug vielleicht. Mit dem Opel dauerte es drei Stunden. 200 Kilometer und jede Menge Naturschönheiten im Weg. Ich weiß, es ist gemein, aber ich mag die Alpen nicht. Keine Ahnung warum. Es ist nichts Grundsätzliches gegen Berge. Ich liebe den Hindukusch, und Kurdistan finde ich bezaubernd. Aber die Alpen sind mir zu sauber. Und vor die Schweizer Alpen gehört eigentlich an jede Ecke ein Schild: „Vorsicht, frisch gebohnert."

Glücklicherweise sah ich nicht allzuviel. Es regnete. Und ich mußte Dampf machen. Um 19 Uhr sollte das Kampfjodeln beginnen. Und vorher mußte ich noch das Hotel in Brig finden, den Fotografen aus Brasilien und was zu essen.

Brig, 26.6., 19 Uhr. Ich hatte es auf die Minute geschafft. Mit einem kleinen Bums. Das mach' ich immer so, wenn ich in der Fremde was suche. Fahre jemandem hintendrauf und frage dann nach dem Weg. Glücklicherweise sprechen sie in dieser Gegend wieder deutsch: „Fürs Johodel münt Sie dört näbi fahren, gli links vom Bahnhöfli. Aber jetz, was isch jetz mit mineri Stoßstange?"

So in etwa ging ihre Rede.

Ganz beherrsche ich das ja nicht. Schwyzerdütsch ist schwer. Jede Sprache ist ein gesamter Organismus. Jeder Dialekt entspricht einem Körperteil. Das Schwyzerdütsch kommt aus dem Rachen und zwar genau dort her, wo das berühmte „Schwyzer-Rachen-Chrüter-Guetzli" seine Kraft entfaltet. Und das Jodeln.

Im Hotel. Die Dame an der Rezeption war klein und störrisch. Ich hatte ihr erzählt, daß mein Gepäck möglicherweise vom Flughafen nachgeschickt wird und daß das sehr wichtig für mich sei, wegen meiner Reiseschreibmaschine. Die bräuchte ich heute nacht.

Die Dame erschrak: „Z Nacht wird hier nicht getippet. Bi eus gibt's nur s Bescht für d Gäscht. Und z Nacht schlooft man, oder wölln Sie de Nachbar uffwecke." So reden die. Nein, nein, das wollte ich nicht. Würde ich auch nicht, weil das eine elektronische Schreibmaschine ist von Canon. Die hab' ich in Hongkong gekauft. Die ist so leise, gute Frau, daß selbst die Kakerlaken wieder einschlafen.

Regionalschulhaus, 19.15 Uhr. Kampfjodeln. Da wären wir also. Mittendrin. Trachten, so weit das Auge schweift. Rechts von mir, links von mir, vorne, hinten, draußen, drinnen, oben, unten, nichts als Eidgenossen aus dem Bilderbuch.

Die Männer tragen Bärte bis zu den Knien runter (was sich gewaltiger anhört als es ist, weil wir es hier mit einer kurz gewachsenen, eher breiten Rasse zu tun haben), darüber haben sie plattgekloppte Hüte oder Kappen aus braunem, narbendurchfurchtem Leder, ringsherum mit Wappen verziert. Die Stimmung ist sakral. Man wartet auf den nächsten Jodler.

Ich bin inzwischen auch im Bilde. Ein vier Franken teures Festprogramm hat mich eingeweiht. Rund 10.000 Jodler, Fahnenschwinger und Alphornbläser sind heute in Brig. Von allen Kantonen der Schweiz sind sie angereist. Einige kommen sogar aus Neuseeland. Dazu jeweils ein Bundespräsident, ein Nationalratspräsident, ein Ständeratspräsident, ein Staatsratspräsident, ein Kantonsgerichtspräsident, ein Verwaltungsgerichtspräsident, ein Stadtpräsident sowie drei Gemeindepräsidenten, eine Zentralpräsidentin und der

Direktor für Öffentlichkeitsarbeit von Mercedes Benz.

Ein einmaliges Fest also, ein seltener Kampf, der nur alle paar Jahre stattfindet, wie die Druiden-Treffen der Kelten. Was immer ich über die Schweizer lernen will, hier ist der Ort, hier ist die Quelle, hier in der Aula des Regionalschulhauses Brig öffnet sich die Tür zur Ur-Zeit.

Zwei Türen haben sie. Eine hinten, für den Strom der Zuhörer, und eine vorne, durch die die Jodler die Bühne betreten. Die Bühne steht vor einer turnhallengrünen Wand. Eine langgezogene Fahne, rot, mit weißem Kreuz, teilt sie in zwei Hälften. Auf der rechten Hälfte der Bühne steht ein Tannenbaum, auf der linken Hälfte der Bühne steht auch ein Tannenbaum, in der Mitte ist der Stuhl.

Ein Star betritt den Saal mit Begleitung. Die Begleitung setzt sich und wirft die Ziehharmonika an. Der Star ist eine Frau so um die zwanzig. Sie trägt ein weißes, in der Mitte gefaltetes, mit Spitzen besetztes Tischtuch auf dem gelockten Kurzhaarschnitt, am Ohr blinkt ein Silberknopf und in den Augen leuchtet: „Sieg, Sieg! Wer soll mich schlagen. Ich jodle die Alpen weg, wenn's sein muß. Ich bin's. Die Rymann-Annamarie aus Giswil."

Gewaltiger Applaus.

Als nächstes haben wir es mit einer Silvia zu tun, ebenfalls aus Giswil, und dann kommt eine Jodlerin, die ich schon mal gesehen habe, auf dem Titelblatt der Vier-Franken-Festschrift. Sie ist etwas kleiner als die Rymann-Annamarie, auch nicht so hübsch und längst nicht so ausgelassen. Sie jodelt spiritueller, reifer, irgendwie jugendfreier, und es ist ehrenvoll, aber es wird den Sieg nicht bringen. Oder täusche ich mich? Das Publikum jedenfalls rast in endlosen Bravos bei ihrem Abgang.

Wie gesagt, ich verstehe nichts davon. Ich verstehe ja nicht einmal die Texte, die sie hier singen. Singen? Ist Jodeln

Musik? Möglich. Es hört sich ein wenig danach an, und aus dem Mund kommt es auch. Aus dem Rachen. Da, wo das Zäpfchen ist. Da lassen sie es in die Kopfstimme umschlagen. Trotzdem weiß ich nicht, ob Jodeln Musik ist. Man sagt ja auch nicht zum Kuppeln „Autofahren".

Und da ist schon die nächste Truppe. Ein Gruppenbild mit zwei Damen und siebzehn Herren, die in der Tat zum Fürchten aussehen. Ihre Arme glänzen wie sturmgepeitschtes Gestein, und alle siebzehn Mann haben ihre Hände in den Taschen. Ohne Ausnahme. Tief in den Hosentaschen. Und diese Herren fegen meine Zweifel hinweg. Machen sie gegenstandslos. Mit Bässen, die jede Schädeldecke in der Aula zum Vibrieren bringen. Ein siebzehnstimmiges eidgenössisches Ur-Om, das selbst die Gregorianischen Gesänge niederbrettern würde, und über diesen Baßlawinen hüpft hier der Jodler wie ein trunkener Gamsbock ins Hirn.

Samstag, 27.6., sehr früh morgens am Bahnhof. Was ist denn jetzt los? Was ist denn das für ein Wetter? Sonne, als wär' Sommer. Der erste Tag in diesem Jahr, der einen nicht sofort wieder ins Bett zurückprügelt. Strahlt, daß den Achselhöhlen angst und bange wird. Und das nur, weil eine Fahne unterwegs ist. Die zentral-eidgenössische. Das OK St. Gallen muß sie an das OK Brig rausrücken. Und was heißt OK? Oberkommando? Organisationskomitee? Egal, jedenfalls sind wir wieder alle da und warten auf den Sonderzug. Und wohin das Auge blickt: Trompeten, Trommeln, Bajonette, Eis am Stiel, Videokameras. Die Schweizer haben Geld. Jeder dritte dreht hier seinen eigenen Film. Und fast alle tragen eine Fahne. Wie soll ich darunter die zentrale entdecken?

Ich versuche es, gebe es aber bald auf, weil sie die Fahnen andauernd wegschmeißen, sich es dann wieder anders überlegen und ihnen hinterherrennen, um sie wieder ein-zufangen. Da bleibt keine Zeit für das Studium der Auf-schrift. Plötzlich geht es los. Marschmusik. Die Bajonette voran. Ein Trachtenbandwurm hintendran und dazwischen ein paar schwarze Anzüge, die den Massen zuwinken.

Ich gehe mit. Marschmusik ist gut für den Kreislauf. Und überhaupt. Ich fühle mich wie umgedreht. Ich mag die Schweizer plötzlich. Ihre grundgute Treuseligkeit, ihre stäm-migen Waden. Da geht das Auge auf, für die Details. Die schwarzen Spitzenhandschuhe zum Beispiel, die die Mä-dels tragen. Das ist kein Hauch, das ist geballte Erotik, wenn man sich den Rest der Tracht wegdenkt.

Und da ist auch schon das Stockalperschloß. Vom Hof aus gesehen. Ich kann mir nicht helfen, aber die Säulengän-ge sind maurischer Stil, nur daß unter jedem maurischen Bogen hier ein Schweizer Blumenkasten steht.

Die Spitzenhandschuhe verteilen Plastikbecher mit Wein. Nein wirklich, uns geht's gut im Augenblick. Nur einer macht ein böses Gesicht. Der Fahnenträger vom OK St. Gallen. Der muß sie jetzt rausrücken. Die zentral-eidge-nössische Fahne. Jubel hebt an, Alphörner muhen und dann gehen sie essen.

Ich mache mein erstes, einziges und letztes Interview. Mit dem Chef einer Jodlergruppe aus Übersee. Neusee-land. Oakland. Zahntechniker. Ist 14.000 Meilen eigens zur Pflege des Brauchtums angereist. Wie die Neuseeländer das Jodeln finden? „They love it." Ob er den Weltmeister im Jodeln kenne? Der lebt nämlich bei ihm um die Ecke. Ein Japaner. Der einzige, der das zweigestrichene „E" vom „Erzherzog Ferdinand-Jodler" beherrscht. Nein. Hat er nie davon gehört, daß Japaner jodeln können. Die sind ja nicht mal in der Lage, das „R" richtig rund zu rollen. Die verste-hen nichts vom Kuppeln im Rachenraum. Und dann erklärt mir der Neuseeländer Jodler noch einmal, wie es gemacht wird, und ich nehme mir vor, es zu üben. Im Auto. Da hört mich keiner.

Autobahn am Nachmittag, 27.6., nahe Genf. Ich habe Talent. Den einfachen Jodler kann ich schon. Nur das Runterkommen hört sich noch schräg an. Und da wird's ja erst interessant. Wenn das Maschinengewehr im Hals losgeht. Also nochmal, auch wenn's vor den Augen schwindelt. Atmen bis in den Bauch und gleichzeitig den Ton anwerfen. Dann eine Bewegung in den Gedärmen, so als wolle ich mich erbrechen, der Magen wird zum Turbo, Atem und Ton schießen in die Kehle und jetzt kuppeln. Da ist er, der einfache Jodler. Nochmals kuppeln: der zweifache Jodler. Ein drittes Mal kuppeln: der Spiraljodler. Ein viertes, fünftes, sechstes Mal kuppeln. Nein. Bremsen!!!

Zu spät, ich bin wieder einem hinten drauf gefahren.

„Wo, bitte, geht's zum Flughafen?"

Tiger fressen keine Yogis

(Süd-Indien)

Ich träumte gerade von Dortmund oder Wuppertal und von der unmöglichen Telefon-Kinoansage dort, als der Hotelchef persönlich an unsere Tür klopfte, um uns zu wecken. Das hatten freilich schon die Moskitos besorgt. Der Ventilator war ausgefallen, weil die blöden Affen wieder auf den Stromleitungen herumgeturnt waren.

Wir gingen also hinaus in diesen dunklen und sogar kühlen Morgen, und bald hustete der Bus durch die Serpentinen, und ich machte mir ein paar Gedanken des Berges wegen, auf den wir wollten.

Er war heilig, und ich war fest davon erzeugt, daß es da oben nichts zu essen gab. Zwar hatte Jan gemeint, daß wir in einem Dorf am Fuße des Berges Frühstück bekommen könnten, aber sicher war ich mir da nicht. Jan und Anna hatten sich noch etwas zu essen besorgen können, und Swami Ji, der in seine orange-roten Tücher eingehüllt hinter mir saß, hatte auch etwas zu knabbern dabei. Bethelnüsse, von denen man schnelle Gedanken und rote Zähne bekommt.

Jan war in eine lebhafte Konversation mit dem braunen Ticketmann verstrickt. „Excuse me, what's your country?" „Germany, Germany, England, Argentina." Das „Argentina" stand für meine Freundin Mirta, die die meisten Inder mit einer Inderin verwechselt hätten, würde sie nicht ständig auf der Straße rauchen.

Als der Bus wenig später hielt, legte mir Swami Ji seine Hand auf die Schulter. Zum Zeichen, daß es nun zu Fuß weiterginge. Wir stiegen aus, machten ein paar Schritte und waren im Dschungel.

Ich hielt mich dicht hinter dem Swami. Ich mochte ihn. Er war ein kleiner Mann mit lustigem Gemüt, etwas listigen Augen, einem dünnen Bärtchen und schwarzen Haaren, die er zu einem Zopf gebunden hatte. Eingehüllt in seine Tücher verschwand er manchmal vor meinen Augen, so sehr war er eins mit dem Urwald. Er gehörte in dieses Land. Ich nicht.

Ich machte mir schon wieder Gedanken wegen des Essens. Die Sache mit dem Dorf war offensichtlich gescheitert. Ich richtete mich auf Askese und Fasten ein. Ich hatte lange nicht mehr gefastet, weil mir das den ganzen Tag verderben kann. Aber an diesem Morgen nahm ich es gelassen hin. Ich besaß reichlich Reserven am Bauch und einen Tag zuvor hatte ich ohne Zweifel zu viel gegessen, von dem Himbeereis einmal abgesehen. Es bestand kein Grund zur Panik. Einen Tag ohne Nahrung steht mein Körper mit Leichtigkeit durch, und der Hunger, der mich garantiert überfallen wird, ist der pure Wahn. Ich mußte grinsen und folgte dem Swami.

Aus den Tiefen des Dschungels brüllte etwas zu uns herüber. Swami Ji hob kurz den Kopf. „Huli, Huli", sagte er zur Erklärung. „So, so", dachte ich, „ein Tiger also".

Aber ich hatte keine Angst. Mein Hausastrologe und Leibmagier daheim in Deutschland hatte mir meinen Energiehöhepunkt mit vierzig vorausgesagt, und jetzt war ich gerade zweiunddreißig. Schicksalsmäßig lag Sterben noch nicht an, da konnte der Huli brüllen, bis ihm die Zähne rausfielen. Aber Mirta, mit der ich kurz darüber sprach, erinnerte mich an eine andere Stelle in meinem Horoskop. „Achte auf deine Hände", stand da, „starke Unfallgefährdung für deine Hände".

Das stimmte. Die Hände hätte mir der Tiger mit Billigung der Sterne abbeißen können. Aber, mein Gott, was für ein Imageschub für einen Reisejournalisten: „H. T.: Ein Tiger raubte ihm die Hände, die Zunge biß er sich während eines Malariaanfalls selber ab, und sein linkes Auge verlor er bei dem Streit mit einem afghanischen Widerstandskämpfer, den er um zwei Kilo Haschisch bescheißen wollte."

Genug davon. Ich bin nicht Karl May. Der einzige afghanische Widerstandskämpfer, dem ich auf der Reise begegnet bin, wäre schon von dem Stich einer Mücke tot umgefallen. So voll war der mit „every kind of drugs", wie er selbst sagte. Gegen die Malaria hatten wir Chemie dabei, und der Tiger hatte wahrscheinlich mehr Angst vor uns, als wir vor ihm, denn die Inder haben diese wunderschöne Großkatze fast ausgerottet, und die 700 Exemplare, die noch übrig sind, haben allen Grund sich in der Tiefe des Dschungels zu verkriechen, so sehr trachten ihnen die Pelzjäger nach dem Leben.

Es war immer noch dunkel und angenehm kühl. Im Unterholz rechts und links vom Weg wachten die Vögel auf. Wir gingen schweigend, nur Anna pfiff ein wenig, weil sie Asthma hatte. Ich hatte Frieden im Kopf. Ich achtete auf meinen Atem, mehr war nicht zu tun.

Ich ging mit den anderen, aber ich war allein an diesem Morgen im Dschungel Südindiens. Ich brauchte niemanden und nichts. Ich hatte Augen, die viel sahen. Ohren, die den Tiger brüllen hörten, Beine, die mühelos gingen, ein Herz, das schlug. Und ich hatte einen riesigen Schatz an Erinnerungen in mir, Erlebnisse, die wie grüne Smaragde schimmerten. Wenn ich gewollt hätte, es wären morgenfüllende Filme in meinem Kopf abgelaufen, jeglichen Themas und jeglicher Couleur. Herrliche Streifen voller gewalttätiger Pornographie, Romanzen, abenteuerlicher Freundschaften, magischer Abende.

Ich ging durch den Dschungel und freute mich plötzlich wieder auf das 270 Jahre alte Fachwerkhaus in Niedersachsen und auf meinen Nachbarn Hubi, der dreizehn verschiedene Ausgaben des „I Ging" sein eigen nennt und überdies eine exzellente Plattenkollektion besitzt. Ich freute mich auf Madurei, die Stadt der Magier, in der wir einige Wochen später sein würden und auf den Himalaja. Ich freute mich über die Zukunft und ich freute mich über die Vergangenheit. Ich lief vor nichts weg und rannte niemandem nach. Ich ging nur hinter dem Swami her und begann zu singen: „Im Frühtau zu Berge, wir zieh'n, falera, es grüßen die Wälder, die Höh'n, falera ..."

Jan sang auch. Er hatte Haschisch mit und etwas Keralagras, allgemein auch Ganja genannt. Beides hatte er in Bombay erstanden, was die für Indien schlechte Qualität des Dope erklärte. Trotzdem war es noch gut genug, ihn so weit zu anzuturnen, daß er uns, wie es einen Tag vorher geschah, zwei Stunden lang den Inhalt eines indischen Filmes erzählte. Oder waren es drei Stunden? Jan war nicht nur ein versierter Kenner des englischen Verlagswesens, der zahlreiche Reiseschriftsteller seine Freunde nannte, weil er deren Bücher entweder übersetzt oder korrigiert oder abgelehnt hatte, nein, er war auch ein exzellenter Hinduexperte, eine irgendwie nie versiegende Quelle des Wissens über die Geschichte, die Religion, die Kunst und das Brauchtum Indiens. Ich hatte mich ehrlich bemüht, mir die obskursten Fragen auszudenken. Er hat sie alle beantwortet. Und nicht nur das. Du stelltest ihm eine Frage, und er gab zehn Antworten. Wenn er abschweifte, wurde er geradezu genial. Ich fragte ihn mal nach guten Opiumhöhlen in Rajestan und erfuhr dabei die Namen sämtlicher Mogulfürsten der vergangen Jahrhunderte sowie deren Eigenschaften.

Wie auch immer, Jan kam vor zwei Jahrzehnten mit dem allerersten Hippieschub nach Goa. Jetzt war er zum zwölften Mal in Indien und sechsundvierzig Jahre alt. Natürlich sprach er die wichtigsten Hindi-Dialekte, Sanskrit sowieso, außerdem Türkisch und Griechisch, denn auf Kreta hat er auch gelebt. Ursprünglich kommt er übrigens aus Bayern.

Dieses Wundertier in kurzen Hosen trafen Mirta und ich unten an der Küste, und nur ihm war es zu verdanken, daß wir jetzt diesen Berg hinaufkletterten, der dermaßen schön war, daß es mir von Schritt zu Schritt mehr den Atem raubte. Und das Schönste daran: Es gab keine Touristen. Weder indische noch europäische, keine Amis und nicht einen Japaner. Der Berg war noch so jungfräulich, daß man morgens jeden Tautropfen fallen hörte und einem taubengroße Schmetterlinge direkt in die Seele flatterten.

Der Berg war heilig, das erwähnte ich bereits. Zwei Geschichten wußte Jan über ihn zu erzählen. Die erste Geschichte begann „vor der Geschichte", wie die Inder ihre Märchen mit tieferem Gehalt einleiten, und sie ging so:

„Ein frommer Yogi zog einstmals bescheiden und einfach im Gemüt auf diesen Berg hinauf, um endlich ganz Mönch zu sein. Er meditierte sieben Jahre in einer nur schwer zugänglichen Höhle. Dabei wurde er unwahrscheinlich stark, wurde Herr aller magischen Kräfte, und es gab eigentlich nichts, was er nicht tun konnte. Schweben konnte er, und alle möglichen Dinge aus dem Nichts herausmaterialisieren konnte er. Er konnte den Atem über eine halbe Stunde lang anhalten und Lichter am Himmel entfachen. Alle Wunder konnte er vollbringen, und auf dem Höhepunkt seiner tantrischen Kraft verließ er die Höhle und den Berg, und er nahm das gesamte Tal darunter in Besitz. Seine Bescheidenheit war damit dahin. Zuerst dienten ihm die Leute gern, weil sie ihn als großen Guru verehrten, aber seine Anforderungen wurden immer unverschämter und seine Zerstörungswut immer größer und irgendwann hatten die Leute genug von dem Yogi. Sie flehten die Göttin Kali um Hilfe an. Die hörte ihre Gebete und schickte den armen Seelen einen guten Yogi ins Tal. Und zu Füßen des heiligen Berges entflammte ein furchtbarer magischer Kampf: Der gute Yogi gewann."

Historisch genauer war es so:

Es lebte auf diesem Berg in der besagten Höhle tatsächlich ein großer Guru und zwar zu einer Zeit, in der die Buddhisten im Lande herrschten, weil die Hindu-Bramahnen, die absoluten Chefs in diesem eigenartigem Kastenwesen, einfach zu korrupt geworden waren. Wunderbarerweise verfielen aber auch die Buddhisten alsbald dem Fieber der Korruption, was hier irgendwie mit dem Wetter zu tun haben muß, und der große Yogi zog vom Berg und verbreitete wieder den alten Glauben der Hindus. Die guten alten Götter, die gute alte geheiligte Tempelprostitution, das gute alte Haschisch.

Womit wir wieder beim Thema wären.

Ich fragte Jan gerade, wann er denn das Keralagras auszupacken gedächte, da öffnete sich der Dschungel zu einer weiten, sattgrünen Ebene, und das erste Wunder geschah.

Wir konnten es nicht glauben, als Swami Ananda „Tea, Tea" sagte, aber dann saßen wir schon unter einem Dach aus Palmenblättern, und eine schöne, kleine Inderin mit guten Augen brachte uns heißen, süßen Tee. Dazu gab es Erbsen und Grieß. Ich mußte also doch nicht fasten.

Als ich nach einer Zigarette fragte, schimpfte Mirta: „Wie kann man hier rauchen? In dieser Luft! An so einem Morgen!"

„Gerade in dieser Luft, an so einem Morgen, bei so einem Chai", sagte ich und zündete mir eine „Gold Flake" an, und der Tag schickte die Sonne an den Himmel. Als wir wieder aufbrachen, bemerkten wir zum ersten Mal den ausgeprägten Geschäftssinn unseres Swami Jis, der von der kleinen süßen Inderin noch schnell Prozente unserer Rechnung kassierte. Dann klappte der Dschungel wieder über uns zusammen. Diesmal aber richtig.

Der Weg schrumpfte zu einem schmalen Pfad. Wir gingen durch einen Blättertunnel, in den das Sonnenlicht nur tropfenweise fiel. Wäre ich ein Dichter, dachte ich, dann gäbe es jetzt fürwahr was zu dichten. Aber ich war nur ein Großstadtmensch, der über Wurzeln stolperte und der sich über heimtückisch verstreute Steinsbrocken beständig nach oben tastete. Doch ich war tierisch guter Laune und machte den Sound der Affen nach, die um uns herum an Lianen hingen und kreischten.

Als wir den Wald hinter uns hatten und sich der Pfad um die Bergwiesen zu winden begann, hörte ich plötzlich den „Ruf der Natur", wie es die Inder nennen, wenn sie scheißen müssen. Dringend war der Ruf, ausgerechnet hier mußte der Durchfall mich übermannen, diese Geißel jedes Indienreisenden. Mirta trug das Wasser bei sich. Es war eigentlich als Trinkwasser gedacht, aber ich brauchte es anderweitig. Toilettenpapier gab es nämlich seit Bombay nicht mehr, und ich hatte das hiesige Reinigungssystem sofort angenommen – im Gegensatz zu meiner ersten Indienreise, wo ich es einfach nicht fertiggebracht hatte, mir mit Wasser in der linken Hand die Scheiße vom Hintern zu waschen.

Damals, vierzehn Jahre ist es her, schleppte ich bis in die letzte Ecke der persischen Salzwüste Papier mit mir herum.

135

Zahedan hieß der Hitzeflecken vor der pakistanischen Grenze, wo ich sogar mein Tagebuch opferte. Wertvolles Gedankengut, unersetzliche Reiseeindrücke, wahre Abenteuerpoesie – alles für den Arsch.

Das war nun vorbei. Die linke Hand mit viel Wasser drin erscheint mir heute sogar hygienischer als Toilettenpapier. Man muß es nur richtig machen. Das heißt: erst gut auskacken, dann mit viel Gefühl von den Pobacken her langsam nach innen vorarbeiten, immer wieder Wasser nachschütten und dabei aufpassen, daß die bis zu den Knien heruntergezogene Hose nicht völlig naß wird. In der Wildnis sollte man außerdem noch auf giftige Schlangen und Riesenameisen achten.

Aber Mirta wollte das Wasser nicht herausrücken.

„Das ist Trinkwasser", sagte sie, „das rührst du nicht an."

Da griff Jan, dieser intime Kenner des englischen Verlagswesens, in seine Reisetasche und zog mit der großen Geste eines kleinen Zauberers genau ein Blatt samtweichen rosaroten Toilettenpapiers ans Morgenlicht und grinste.

„Du hast ja immer Glück", sagte Mirta und ich verschwand hinter dem nächsten Busch.

Die Aussicht beim Scheißen war überwältigend. Nebelschwaden lagen über den Tälern Kanatakas. Seenplatten schimmerten blau, und der Dschungel bedeckte die Bergketten der Western-Gahts wie ein Teppich – bis runter zur Arabischen See. Zwei Adler schwebten einen Steinwurf von mir entfernt, und weit unten sah ich Rauchfahnen über den winzigen Hüten der Hirten.

Wir mußten weiter.

Zwei weitere Stunden ging's durch den Dschungel, dann standen wir auf dem Vorhof eines kleinen Tempels.

Swami Shiva empfing uns. Der Mann war ziemlich rund, seine Arme waren mit Asche gezeichnet und seine Haare hatte er seit Jahren nicht mehr gekämmt. Er konnte herrlich lächeln.

Wenig später saßen wir in der Hütte der Tempelfrau, die uns Unmengen Reis, Dahl und Curry zu essen gab. Während wir noch aßen, schob sich Swami Shivas Bauch vor die Tür der Hütte. Außer seinem Bauch war nichts von ihm zu sehen und so machte ich mir ein paar Gedanken über den heiligen Mann.

„Warum ist der so dick?"

Dazu Jans Erleuchtungstheorie, die er aus erster Yogihand erhalten hatte. Solange sich ein Yogi um seine Erleuchtung bemüht, verbraucht er Unmengen von Energien. Er müht sich Tag und Nacht mit Asanas und Askese, er kämpft und strebt, versagt und überwindet und bei dieser Art von Maloche wird er spindeldürr. Aber hat er das Nirvana erreicht, verhält es sich genau umgekehrt. Alle Energien fließen ihm nun zu, er verbraucht fast nichts mehr und wird dick. Richtig schön dick. TM-Maharishi ist fett, verbirgt seinen Bauch aber unter weißen Gewändern. Bhagwan versteckt den seinen auch sehr geschickt, nur Swami Shiva läßt ihn wie eine pralle Weltkugel in der Sonne glänzen.

So gesehen konnte der Swami durchaus erleuchtet sein und das Ziel allen menschlichen Seins erreicht haben, aber Jan meinte, es wäre in seinem Fall doch eher das Essen der Tempelfrau gewesen.

Jan meinte auch, daß Swami Shiva ein Verhältnis mit der Köchin habe, weil deren drei Kinder ihm so ähnlich sehen. Jedenfalls bot uns Shiva nach dem Essen einen guten Schluck Brandy an, und Swami Anand, der uns auf den Berg geführt hatte, reichte uns einen Zettel, auf dem in Englisch und in Hindi geschrieben stand, daß Swami Anand sich seit Jahren abmühe, einen Ashram aufzubauen, was wiederum ein Auftrag eines Guru Soundso sei, und darum wären ein paar Rupies eine willkommene Hilfe. Dollar nehme er natürlich auch an.

„So machen die Sadhus also ihre Mäuse", dachte ich. „Der eine verkauft Brandy, der andere baut einen Ashram, und Swami Anand bekommt zehn Rupies für seine Führung durch die kühle klare Bergluft." Die er übrigens mit einer kleinen Handelsreise verknüpfte, wie wir später erfuhren. In Sachen Bienenhonig.

Eine Woche blieben wir bei den Sadhus auf dem Berg. Wir bezogen ein Zimmer im Gästehaus des Tempels. Es war ein drei mal drei Meter dunkles Loch mit einem kleinen Fenster zum Garten. Die eine Hälfte der Tür war aus Holz, die andere Hälfte fehlte. Spinnen hatten in jahrelanger Feinarbeit zarte und gleichzeitig imposante Gebilde an den Wänden geschaffen. Dafür gab es keine Küchenschaben. Die konzentrierten sich auf die Hotels an der Küste. Mittags, wenn es nichts weiter zu tun gab, als auf dem Rükken zu liegen und das Ende der großen Hitze abzuwarten, fiel das Licht gebündelt wie Laserstrahlen durch die Löcher im Dach und malte goldene Flecken auf Mirtas karamelfarbene Pobacken.

Sushila, die Brahmanenfrau, erwies sich als gute Köchin. „Utah, Utah", sagte sie mindestens zweimal am Tag, und sofort setzten wir uns mit gekreuzten Beinen auf die Veranda des Gästehauses, gaben Quellwasser auf die Palmenblätter und wischten sie mit der Handfläche ab. Erst dann löffelte die Brahmanin ihren Reis darauf.

Es waren ruhige Tage, die nur ab und zu von der Ankunft frommer Pilger unterbrochen wurden. Sie kamen von weither zu dem kleinen Tempel, weil der Göttin Kali hier noch Blutopfer dargebracht wurden. Das waren die Hühner, mit denen Sushilas neunjähriger Sohn spielte. Sushila selbst war in ihrem neunundzwanzig Jahre währenden Leben noch nie über die drei Dörfer unten im Tal hinausgekommen. Im Kino ist sie noch nie gewesen. Sie war klug und auf ihre Art hübsch und sie trug Ringe im Ohr und in der Nase und sie malte mit weißem Kreidestaub komplizierte Mandalas auf den rotbraunen Lehm, aus dem die ganze Tempelanlage gebaut war.

Wir verbrachten unsere Zeit mit Staunen. Morgens gingen wir den Berg ein Stück hinauf, um die Sonnenaufgänge zu erleben. Die waren so unbeschreiblich, daß ich es gar nicht erst versuche. Mittags dösten wir in unserem Zimmer im Kegel der Laserstrahlen oder saßen auf dem Vorhof des Tempels und schauten auf die Welt.

Dann kamen die Sonnenuntergänge. Farborgien von Horizont zu Horizont. Der beste Platz für dieses Schauspiel war natürlich die Bergspitze. Man brauchte nur eine halbe Stunde, um sie zu erreichen. Da stand dann dieser winzige Tempel, der nicht größer als ein Toilettenhäuschen war. Ein keuscher Jüngling lebte darin, Mantras singend und die Veden studierend.

Am zweiten Abend unseres Bergaufenthaltes gingen wir zu ihm hinaus, setzten uns etwas abseits auf den Berghang und ließen uns in den Sonnenuntergang fallen. Der Sadhu verschwand völlig im Dunkel seines Tempels, und wir vergaßen die Zeit. Es wurde stockfinster, und plötzlich hörte ich wenige Meter von uns entfernt Geräusche, die nur von einem sehr großen Tier stammen konnten.

„Besser wir gehen", sagte ich zu Mirta, die derselben Ansicht war, und während wir uns in dem diffuse Schein einer kleinen Taschenlampe durch den Dschungel tasteten, beteten unten im Tempel drei Menschen eine Viertelstunde lang für uns, denn kein vernünftiger Inder würde sich in der Nacht im Urwald herumtreiben, weil die Tiger in diesem Wald nachts auf die Jagd gehen und weil es hier Schlangen gibt, die tödlicher sind als das deutsche Fernsehprogramm.

Kalidassa kam am Morgen des dritten Tages. Er hängte einfach seinen langen Bart durch das Fenster und sagte „ho, ho." Er hatte liebe kindliche Augen, trug eine Brille, wenn er lesen wollte und hustete an diesem Morgen drei meiner „Gold Flake Filter" weg. Er wurde zu meinem Lieblingssadhu.

Ein Yogi wie aus dem Bilderbuch. Seit sechs Jahren lebte er im Dschungel außerhalb des Tempels. Er hatte dort ganz allein einen kleinen Ashram aus Lehm gebaut. Daneben war ein zweites kleines Haus auch schon halb fertig.

Wenn man vor seinem Haus saß, schaute man durch eine Öffnung des Dschungels weit über das Land. So, wie wenn man aus einem Fenster blickte. Hinter dem Ashram war ein kleiner Teich, auf dem Lotusblüten träumten und zu dem, wie Kalidassa erzählte, jeden Morgen ein Tiger zum Trinken kam. Er zeigte mir später den Pfad des Tigers. Er zeigte mir die Fährte des wilden Büffels und die fünf Meter lange Königskobra, die ihn abends besuchte, und er zeigte mir das einzige Loch in der Mauer seines Ashrams, durch das eine andere, kleinere Schlange in sein Allerheiligstes zu schlüpfen pflegte. Dort hatte er seinen Shivaaltar und seine Götterbilder und heilige Asche.

Kalidassa machte seit zweiundzwanzig Jahren Asanas, und sein Körper war makellos bis auf die Krampfadern, die an seiner linken Wade klebten. Der Yogi wirkte naiv, aber an dem Morgen, als er zum ersten Mal bei uns war, rechnete er schneller, als ich denken konnte, den Preis von drei Pakkungen „Gold Flake" aus, das Stück zu 3,75 Rupien.

140

Er wollte hinunter in die Tempelstadt gehen und bot sich an, dort für uns einzukaufen. Ein halbes Kilo Tomaten, zehn Bananen, Butter, wenn er sie kriegte, Zucker und Zigaretten.

Ich schätzte, daß er den Einkauf beim Kollegen Swami Anand tätigen würde, der uns auf den Berg geführt hatte. Denn ich hatte in Erfahrung gebracht, daß der im Ort einen kleinen Kiosk sein eigen nannte, wo er alles kaufte, was die Pilger an Devotionalien und Opferspeisen brauchten, wenn sie die Götter mit ihren Bitten um Reichtum und Kindersegen nerven wollten. Swami Anand war gut im Geschäft, wie Jan es ausdrückte, aber wer wollte ihm das verübeln.

Die meisten Sadhus, Swamis und Yogis verstehen einen Teil ihres frommen Tuns eben als Business, genau wie die offiziellen Brahmanenpriester in den Tempeln, die für jeden kleinen Segensspruch Cash sehen wollen. Die gewöhnlichen Straßenyogis auf der Straße haben es da etwas schwerer, ihre Bettelschalen vollzukriegen. Ein paar Wunder zu vollbringen, ist für solche Zwecke sehr nützlich, aber auch die Gabe, anständig fluchen zu können, macht sich für einen indischen Priester bezahlt.

In den großen Tageszeitungen finden sich immer wieder Anzeigen von Tantra Yogis, die für ein Honorar von 100 Rupies aufwärts den werten Nachbarn oder Töchterschänder derart verfluchen, daß ihm das Knochenmark hochkommt. Die meisten Inder glauben fest an sowas. Sie haben eine heillose Angst vor den Flüchen der Sadi-Sadhus, und deshalb haben die Mönche in der Regel alle ein einigermaßen gesichertes Einkommen.

Wie gesagt: „There is no business like showbusiness", und das ist das halbe Sadhuleben. Womit ich die heiligen Männer in keiner Weise abqualifizieren will. Ich fand ihre

Gegenwart sogar immer recht erheiternd, denn im Gegensatz zu den normalen Indern sind die Sadhus witzige und sogar intelligente Leute. Meist haben sie auch auserlesenes Haschisch dabei, denn sie sind die einzigen im Lande, die es legal besitzen und rauchen dürfen. Und Yogis fragen einem Fremden kein Loch in den Bauch, weil sie es nützlicher finden, wild vor sich hin zu trällern.

Kalidassa zum Beispiel sang seine Mantras immer, wenn er den Berg hinabging, mit solch einer Herzenslust und Lautstärke, daß die Leute unten in der Chaibude bereits zehn Minuten vor seiner Ankunft das Teewasser für ihn aufsetzten. Auch wir waren hocherfreut, als wir ihn zwei Tage, nachdem er uns verlassen hatte, aus der Ferne summen und brummen hörten. Uns waren mittlerweile die Zigaretten ausgegangen.

Der Yogi erwies sich übrigens als grundehrliche Haut. Er rechnete auf den Paisa genau mit uns ab, und die Tomaten hatte er so billig eingekauft, daß Mirta beschloß, von nun an in Sachen Gemüse nur noch den Sadhu auf den Markt zu schicken. Wir verstanden uns mit Kalidassa wirklich ausgezeichnet, und so fragte ich ihn, ob ich mit ihm zusammen Yoga machen könne. Er zeigte sich darüber hocherfreut. „Come in the morning", sagte er, dann verschwand er im Dschungel.

„Der fängt morgens um vier Uhr an", sagte mir etwas später unser Freund Jan, der sich in den Gebräuchen der Yogis besser auskannte, „das schaffst du nie!"

Ich wußte: Jan war nur neidisch.

Am nächsten Morgen saß ich kurz vor vier bei Kalidassa auf der Matte. Das Licht meiner Taschenlampe und die Worte eines alten Freundes hatten mich sicher durch den Wald geführt. „Was nachts wie eine Schlange aussieht, erweist sich am Tag als ein Ast."

Kalidassa war bereits fertig geschminkt. Drei mit Asche gezogene Striche auf den Oberarmen, drei auf den Unterarmen, drei lange auf der Brust, drei feine auf der Stirn und in der Mitte leckte von seiner Nasenwurzel bis zum Haaransatz feuerrot die Zunge der Göttin.

Der Yogi saß im Lotussitz in dem Allerheiligsten seines Ashrams. Sein linker Arm ruhte auf einem kunstvoll geschnitzten Meditationsstab, rechts neben ihm stand der bronzene Krug, den ihm sein Guru zur Einweihung in die geheimen Lehren geschenkt hatte. Vor ihm brannte das heilige Feuer. Die Götterbilder, die an der Wand lehnten, wirkten in dem Spiel von Licht und Schatten lebendig, der Duft von starken Räucherstäbchen lag in der Luft. Ich mußte für einen Moment an die Worte Sushilas denken: „Kalidassa no good Yogi", hatte sie am Abend zuvor gesagt, und sie hatte dabei mit ihren Händen vor meinen Augen herumgefuchtelt, um zu zeigen, daß es Kalidassa mit der schwarzen Magie treibe. Aber ich glaubte ihr nicht. Es war ziemlich klar, daß Sushila nur sauer auf den Yogi war, weil der uns Gemüse mitgebracht hatte, was ihren Umsatz schmälerte. So sind sie eben, die Brahmanen.

Kalidassa hielt mir eine Schale hin, auf der ein kleines Feuer brannte. Ich legte meine Hände über die Flamme und berührte meine Stirn. Danach zeichnete er mit Asche ein Mal zwischen meine Augen, blies kräftig in das Horn Shivas und es konnte losgehen.

Wir gingen ins Freie.

Im Dschungel war es still. Das einzige, was man hörte, war ein kleiner Wasserfall in der Nähe. Vierundsechzig Quellen hatte der Berg. Die meisten vereinigten sich in diesem Wasserfall, der einen Fluß speiste, in dem sich unten in der Tempelstadt die Pilger von ihren Sünden reinwuschen.

Durch das große Dschungelfenster sah ich den Himmel. Er war noch übersät mit Sternenkristallen, aber er begann bereits sich rot zu färben. Die Sonne würde bald da sein. Wir setzten uns vor den Teich hinter Kalidassas Hütte und begannen mit den Asanas.

Wir fingen mit dem „Sonnenanbeter" an. Das sind sieben ineinander fließende Übungen, die den Körper aufwecken. Dann stellte ich mich auf ein Bein, winkelte das andere an und hielt die Arme über den Kopf gestreckt. „Baum" heißt diese Stellung, und sie ist gut für den Gleichgewichtssinn. In Rishikesch, da wo der Ganges aus dem Himalaja tritt, soll es einen Fakir geben, der seit dreizehn Jahren Tag und Nacht so dasteht, und seine Arme sollen bereits Äste geworden sein. Vom „Baum" ging ich in die „Kerze" über, dann kam der „Pflug", eine Stellung, die eigentlich nur ein Nachspiel der „Kerze" ist. Die genau umgekehrte Stellung zum „Pflug" ist der „Fisch". Diese Übung liebe ich besonders. Die Beine sind in der Lotusposition gekreuzt und man biegt langsam den Rücken nach hinten, bis der Kopf mit der Stirn den Boden berührt. Das ist zuerst sehr anstrengend, aber immer wenn du glaubst, jetzt reicht's, jetzt geht nichts mehr, entspannst du dich. Wahrscheinlich, weil du aufgegeben hast, mit der Kraft deiner Muskeln zu kämpfen. Immer dann kommt große Ruhe über mich, und ich beginne mit der Stirn am Boden die Welt verdreht zu betrachten. Die Erde ist oben, der Himmel unten.

So sah ich an diesem Morgen die grünen Pflanzen des Dschungels, ich sah einen schreiend bunten Tausendfüßler mit tausend Füßen nach oben an mir vorbeikrabbeln und tausend Mücken auf dem Rücken über den Lotusteich düsen.

Dann sah ich den Tiger.

Er war lautlos aus dem Busch gekommen, um am Teich zu trinken. Er tut es jeden Morgen, hatte uns der Yogi erzählt, aber ich hatte es vergessen oder wohl auch nicht ganz ernstgenommen, und nun starrte er mir aus fünfzig Zentimeter Entfernung in die Augen und es war kein Gitter zwischen mir und ihm. Ich wagte nicht mehr mich zu rühren, ich wagte nicht einmal mehr zu atmen.

Was dann geschah, kann ich mir nur yogatechnisch erklären.

Es gibt eine Übung, Pranajana wird sie genannt, die gehört zum Kraftvollsten, was sich die Yogis jemals ausgedacht haben. Eigentlich sitzt man dabei in der Lotusposition mit geradem Rücken und erhobenem Haupt. Man schließt mit dem Daumen eines seiner Nasenlöcher und atmet durch das andere tief ein. Man hält die Luft an, schließt die Augen bis auf einen kleinen Schlitz und schielt auf die Nasenspitze. Das stoppt die Gedanken auf der Stelle. Solange die Luft im Kopf bleibt, ist es, als säße man in einem Eisschrank irgendwo über der Welt. Man vergißt jedes Gefühl, jeden Wunsch, überhaupt jede Regung des Herzens.

Die meisten westlichen Yogaschüler praktizieren die Technik höchstens eine Minute lang, weil das ausreicht, um einem Speed für einen ganzen Tag zu geben (nebenbei soll es ausgesprochen gut gegen Schnupfen und Erkältung sein). In Indien gibt es aber Leute, die die Luft fünfzehn Minuten, eine halbe Stunde oder sogar länger anhalten. Was dann geschieht, davon werden die wunderlichsten Geschichten erzählt. Die Sache ist aber nicht ganz ungefährlich, und es gibt nur wenige starke Yogis, die mit einem extremen Pranajana umgehen können.

Die Stellung, in der ich mich befand, als der Tiger kam, war zwar nicht die klassische Pranajana-Lotusposition, sondern der „Fisch". Aber der Anblick der Riesenkatze hatte mir den Atem gestoppt, und so saß ich bereits fünf Minuten mit der Stirn am Boden, ohne ausgeatmet zu haben, und schaute in die Augen des Tigers. Das Pranajana erwies sich als mächtig genug, mir die Angst zu nehmen. Nicht, daß ich sie nicht hätte sehen können. Sie stand vor mir, die Angst, wie ein grauer Nebel, der auf seine Chance wartet. Hätte ich geatmet, er wäre durch die Nase in mein Gehirn gezogen, hätte Panik und Schrecken im Organismus verbreitet, und die ganze Angelegenheit wäre wahrscheinlich sehr unangenehm ausgegangen.

So aber fühlte ich nur eine ständig wachsende Ruhe im Kopf und begann die Dinge zu verstehen. Ich verstand plötzlich, warum Kalidassa hier seit sechs Jahren unter Tigern und Giftschlangen leben konnte, ohne von ihnen belästigt zu werden. Ich verstand plötzlich die Worte meines alten Freundes, der gesagt hatte: „Tiger is in you, we create tiger".

Das stimmt auch umgekehrt. Wir können den Tiger auch in uns töten, und dann ist er einfach nicht mehr da. Oder besser: Wir sind nicht mehr da. Er sieht uns und sieht uns nicht, denn da ist keine Regung, kein Geruch, kein Schweiß, nicht einmal ein Gedanke, der ihm Unsicherheit und Angst signalisieren könnte. Der Tiger erhält keine Reaktion auf sich, und das nimmt ihm die Existenz. Ohne Beutetier kein Raubtier, ohne Opfer kein Mörder, ohne Verlierer kein Gewinner. Das waren so ungefähr die Gedanken der ersten fünfzehn atemlosen Minuten. Dann fiel ich in Halluzinationen. Ich hatte die ganze Zeit ununterbrochen in die Augen des Tigers gesehen, und plötzlich sah ich in seinen grüngelben Pupillen kunstvolle Mandalas, die sich fortwährend veränderten. Runde, sternförmige, kristallzackige Mandalas. Muster und Farben flossen wie in einem Kaleidoskop ineinander, und je tiefer ich in das Zentrum dieser rotierenden Bilder schaute, desto schneller flossen die Geraden, Bögen und Kreise, die Dreiecke und fünfzackigen Kristalle, und dann lösten sich die Strukturen vollends auf und es war, als ob sich in allen Farben schillernde Flüsse in ein schwarzes Loch stürzten, und ich stürzte mit ihnen, sah nichts mehr, hörte nichts mehr, fühlte nichts mehr und brach mit diesem psychedelischen Wasserfall hinein in eine andere Welt.

„Gut, daß ich schwimmen kann", dachte ich noch, denn ich tauchte in einem Teich auf, der voller Lotusblüten war. Am Ufer sah ich Krishna sitzen, den blauhäutigen Gott. Licht sprudelte aus seiner Krone, und er hielt sich den blauen Bauch vor Lachen, als er mich erblickte. Ich muß unbeschreiblich dumm ausgesehen haben mit dieser Lotusblume auf dem Kopf, deren Blätter sich wie eine Schlafmütze über meine Ohren legten.

Neben Krishna stand ein wunderschöner Tiger. Jedes einzelne Haar in seinem Fell war ein Vermögen wert. Feingearbeitete goldene Seide war es, und wenn er seinen Schweif bewegte, ertönte Musik. So wunderbar war alles, daß ich zu weinen begann. Da schaut mich der Tiger mit seinen großen ernsten Augen an und sagte in der Sprache der Menschen: „Auch diese Welt ist nur ein Wahn."

Im selben Augenblick kam ich zurück. Die Phase der Halluzinationen war vorbei. Am Wasser saß nicht Krishna, sondern Kalidassa, mein Lieblingssadhu. Der Tiger vor mir konnte nicht sprechen, weder Englisch noch Hindi, und ich schwamm auch nicht in dem Teich mit einer Blume auf dem Kopf, sondern lag mit der Stirn am Boden und hielt noch immer den Atem an.

Einen Herzschlag lang wollte mich Traurigkeit übermannen. Die Vision war zu schön gewesen. Aber das nächste

Ding kam sofort.

Ich hatte nun wohl bereits eine halbe Stunde nicht mehr geatmet und damit die magische Grenze des Pranajanas überschritten. Ich fühlte mich higher als nach den letzten zwanzig Joints und hätte den Rest meines Lebens in die Augen dieses Tigers sehen können. Aber plötzlich sah ich sie nicht mehr. Ich sah den Tiger überhaupt nicht mehr. Ich sah Blätter und Äste und ganz in der Nähe sah ich einen Affen an der Liane hängen und dann wurde mir klar, was los war.

Ich schwebte mit gebogenem Rückgrat und der Stirn nach unten langsam aus dem Dschungel in die Lüfte. Und der Tiger stand verloren am Lotusteich und bestaunte das Wunder der Levitation, und er schaute und schaute, bis der Morgen den Himmel endlich ganz rot gefärbt hatte.

Straße nach Indien

(Türkei-Iran-Pakistan)

Wer das Ekeltraining auf der Toilette des „Puddingshops" absolviert hat, ist fit für den Rest der Reise. Bestialisch zugeschissen und nicht abschließbar ist dieses historische Scheißhaus der Hippiebewegung, schräg gegenüber der Blauen Moschee in Istanbul. Hier haben sie alle gesessen, mit den Haaren bis zum Arsch und 'nem fliegenden Teppich im Kopf und den Träumen von dem, was noch kommen wird. Chai und Kebab, Kamele, Oasen, Badehäuser, Opium, Pissen in der Wüste und am Ende der langen Straße das Tal von Katmandu oder die drei magischen Buchstaben: GOA.

Die Reise nach Indien gehörte zu der Hippiebewegung wie der Dreiblattjoint mit Filter. Der „Puddingshop" in Istanbul war die Kantine der Morgenlandfahrer, der Warteraum zum Orient, der Umschlagplatz für Roadinformationen jeglicher Art. Man erfuhr, wo Hotels für 50 Pfennig zu haben waren, welche Sorte von afghanischem Haschisch was genau bewirkt, wohin man in Indien zuerst gehen sollte und wann. In den Süden um Weihnachten, nach Nepal im Frühjahr, im Sommer Kaschmir, im Herbst Radjasthan, und während sie ihre Karten studierten, ihr Geld zählten und ihre Geschichten erzählten, von Ost und West und Wahnsinn, dröhnte das Gebet des Imam von den Minaretten der Blauen Moschee auf ihre Köpfe nieder, wie der Hammer Allahs.

Das ist fünfzehn Jahre her. Jetzt bin ich zurückgekommen, um zu sehen, ob noch etwas übrig geblieben ist von dem alten Traum. Das ist der eine Grund. Der andere: noch einmal über die Straße fahren, deren Ende ich damals nicht erreichen konnte, weil ein schwuler Zöllner und eine schwere Infektion mich an der iranisch-pakistanischen Grenze gestoppt haben. Später bin ich hin und wieder mit dem Flieger nach Indien gereist, aber irgendwie gilt das nicht. Nach Indien muß man über Land, auf Elefanten, wie Alexander der Große, oder wie dieser deutsche Sportjournalist auf dem Fahrrad, oder wie Jesus zu Fuß. Egal wie, Hauptsache, du kommst rüber mit den Bildern der Berge und der Wüsten in deiner Seele. Dies ist der zweite, der romantische Grund. Und der dritte: Ich bin Journalist, und hier haben wir eine Geschichte, für die man Vorschuß bekommt.

Aber die Puddings gegenüber der Blauen Moschee sind schlechter geworden, und die Gäste hier sind keine Hippies mehr, und sie wollen auch nicht nach Indien. Alternativtouristen sind es, die die Türkei entdeckt haben, weil Griechenland einfach zu teuer geworden ist. Einen Münchner Autoverleiher habe ich heute getroffen. Jahresurlaub. Drei Wochen türkische Mittelmeerküste. Des weiteren einen Krankenpfleger aus Ulm, einen Tankwart aus Bath (England), zwei Angestellte der Deutschen Bank, einen kalifornischen Apotheker und jede Menge Japaner. Alles sympathische Menschen, ich bestreite das nicht, und dann kam am Nachmittag tatsächlich diese organisierte Reisetruppe zur Tür herein. Amerikaner, an die fünfzehn Stück, mit Kameras vor dem Bauch. „This is the world famous Puddingshop“, sagte der Reiseführer, „we have ten minutes time for the hippies.“

So sieht's aus im Istanbul des Jahres 1985, und so geht das nun seit sechs Tagen. Im Puddingshop lasse ich mich besichtigen, auf der Straße muß ich schwule Heroin-Dealer abwimmeln, in meinem Motel belästigen mich türkische

Polizisten, und abends liege ich auf diesem lausigen Bett in diesem trostlosen grün gestrichenen Zimmer, für das ich 2.000 türkische Lira bezahlen muß und hoffe, daß am nächsten Morgen der Österreicher endlich seinen Bus klar bekommen wird. Nichts wie raus aus Istanbul. Keine Stadt für Sex & Drugs & Rock 'n' Roll. Ab 22 Uhr sind die Straßen finster und leer.

Der Mann, an dem meine Hoffnungen kleben, heißt Peter. Ein kleiner, charmanter 25jähriger Mensch aus Wien. Er hat einen D 303, einen dieser zehn Jahre alten Mercedes-Busse. Neben der Blauen Moschee steht die Kiste. Die will er nach Katmandu bringen, weil die Nepalesen für deutschen Schrott immer noch mehr bezahlen als für nagelneue Busse oder Lastwagen indischer Fabrikation.

Peter hat mir erzählt, was er daran verdient, aber er hat mich auch gebeten, kein Spielverderber zu sein. Vielleicht nur so viel: hohes Risiko gleich hoher Gewinn. Und Risiken gibt es auf dieser Strecke inzwischen wahrhaftig genug. Von Räubern in der Osttürkei hört man; Teheran wird bombardiert; maßlose Korruption in Pakistan; Unruhen in Punjab. Fanatische Moslems überall und dazu Straßen, über die man nicht mal Kamele ruhigen Gewissens ziehen lassen kann.

Die klassische Straße der Blumenkinder ist gemeingefährlich geworden, aber so eine Tour zwecks Busverkauf dreimal im Jahr durchgezogen, und man ist aus dem Gröbsten raus. Und was noch wichtiger ist: Eine Fahrt dieser Art macht dich ein für alle mal zum Mann. Die Nepaltrukker sind die letzten Helden dieser Straße, und Peter ist einer von ihnen. Für 120 US-Dollar nimmt er mich mit.

Aber wer zum Teufel ist Mustafa?

Seit einer Woche höre ich diesen Namen als Erklärung dafür, daß es noch nicht losgeht mit unserer Reise. Mustafas Motor ist noch nicht überholt, Mustafas Stoßdämpfer sind noch immer nicht ausgewechselt, Mustafas Bremsen müssen noch gerichtet werden, die Totallackierung dauert länger, als von Mustafa geplant, die Hohlräume in Mustafas Bus sind noch nicht abgedeckt. Hohlräume sind zum Schmuggeln da, und Mustafa ist der Mann, der Peters zweiten Bus nach Nepal fahren soll. Ein paar Wochen später werden wir uns wünschen, auch Mustafa in den Hohlräumen dieses Busses verstecken zu können, denn was dieser 50jährige Türke bringen wird, ist Unglück, Unglück, Unglück. Dieser Muselman zieht das Unglück geradezu an, die beiden sind absolut nicht voneinander zu trennen, das Unglück und Mustafa.

Zehn Tage später.

Peter kocht Spaghetti. Bevor es ans Sterben geht, wollen wir noch einmal was Warmes essen. Wir stehen zehn Kilometer vor Teheran. Die Polizei hat uns geraten, nicht in die Stadt hineinzufahren, weil die ab 22 Uhr wieder bombardiert wird. Da könne man die Uhr nach stellen. Zu beiden Seiten der Straße parken an die 100 Autos mit Teppichen dazwischen und Frauen und Kindern und Männern. Perser, die jeden Abend aus der Stadt flüchten. Drei Bombenangriffe pro Nacht, dann wird gefrühstückt und wieder zur Arbeit nach Teheran gefahren. Hier draußen, sagte einer, sei keine Gefahr.

Wir bezweifeln das. Wir bezweifeln Ausbildungsstand und -standard irakischer Bomberpiloten. Jeder von uns hat genug persönlichen Kontakt mit Arabern gehabt, um zu wissen, daß es für die ein leichtes ist, eine zu bombardierende Stadt um zehn Kilometer zu verfehlen.

Und bei dem Pech, das uns bisher auflauerte, wo es nur konnte, ist es nur logisch, daß heute abend die Todesangst auf dem Programm steht.

Mustafa, dieser Unglückstürke, hat uns in der Türkei nämlich noch mal hundertprozentig drei Tage warten lassen, auf dem kalten Fernfahrerparkplatz bei Sivas, wo die Toiletten zugeschissen waren und nachts deutsche Pornovideos gezeigt wurden. Drei Tage gefroren, Raki gesoffen und gewartet, und als Mustafa endlich zu uns gestoßen war mit seinem Haufen überlackierten Schrotts, fuhr er kurz vor der iranischen Grenze über einen dicken Stein und hatte von da an ein Riesenloch im Tank.

Als nächstes durfte Peter 2.000 DM Bakschisch an türkische Zollbeamte bezahlen, weil die in Mustafas Bus einen Ersatzmotor gefunden hatten, der in seinen Papieren nicht aufgeführt war, was Mustafa ganz in Ordnung fand. „Warum du böse, Peter?" fragte Mustafa scheinheilig. „Türkei Bakschisch zahlen, nix Problem. Türkei nix Bakschisch zahlen, viel Problem. Türkei immer Bakschisch zahlen, du verstehen?"

Und auf der iranischen Seite angekommen, drückte man uns, weil irgendwas mit Mustafas Fahrgestellnummer nicht stimmte, einen Führer aufs Auge, der uns durch den Iran begleiten sollte.

Zwei standen zur Auswahl, ein teurer und ein billiger. Peter nahm den billigen. Ali, 27 Jahre alt, fanatisch und dumm, eine prima Mischung. Zunächst nannten wir ihn „Ali, den Schüchternen", weil er die Arme immer so hängen ließ, mit nach hinten wedelnden Händen, aber inzwischen heißt er „Ali-Filter", denn er schnorrt eine Marlboro nach der anderen.

Was noch ein toller Programmpunkt unserer Reise ist: Wir bekommen tagsüber nichts zu essen und nichts zu trinken, und auf der Straße rauchen ist auch nicht. Ramadan. Islamischer Fastenmonat. Scheißegal, ob du Christ bist oder Buddhist oder Nihilist oder Marxist oder Holist oder New

Age-Sympathisant. Wenn du den Ramadan brichst, setzt es Peitschenhiebe. Dasselbe für ein gepflegtes Skat, weil das im Iran unter verbotenes Glücksspiel fällt, und ich bin fast sicher, daß es auch für meine homöopathischen „Schwedenkräuter" die Peitsche gibt, weil die nach Alkohol riechen.

Die Revolutionsgardisten kontrollieren unseren Bus etwa zehnmal am Tag, wobei ich erwähnen muß, daß man mit diesen jungen Männern umgehen kann. Sie kommen, oder besser sie stürmen in den Bus rein, meist zu sechst, in Khakiuniformen, Knobelbecherstiefeln, Franzosenkäppi und mit MPs unterm Arm, und dann bekommen sie jeder eine Marlboro und sind zufrieden.

Mit solchen Leuten muß man sich doch wahrhaftig nicht so rumstreiten, wie das der Stefan immer tut, der zweite Passagier, den Peter in Istanbul aufgenommen hat.

Stefan ist einfach unflexibel. Ein typisch deutscher Aussteiger. Macht Alternativ zum Dogma. Und Alternativ ist zur Zeit dieses Ding, bloß keinem in den Arsch zu kriechen, immer nur die volle Power gleich ins Gesicht. Egal, ob der ein Maschinengewehr unterm Arm trägt oder nicht. Ganz egal. „Hey, Baba, das läuft doch nicht, hier zu sechst in den Bus rein. One, just one, and the rest fuck off! Understand?"

Das ist Stefan. Mitbegründer der Hamburger Beratungsstelle für Kriegsdienstverweigerer, Gründungsmitglied der Grünen, Krankenpfleger. Er hat lange lockige Haare, einen roten Vollbart, und wenn er wütend wird, sieht Stefan aus wie ein wildgewordener Teddybär.

Wenn nur Mustafa nicht wäre.

Denn Mustafa ist schuld daran, daß wir uns jetzt vor den Toren von Teheran auf eine Bombennacht einstellen müssen, statt so schnell wie möglich das Weite zu suchen.

Mustafas Paß läuft nämlich in zwei Tagen aus, und er will ihn morgen auf der türkischen Botschaft in Teheran verlängern lassen. Außerdem glaubt er noch, von irgendeinem iranischen Amt 2.000 Dollar ausbezahlt zu bekommen, weil er die mal eingezahlt hat, und das alles will er an einem Vormittag erledigt haben.

„Hundertprozentig, Peter. Zehn Uhr Mustafa türkisch Botschaft. Halbe Stunde warten. Paß fertig. Dann Mustafa Geld holen. Eine Stunde, vielleicht ein und halbe Stunde. Dann Mustafa fertig und fahren Isfahan. Morgen abend Isfahan. Hundertprozentig."

So hat der eben rumgetönt, der Unglückstürke, und dann habe ich ihm erzählt, was mir zu Ohren gekommen war. Daß nämlich morgen ein offizieller Feiertag zu Ehren der islamischen Revolution eingeschoben worden ist. Und was sagt er dazu? „Egal. Vielleicht türkisch Botschaft auf. Vielleicht nicht. Inschallah." Und Ali-Filter sah das Ganze noch ein bißchen schräger. Bomben auf Teheran?! „No problem. Iran very strong. Irak finished."

So stehen die Dinge, als Peter mit den Spaghetti fertig ist, und dann gehen wir schlafen. Stefan übrigens zum ersten Mal nicht auf dem Dach des Busses.

Wir überleben die Nacht, ohne aufzuwachen, ein Iraner gibt uns am Morgen die Radionachrichten weiter. Drei Häuser seien von den irakischen Bomben zerstört worden, dreißig Menschen getötet. Dann fahren wir nach Teheran rein, mit dem brennenden Wunsch, Mustafas Paß möge sich bis zum Mittag verlängert haben, damit wir wieder raus sind aus dieser Stadt, bevor es wieder Abend wird. Wir halten an einem kleinen Park sehr nahe dem internationalen Flughafen. Mustafa und Ali machen sich auf den Weg zur türkischen Botschaft, wir warten und schwitzen.

Es ist heiß in Teheran, und der Park ist nicht sonderlich

attraktiv. An wirklich jedem Baum hängt ein meterlanges Plakat mit diesem alten strengen Gesicht. Ich mag dieses Gesicht noch weniger als das des Schahs, dessen Bild ich hier vor vierzehn Jahren an jedem Baum, in jedem Geschäft, in jeder Teestube habe hängen sehen.

Seine Offiziere, Geheimpolizisten und Zöllner waren zwar in der Regel auch Arschlöcher, und bei Gott, sie haben mich während meines ersten Aufenthaltes im Irak gelinkt und beleidigt, wo es nur ging, aber sie haben wenigstens nicht den Namen Allahs für ihre Gemeinheiten mißbraucht. Zwecks einer Änderung in meinem Reisepaß haben sie mich damals tagelang durch Teheran gehetzt. Und jetzt glaubt Mustafa, seine Paß- und Geldangelegenheiten an einem Vormittag erledigen zu können.

Nach drei Stunden ist der Türke zurück. Völlig fertig, nach Zigaretten schreiend, in Jammern und Fluchen aufgelöst erzählt er uns, was ihm auf seiner Botschaft widerfahren ist.

„Allah Karim. Mustafa gehen Botschaft. Botschaft zu. Vor Botschaft Mustafa treffen Achmed. Du kennen Achmed, Peter, Aman, dieser Mensch großes Arschloch, dieser Mensch Verbrecher."

„Was dieser Mensch sagen", will Peter wissen.

„Achmed Mustafa kaputt machen. Achmed viel Freunde bei Komitee. Achmed sagen, Komitee kommen. Busse prüfen, Opium finden. Du kommen Peter. Dieser Mensch in Hotel Kabir. Du kommen, reden mit diesem Mensch, o.k.?"

Fünf Minuten später sitzen Peter, Mustafa, Ali und ich in einem Taxi, dessen Fahrer wie ein Irrer in Richtung des alten Basars fährt. Das hat sich in Teheran nicht geändert. Sie fahren, als hätten sie einen Skorpion im Schuh. Sie beachten nicht eine Ampel, vor jeder Kreuzung möchte man die Augen schließen, weil von rechts und links erbarmungslos herangedonnert wird. Sie fahren mit 100 Sachen nebeneinander her, durch das heruntergekurbelte Fenster freundlich miteinander plaudernd. Es ist sogar bedeutend schlimmer als in Kairo, was daran liegen mag, daß die Perser seit den Zeiten des Schahs die besten und schnellsten Wagen des gesamten Orients fahren, und das meist unter Dope. Früher rauchten sie Opium, jetzt stehen sie mehr auf Alkohol. Die Perser sind absolut scharf auf Alkohol, und wenn sie keinen kriegen können, dann macht sie Khomeini besoffen.

Jedenfalls ist man in Teheran gut beraten, einen Scheiß darauf zu geben. Gar nicht hinsehen, gar nicht drum kümmern, übers Wetter reden oder über Achmed, diesen Menschen, der Mustafa kaputt machen will.

Peter erzählt mir, daß Achmed ein Türke sei, um die 30 Jahre alt, auch er bringe Busse nach Nepal. Dieser Mensch sei Mustafas Feind, weil Mustafa ihn mal um den lächerlichen Betrag von 300 Dollar gelinkt hat. Letztes Jahr in Katmandu. Und dieser Mensch sei gefährlich, ein richtiger Verbrecher, der nur Klartext versteht.

Dann sind wir auch schon am Hotel „Amir Kabir", das mitten in der Altstadt liegt und Tradition hat. Das „Amir Kabir" gehört zur Straße nach Indien wie der „Puddingshop" und die verrückten Taxifahrer. Es war die zentrale Hippieabsteige im Iran, stand in allen „Selber-trampen-Reiseführern", war vor fünzehn Jahren auch mein Hotel, und jetzt sieht es aus wie eine Ruine. Khomeini-Anhänger haben Bomben reingeworfen, weil es ein Ausländerhotel gewesen ist. Die Fenster der gesamten Vorderfront sind zerschlagen, zwei Stockwerke hoch. Die Geschäftsleitung hat die zerstörten Zimmer nicht wieder herrichten lassen und vermietet jetzt nur noch einen einzigen, unbeschadet gebliebenen Raum im zweiten Stock. Da wohnt Achmed. Da gehen wir rein.

Der Türke beeindruckt mich sofort. Eine lange, hagere Gestalt, ein mächtiger schwarzer Schnauzbart, schnelle Augen, wenige Zähne. Er erschreckt kein bißchen, als wir zu viert sein Zimmer stürmen, bleibt ruhig auf seinem Bett sitzen und bittet uns freundlich, Platz zu nehmen. Dann bestellt er über das Zimmertelefon Tee für seine Gäste. Der Zimmerservice kommt wenige Augenblicke später mit einer MP in der Hand. Ein Revolutionsgardist, der nicht so aussieht, als würde er für 'ne Marlboro vom Glauben abfallen. Jetzt können wir in Ruhe reden.

Tatsächlich geht es Achmed um die lächerlichen 300 Dollar vom letzten Jahr. So was vergißt ein Türke nicht, und damit ihn Mustafa in Katmandu dieses Mal nicht nochmal linkt, muß Achmed mindestens zwei Wochen vor Mustafa in Nepal sein. Deshalb hat er seine Freunde vom Komitee gebeten, unsere Busse 20 Tage aufzuhalten. Natürlich tut es ihm schrecklich leid, daß Peter jetzt in der Sache mit drinhängt, denn gegen Peter hat er nichts, aber jeder muß selbst wissen, mit welchen Partnern er sich zusammentut.

Peter wiederum versteht ganz und gar nicht, warum man sich unter Kollegen solche Schwierigkeiten bereitet. Er betreibe sein Geschäft und Achmed das seine, und beide wüßten zuviel von den Geschäften des anderen, als daß sie sich ernsthaft verfeinden sollten. „Du hast die guten Verbindungen im Iran", sagt Peter, „aber in Indien bist du als Türke eine Null, und Katmandu ist meine Stadt. Da kenne ich jeden wichtigen Menschen. Weißt du, was passiert, wenn ich gegen dich in Katmandu intrigiere? Dann kannst du da nicht mal mehr eine Banane verkaufen."

Eine gute Stunde später bangen wir wieder in einem Taxi um unser Leben. Die Türkenintrige hat sich entspannt, wenn auch nicht geklärt. Peter und Achmed konnten sich einigen, aber der MP-Mann wollte nicht versprechen, daß die Aktion wirklich abgeblasen werden würde, weil er nicht der Boß vom Komitee sei. Mustafa ist furchtbar erregt. Ein Messer will er Achmed in den Bauch jagen, wenn sie wieder daheim in Istanbul sind. Vor dem Gefängnis hat er keine Angst.

„Mustafa alter Mann. Mustafa bald kaputt. Gefängnis egal. Messer in Bauch von Achmed."

Und Ali wird plötzlich größenwahnsinnig. Er sei es, der hier zu bestimmen habe, und nicht das Revolutionskomitee. Er besitze die Zollpapiere und Transitschreiben für die Busse, und er werde Mustafa helfen, wenn Peter es nicht täte, denn Mustafa und Ali seien Freunde, seien Moslems.

Peter fragt den Moslem, was er denn machen wolle, nachdem ein gutes Dutzend MG-Männer ihn in den nächsten Zaun geworfen hätten? Und Ali antwortet, daß er wichtiger sei als diese Männer, denn er sei nicht nur ein Publizistikstudent, der in seiner Freizeit für den Zoll arbeite, nein, er sei auch, und vor allem, der bekannteste Denunziant im Lande. Er habe einiges Ansehen beim Komitee.

Ali, der Schüchterne, Ali-Filter, Ali, der Denunziant. Die Leute, die er anzeigt, werden gefoltert. Mein Gott, ich habe genug von diesem Ali und von diesem Mustafa und von diesen Bussen, an denen die Pest klebt, und als Peter mir dann noch verrät, was das für ein Geschäft ist, das Achmed betreibt, habe ich endgültig genug von allem. Von diesem Land, von der religiösen Heuchelei, von der Schlechtigkeit der Menschen überhaupt. Achmed schmuggelt Whisky für das Revolutionskomitee.

Die saufen sich zu, weil das Auspeitschen von Alkoholkonsumenten so anstrengend ist – oder sie verkaufen die Ware. Für eine Flasche Whisky werden im Iran 375 US-

Dollar auf den Tisch gelegt. Ein verdammt lohnendes Geschäft und ein sicheres dazu. Denn wer kontrolliert die Revolutionsgardisten? Die reguläre Polizei hat nichts als Angst vor Khomeinis Spezialgarde, das Militär hat genug damit zu tun, Kinder im Heiligen Krieg zu verfeuern, und die Mullahs schleichen in ihren langen Gewändern durch die Straßen und predigen Krieg bis zum totalen Sieg.

Aber mein Atem ist mir wichtiger als die Torheiten dieser schlechten Propheten, und in der Kühltruhe von Peters Bus liegen meine zehn hochempfindlichen Diafilme, die ich nicht gekauft habe, damit sie von besoffenen Hütern der Revolution auf dem Schwarzmarkt verscheuert werden, und deshalb werde ich mich wenigstens für heute nacht absetzen. Ein billiges Hotel in der Altstadt werde ich suchen, und zwar schnell, denn in drei Stunden kommen die irakischen Bomber, danach kann man die Uhr stellen.

Eine Stunde später. Das Hotel ist alt und wackelig, eng an ähnlich alte und wackelige Häuser angeschmiegt, und es ist schön. Es hat einen kleinen Innenhof, um den herum die Zimmer liegen, Wäsche hängt über den Balustraden, es wird gekocht, es riecht nach Chai, fast alle Türen stehen offen. Ich bekomme ein Zimmer im ersten Stock, meine Nachbarn lerne ich bereits nach fünf Minuten kennen. Ein junger Mann, so um die 30 Jahre alt und seine Frau, die ihre langen schwarzen Haare offen trägt und keinen Schleier hat.

Sie laden mich zu einem Tee auf ihr Zimmer – ein Raum, nicht viel größer als das Bett, auf das wir uns setzen. Zu meiner großen Verwunderung höre ich, daß die beiden Iraker sind. Irakische Kurden, die auf ihrem Weg nach Deutschland vor den Revolutionsgardisten in Teheran festgenagelt worden sind. Man hat ihnen die Pässe weggenommen, sie dürfen die Stadt nicht verlassen. Seit sieben Monaten. Auf der Straße werden sie von den Persern angespuckt, nachts kommen die Bomber aus der Heimat. Die deutsche Botschaft könnte ihnen mit einem Einreisevisum helfen, aber die Deutschen helfen nicht.

Trotzdem bekomme ich ein zweites Glas Tee und Süßigkeiten. Kinder schauen zur Tür herein, ich mache Fotos, wir tauschen Adressen, die Frau schenkt mir ein Bild von sich und ein anderes Bild von ihrem Bruder, der gehenkt worden ist, und dann geht plötzlich das Licht aus.

Die Bomber kommen.

Die Iraner stellen die Elektrizität in der gesamten Stadt ab, sobald ein Angriff bevorsteht. Ich halte mein Glas in der Hand, weiß nicht, was ich tun soll. Die Irakerin sucht nach einer Kerze, die Kinder laufen zu ihren Eltern. Dann ist das Licht wieder an.

Falscher Alarm. Anscheinend haben die Bomberpiloten kurz vor Teheran abgedreht und sind nach Isfahan weitergeflogen. Das kommt vor. Aber mir sitzt der Schreck im Bauch. Ich will keinen Tee mehr, wünsche meinen Gastgebern eine gute Nacht und gehe auf mein Zimmer. Sobald ich im Bett liege, schlafe ich ein.

Bumm.

Das Haus wackelt, das Licht ist aus, der Ventilator schweigt. Überall Stimmen. Noch mal Bumm. Das war sehr nahe. Ein Einschlag, nur wenige Häuser entfernt. Die Stimmen sind jetzt sehr aufgeregt. Ich springe aus dem Bett, ziehe mir die Hose über, verlasse den Raum. Die Stimmen kommen vom Dach, und ich gehe hinauf. Der Besitzer des Hotels ist dort, sein Bruder und all die Leute, die sowieso auf dem Dach schlafen. Sie machen Scherze, als wäre es ein Feuerwerk, was hier am Himmel passiert. Die iranische Flugabwehr schießt mit Leuchtraketen. Rote Kaskaden mit langem Schweif und verspielten Eruptionen. Sieht wirklich aus wie ein Silvesterspaß. Aber man hört dieses Brummen der irakischen Flugzeuge, und zwischen dem hektischen pap, pap, pap der roten Abwehrraketen hört man die Detonationen der Bomben. Diesen satten, dumpfen Sound, wenn ein Gebäude in die Luft fliegt.

Bumm, bumm.

Bumm, bumm. Ich gerate ein ganz klein wenig in Panik. Die Iraker werfen pro Angriff nicht mehr als ein Dutzend Bomben ab, und die Chance, in dieser riesigen, weitläufigen Stadt getroffen zu werden, ist geringer, als im Taxi zu sterben. Darum können die Perser auch darüber lachen. Sie erleben jede Nacht ein Schauspiel und leben immer noch. Aber ich habe Angst. Ich muß auf die Toilette, unten, im Hof. Rauchend hocke ich dort, mit einem brennenden Streichholz in der Hand, über den Fliesen. Rote Blüten sind darauf gemalt. Ich weiß, daß selbst, wenn das Licht gleich wieder angeht, die Bomber noch einmal kommen werden in dieser Nacht. Und ich betrachte plötzlich die Blüten auf den Fliesen mit seltener Intensität.

Der nächste Tag bringt eine Überraschung. Mustafa hat seinen Paß verlängert bekommen. Gegen Mittag können wir Teheran verlassen. Wir nehmen die Südroute nach Pakistan. Das bedeutet für uns rund 1.600 Kilometer Salzwüste, und bereits 100 Kilometer hinter Teheran brettert der pure Terror vom Himmel, und weil wir keine Air Condition haben, ist es im Bus noch mal um einiges unerträglich heißer als draußen. Natürlich kann man die Fenster öffnen, um sich am Fahrtwind zu erfrischen, nur ist der Fahrtwind so heiß wie ein Fön und noch dazu voll mit Sand, und ich liege die meiste Zeit des Tages irgendwo im Bus und versuche zu atmen.

Des Nachts kühlt es über der Wüste ganz gut ab, der Fahrtwind bringt Erfrischung, der Kreislauf meldet sich zurück, und es wäre ein angenehmes Fahren, aber Mustafa ist ein alter Mann, der regelmäßigen Schlaf benötigt. Außerdem gibt er merkwürdige Theorien bezüglich des Fahrverhaltens auf einer schnurgeraden, breitausgebauten und asphaltierten Wüstenpiste zum besten. Hier, wo jedes Hindernis, jede Kurve, jeder entgegenkommende Wagen auf einen Kilometer im voraus zu erkennen ist, gerade hier habe man langsam zu fahren. So an die 50 Stundenkilometer.

Türkische Busfahrerregeln: „Einfache Straße, viel geradeaus: gefährlich. Langsam fahren. Schwere Straße, viel Kurven: schnell fahren."

Eine interessante Theorie für alle Lebensbereiche. Wobei gar nicht erwähnt zu werden braucht, daß Mustafa in Wahrheit nur deshalb so rumspinnt, weil sein Dieselmotor noch schlimmer hustet als er selbst, und das einzig Tröstende dabei ist, daß „Ali-Denunziant" geröstet wird, weil Mustafa, um seinen Motor zu schützen, mit vollaufgedrehter Heizung fährt. So brauchen wir für diese Strecke über Gom, Isfahan und Kerman volle drei Tage, bevor wir Zahedan erreichen, die letzte iranische Stadt vor der pakistanischen Grenze.

Eigentlich habe ich mich auf Zahedan gefreut, weil ich gute Erinnerungen an diese Stadt habe.

Hier lag ich vor fünfzehn Jahren mit einer Elephantiasis im Krankenhaus. Das ist eine Infektionsgeschichte, bei der die Ober- und Unterschenkel unter irrsinnigen Schmerzen anschwellen, bis schließlich die Beine platzen. Ohne jemals nach Geld gefragt worden zu sein, hat man mich damals im Krankenhaus zu Zahedan aufgenommen, behandelt, gefüttert und umsorgt, als sei ich der Schah von Persien gewesen und nicht ein abgerissener, bettelnder Hippie, der an einer Bushaltestelle schlechtes Wasser getrunken hatte.

Eine wunderschöne, schwarzhaarige Krankenschwester hat mir alle zwei Stunden eine Ladung Penicillin in den

Hintern gejagt und dann meine Haare gestreichelt, die sie golden nannte, und der Polizeichef der Stadt, der in dem Krankenhaus eine Gelbsucht auskurierte, bot mir seine Tochter zur Frau und eine Stellung als Polizeioffizier. Ich sollte sein Schwiegersohn, sein Stellvertreter, sein Nachfolger werden. Wie sich später herausstellte, tat ich damals gut daran, diese Offerte abzulehnen, aber denken tu ich immer noch gern an diese Tage der Gastfreundschaft im südlichsten Zipfel des Iran.

Doch auch hier hat Khomeinis Propaganda Haß geschürt auf alles, was aus dem Westen kommt. An einer Werkstatt werfen Kinder mit Steinen nach mir, und die Jungs, die uns zwei Reifen auswuchten sollen, zerstören diese, während wir in einem Restaurant auf etwas zu essen warten. Wir warten sehr lange, weil die Bedienung uns nicht wahrnehmen will.

Auf der iranischen Seite ist wenig los. Kein Wechselbüro, keine Cold Drinks, drei graue Betonbauten, Wüste, Hitze, Staub, ein paar lahmarschige Zöllner. Wir werden von einem jungen schwarzbärtigen Revolutionsgardisten abgefertigt, der auf Zeitlupe geschaltet hat. Die Aktion, meinen Paß von der Außenkante seines Schreibtisches zu sich heranzuziehen, nimmt etwa eine Minute in Anspruch, das Visum darin zu finden, dauert schon fünf Minuten, dieses Visum von allen Seiten zu betrachten, nochmals fünf Minuten, und dann muß sein Kugelschreiber aus der Schublade geholt werden, wozu immerhin sechs Arbeitsgänge notwendig sind: Schublade auf, Kugelschreiber suchen, Kugelschreiber finden, Schublade schließen, Kugelschreiber betrachten, Kugelschreiber in Schreibposition bringen, Kugelschreiber wieder weglegen, weil die Mittagspause beginnt.

Zwei Stunden braucht der Typ nach der Pause für vier dämliche Eintragungen, und wir müssen dazu freundliche

Gesichter machen, weil er diese Aktion auch ohne Probleme über zwei Tage strecken könnte. Dann fahren wir durch ein großes Tor und sind auf der pakistanischen Seite der Grenze.

Ein anderer Stern, Bretterbuden, Zelte, Hunde, Ziegen, Kamele, Fliegen, jede Menge Cold Drinks und jede Menge Verbrecher. Hundertprozentige Verbrecher, wie Peter sagt. Schmuggler, Diebe, Geldwechsler, Drogenhändler, Waffenschieber, Polizisten, Zollbeamte. Allesamt überaus freundlich und immer für Späße zu haben.

Die Zollbeamten zum Beispiel bieten uns zunächst einmal Chai an. Milchreis, süß und heiß, in „zartem" Porzellan serviert. Das Zollhaus ist geräumig und auffallend gut eingerichtet, der Ventilator dreht angenehm schnell. Was den Beamten hier noch fehlt, ist ein Kühlschrank für die Küche, und darum beschlagnahmen sie, nachdem wir den Tee ausgetrunken haben, den 200-Liter-Kühlschrank aus Peters Bus. Wofür sie sich natürlich lang und breit entschuldigen. Eine Art neues Gesetz, wir müßten verstehen.

Seit einer Woche dürften keine Kühlschränke mehr nach Pakistan hineingenommen werden. Ob sie sonst noch was benötigen würden, will Peter wissen, worauf wieder herzlich und viel gelacht wird, und dann gehe ich mit Stefan zum nächsten Geldwechsler ins Dorf. Ein hochgewachsener, schlanker Mann, so um die 40, der einen Taschenrechner von Sony bei sich trägt. Darauf tippt er lächelnd seinen Kurs ein. 1 DM gleich 4 Rupee. Stefan nimmt dem Mann den Sony weg und tippt 1 DM gleich 4,50 Rupee. Der Pakistani lächelt und tippt aufs neue. 1 DM gleich 4. Wir warten, daß sich hinter dem Punkt noch etwas tut. Aber da tut sich nichts. „Hey, Baba, was soll der Scheiß", sagt Stefan und tippt ihm 4 Punkt 25 auf den Rechner. „Aaah", sagt der Baba und tippt wieder: 4 Punkt und Schluß. „Okay",

165

sagt Stefan, „4 Rupee für die Mark plus zwei Cold Drinks und ein Turnpiece Haschisch." Der Paki lacht nun aus vollem Halse. 4 Punkt Schluß. Wir geben auf, wechseln 100 DM für 400 Rupee und gehen zu den Bussen zurück, aus denen gerade zwei Küchenhilfen des Zollbüros unseren Kühlschrank wegschleppen.

Am Abend machen wir uns noch einmal auf den Weg ins Dorf. Wieder treffen wir den freundlichen Geldwechsler. Diesmal sitzt er mit seinem Bruder auf einen Teppich vor seiner Hütte. Zwei Öllampen brennen.

Der Mann winkt uns heran, bittet uns, Platz zu nehmen, läßt sich von einem Jungen zwei Cold Drinks bringen und schenkt uns, lachend, ein Stück wunderbar schwarzes, biegsames, afghanisches Haschisch.

Nur wenig später sitzen Peter, Mustafa, Stefan und ich vor unseren Bussen und erfüllen ein Gelübde. Sobald wir in Pakistan sind, so schworen wir vor nunmehr drei Wochen im Angesicht der Blauen Moschee, wird eine gewaltige Tüte geraucht. So geschieht es, und plötzlich fühlt sich die Hitze auf unserer Haut wie warmer Sand an, Millionen Sterne funkeln über der Wüste, und wir baden in dem süßen Saft einer phänomenalen Wassermelone.

Von nun an wird alles anders, von nun an nimmt die Reise einen glücklichen und reibungslosen Verlauf, und die Vermutung liegt auf der Hand, daß jenes Pech, das uns bis Pakistan verfolgt hat, nicht an Mustafa klebte, sondern an dem 200-Liter-Kühlschrank, der nun in der Küche des nahen Zollhauses von den Zöllnern lautstark und ausgelassen gefeiert wird, während Stefan die zweite Tüte baut.

Geldgruben

(Deutsche Demokratische Republik)

Reportage über die Sicherheit von DDR-Banken direkt nach der Währungsunion. Nach Erscheinen der Geschichte kam es zu einer Serie von Banküberfällen in der DDR.

Es war eine Premiere: der erste Bankraub in der DDR nach der Währungsunion. Zwei maskierte und mit Pistolen bewaffnete Männer besuchten die Sparkasse Eldena im Kreis Ludwigslust und nahmen 65.000 Westmark mit. Einfach so.

Mich wundert das nicht. Mich wundert nur, daß sie dabei Tränengas versprühten. Das wäre nicht nötig gewesen. Auch die Pistolen nicht. Pure Show. Entertainment. Lust am Überfluß. DDR-Banken überfällt man nicht. Da streichelt man das Geld heraus. Weil DDR-Banken keine Banken sind, sondern Selbstbedienungsläden, Kulissen für den Heimatfilm.

Es fehlt an allem. Kein Panzerglas, keine Videoüberwachung, kein Sicherheitspersonal. Vor allem fehlt es an Bewußtsein. Man scheint nicht zu wissen, daß es auf dieser Welt auch böse Menschen gibt. Diebe. Kriminelle. Schwerverbrecher. DDR-Banken sind von einem anderen Stern.

40 Jahre lang haben sie nur Spielgeld verwaltet, Mark der DDR genannt. Und die wollte nun wirklich niemand rauben. Aber jetzt sind mit der Währungsunion 25 Milliarden echtes Geld ins Land geschafft worden. Jetzt liegen Scheine hinter den Tresen, mit denen man wirklich etwas anfangen kann. Und wenn ich unseren Brüdern und Schwestern

drüben einen Rat geben darf: Gebt das Zeug so schnell wie möglich aus! Ganz schnell. Oder nehmt es mit nach Haus! Legt es unters Kopfkissen, in den Wäscheschrank, stellt den Trabbi drauf. Macht damit, was ihr wollt und wo ihr's wollt. Nur gebt es auf keinen Fall euren Banken. Sonst ist bei euch ein Rififi angesagt, über das man in 100.000 Jahren noch lachen wird. Obwohl es nicht zum Lachen ist. Es sind immerhin auch meine Steuergelder, die da auf der grünen Wiese liegen.

Ich übertreibe nicht. Ich habe es mir angesehen. Zehn Tage war ich zwischen der Ostsee und der tschechischen Grenze observieren. Und weil ich mich nicht auf meine eigene Wahrnehmung verlassen wollte, nahm ich einen mit, der was davon versteht. Ich gebe zu, ich hatte für diesen Job zunächst an einen Sicherheitsexperten aus dem westdeutschen Bankwesen gedacht. Aber die redeten durch die Bank Scheiße: von Tresoren, die zwar vor dem Krieg gebaut worden seien, aber noch in ausreichender Weise ihren Dienst täten. Sie beruhigten, wiegelten ab.

Darum nahm ich mir einen ehrlichen Kriminellen, der früher in Banken gemacht hat, heute als Geschäftsmann auf dem Kiez arbeitet, einen Mann, der viele Namen hat. Sein Lieblingspseudonym ist Ramires. Dabei blieben wir. Und um es vorwegzunehmen: Ramires kam, sah und weinte.

Rostock*. Eine wunderschöne Stadt, oben an der Ostsee. Erinnerte mich an Lübeck, oder besser, wie Lübeck mal ausgesehen haben muß: Kopfsteinpflaster, Fachwerk, verwinkelte Giebel. Das Doppelzimmer für 35 Mark mit Blick auf eine Kirche und auf Eichen, und die Bank dort war ein durchaus solides, fast klassizistisches Gebäude mit antiken Säulen, die rechts und links den Eingang säumten. Hinter diesen Säulen erlebte Ramires seinen ersten Schock.

Ich hatte ihm einen Tausendmarkschein in die Hand gedrückt zum Wechseln, damit er an den Schalter kam. Fünf davon waren es insgesamt, und Ramires wählte den rechts außen.

Wie sah der aus? Vom Boden bis etwa zur Hüfte waren es Spanplatten, dann kamen 30 Zentimeter Luft für den Geldverkehr, darüber ein Stück Plexiglas. Die Dame hinter dem Schalter war im mittleren Alter und freute sich über den Tausender zuschanden. „So was hatte ich bisher noch nicht in den Händen", sagte sie glücklich, „wir haben hier nur Hunderter."

„Wie schön", antwortete Ramires, der nach Worten rang.

Der Raum hinter dem Schalter: Tische, Regale, Stühle waren mit jenen blauen Scheinen vollgepackt, von denen die Dame gesprochen hatte. Nicht tapeziert, sondern in grünen Kästen gestapelt. Jeder dieser Kästen war knapp einen Meter lang. Und einer davon stand auf einer Fensterbank. Das Fenster war geöffnet.

Wir verließen die Dame, den Schalterraum, die Bank, traten auf die Straße, gingen um das Gebäude herum, erreichten eine Tür mit der Aufschrift „Geschäftskonten – Kredite", durchschritten einen Flur und standen im Hof. Und da war sie: die Rückwand des Schalterraums mit der Fensterbank. Die Strahlen der Sonne fielen auf den grünen Kasten mit dem blauen Geld.

„Alter", sagte Ramires, der empört war, „das muß bestraft werden. Das ist Verführung zum Diebstahl. Ich brauche hier doch nur über den Hof zu gehen und mir das Geld zu nehmen. Verstehst du? Ich nehme es einfach da weg!"

„Das wirst du nicht tun", sagte ich.

„Warum nicht?"

„Es ist gegen das Presserecht."

Rostock hat noch eine größere Bank, die Zentrale sozusagen. Und langsam gewöhnte ich mich daran, daß selbstverständlich auch hier kein Panzerglas, kein Video, kein Nichts waren. Nur jede Menge DDR-Bürger, die das schöne, neue Geld sehen wollten. Man kann sagen, daß die Masse Menschen diese Bank vor Überraschungen schützte. Man kann auch das Gegenteil sagen: Man sah vor lauter Kunden den Ramires nicht.

Ihn interessierte vor allem eine Sonderkasse in der Mitte der Schalterhalle: ein Fertigbaukasten, dreimal vier Meter groß, oben offen, hinten verglast. „Für Barabhebungen bis zu 500 DM." Die Kasse war geschlossen. Der zuständige Bankangestellte war auf der Toilette oder stand irgendwo in der Stadt Schlange, um Gurken zu kaufen. Nur das Geld war da – und Ramires, der die Tür zur Sonderkasse betrachtete. Es ist ihm nicht bekommen. Er war kreidebleich, als wir die Bank verließen.

„Das war eine ganz normale Zimmertür", sagte Ramires, „die hatte noch nicht mal ein Sicherheitsschloß. Die hätte ich mit 'm Eierlöffel aufgemacht."

„Ich hoffe, du bist beim Konjunktiv geblieben."

„Was?"

„Ich hoffe, du hast es nicht getan."

„Nein", sagte Ramires, „ich brauchte es nicht. Die Tür war offen."

Ich wollte ihn entspannen. Er brauchte dringend ein bißchen Grün um die Augen. Also fuhr ich ihn raus aufs Land. Das tat uns gut. Alleen wie aus dem Bilderbuch, Licht und Schatten auf den Straßen, Weiden, Wiesen, Wald. Dann Tessin.

Tessin hat an die 3.000 Einwohner und eine einzige kleine, versteckt liegende Sparkasse: ein Haus mit Hof und Scheune, mit Hühnern und womöglich auch einem Hund.

Die Kasse selbst hatte man in einem der Straße am nächsten liegenden Zimmer untergebracht.

Ramires ging wieder mit einem Tausender zum Wechseln rein, kam aber sofort zurück. „Den wechselst du selbst", sagte er, „in dieser Bank bleibe ich keine Minute. Sonst wird mein ganzes bisheriges Leben verarscht."

Er erzählte von einem Tresen, über den man aus dem Stand hüpfen könne, von einer einzigen älteren Dame dahinter, die ihn erschrocken angesehen habe, und von dem großen Geldschrank, neben dem sie saß. Es war eines jener vor dem Krieg gebauten Modelle, von deren Sicherheit mich westdeutsche Banker zu überzeugen versucht hatten. „Wertgelasse" nennt man sie in der DDR.

„Normalerweise", sagte Ramires, „wird in einem solchen Fall die Oma an den Stuhl gefesselt. Dann quält man den Tresorschlüssel aus ihr heraus. Das dauert gewöhnlich zwei Minuten. Aber geh rein, Alter, und sieh selbst."

Ich tat es. Und ich verstand, was Ramires mir sagen wollte. Niemand hatte es in dieser Bank nötig, eine Oma zu quälen: Der Schlüssel steckte bereits im Schloß. Im übrigen hatten sie, wie unsere Recherchen ergaben, in diesem Ort keine Polizei. Jedenfalls keine richtige. Nur so eine Art Hilfssheriff. Der wiederum hatte kein Auto. Er fuhr mit dem Fahrrad an uns vorbei, eine Milchkanne auf dem Gepäckträger. Die nächste motorisierte Polizeiwache ist 30 Kilometer entfernt. Motorisiert? Sie fahren Lada.

Wir fuhren die 30 Kilometer nach Rostock zurück und trafen dort tatsächlich einen tadellosen Polizisten. Er heißt Klück. Kurt Klück. Das ist kein Pseudonym. Er heißt wirklich so. Er ist der Leiter des Reviers und bestätigte unsere Befürchtungen. Ich kann ihn leider nicht im Original zitieren. Seine Sprache ist nicht die meine. Aber inhaltlich habe ich ihn verstanden: Ladas schaffen 135 Stundenkilometer,

sofern nur ein Mann drin sitzt. Ab 145 fliegt der Motor-
block vorn raus, die Karosserie bleibt einsam zurück. Und
wenn, was zu befürchten ist, das Fluchtfahrzeug aus der
BRD stammt und in Richtung Hamburg oder Lübeck verschwindet, können die westdeutschen Kollegen nur infor-
miert werden, wenn man abends das Gespräch anmeldet.
Am nächsten Morgen wird die Verbindung dann stehen.
Telefonieren nennt man das in der DDR.

Sie haben keine Chance. Denn sie haben keine Erfahrung mit Schwerkriminalität. Und die Vorstellung, was passiert, wenn unsere ausgerasteten Junkies und von Kokain
gepeitschten Pitbull-Züchter im ehemaligen Arbeiter-und-
Bauern-Staat auflaufen, ließ uns erschauern. Sie werden wie
hilflose Kinder im Garten des Bösen sein.

Wir wünschten Revierleiter Kurt Klück viel Glück, als
wir gingen. Ramires war seltsam berührt. Es war das erste
Mal in seinem Leben, daß ihm ein Polizist leid tat. Mir ging
es ähnlich. Und diese Stimmung hielt nicht nur an. Sie wuchs
sich im Verlauf unserer Reise zu einer über das Thema
hinauswachsenden Anteilnahme aus. Die ganze DDR tat
uns leid.

Es ist ja nicht nur die westdeutsche Unterwelt, die in den
Startlöchern hockt und frohgestimmt nach Osten blickt.
Da gibt es noch ganz andere, und die meisten sind schon
da: Vertretergesocks, Teppichverkäufer, Immobilienmakler,
Ramschhändler, Parteipolitiker, und der Unterschied zwischen Bankräubern und manchen Gebrauchtwagenhänd-
lern ist für mich nur graduell wahrnehmbar. Prinzipiell tun
sie alle dasselbe. Plündern.

Ich habe nichts gegen gute Autos. Ich gonne sie ihnen.
Ich gönne ihnen auch die Videorecorder und Mehrzweck-
kühlschränke. Sogar die Bezirksausgaben der *Bild*-Zeitung
gönne ich ihnen, mit diesen Überschriften, die wie Fortset-

zungsromane sind. „Kauft keine Bonzen-Butter" an einem Tag, „Haltet aus, bis Aldi kommt" am anderen.

Was ich ihnen nicht gönne, ist, genauso zu werden wie 98 Prozent der Menschen in unserem Land. Es tut mir einfach leid, wenn ich sehe, wie sie abends ohne Stasi ins Bett gegangen sind und am nächsten Morgen schon wieder hinter Gittern aufwachen. Weil sie ihre neue, frische und so herrlich berauschende Freiheit schon wieder an irgend etwas Kleingedrucktes verkauft haben: Ratenzahlungen, Langzeitkredite, die schwarzen Löcher des schnellen Konsums. Wir kennen das. Aber sie nicht. Ich sagte es bereits. Sie sind wie Kinder im Garten des Kapitals.

Zurück zu den Banken. Die drei in Rostock und Tessin waren kein Zufall, kein Ausrutscher, keine Ausnahme. Sie sahen alle so aus, nicht nur in der Provinz: In Ostberlin observierten wir am Alexanderplatz. Auch das war keine Sparkasse, sondern, wie Ramires sagte, ein Kartenhaus. Und die Zentrale der Sparkasse in Dresden lagerte Berge von Geld offen hinter den Schaltern.

Der einzige Sicherheitsvorteil der Großstadtbanken: Kein Mensch, zumindest kein Profi, käme auf die Idee, hier zuzuschlagen, wo sie zu Hunderten Schlange stehen. Denn niemand braucht in den Metropolen ein Blutbad zu riskieren, wenn er auf dem Land in aller Ruhe abheben kann.

Wir fuhren in den Süden, zunächst mal bis Bautzen, dann weiter, die tschechische Grenze entlang. Was uns in dieser Rübezahl-Provinz an Kreditinstituten unterkam, war noch verwegener als die Selbstbedienungsläden in Stralsund. Besonders die Geschäftsbanken der Bäuerlichen Handelsgenossenschaft sind Zahlstellen der besonderen Art. Hier gibt es nicht nur Kredite. Auch Legemehl, Kaninchenfutter und Acrylbadewannen sind im Angebot enthalten. Sicherheitsvorrichtungen, egal welcher Art, erwarteten wir ohnehin nicht mehr. Aber daß sie in einigen dieser Kassen nicht mal im Besitz einer Rechenmaschine waren, das verblüffte selbst uns.

Wir beschlossen, die Routine unserer Recherche zu durchbrechen und die Sache auf die Spitze zu treiben. Anfangs hatten wir mindestens einen Tag Observation pro Objekt angesetzt. Das war im Bautzener Hinterland nicht mehr nötig. Da konnte es nur noch darum gehen, wie viele Banken man mit einem durchschnittlichen Mittelklassewagen vom Frühstück bis zur Mittagspause überfallen könnte. Es waren rein sportliche Gründe, die uns trieben.

Wir wählten die Strecke zwischen Bautzen und Zittau. Das sind rund 40 Kilometer. Wir machte uns nicht mehr die Mühe, besondere Objekte zu suchen. Alles, was offensichtlich am Wegesrand lag, nahmen wir mit: insgesamt fünf Banken. Im Ernstfall hätte uns das um gut eine halbe Million DM reicher gemacht. Dann, um 11.30 Uhr, kam der Hammer. Das dickste Ding und das einfachste dazu.

Der Ort hieß Kittlitz. Ein Bank so groß wie ein Schuhkarton. Ein himmelblauer Trabbi parkte davor. Ramires blieb draußen, ich ging rein. Das übliche Bild: eine Theke, ein wenig Glas. Ich war der einzige Kunde. Ich wechselte meinen Tausender und sah auf dem Schreibtisch der Schalterdame zwei Dinge. Das eine war eine uralte schwarze, bleischwere Schreibmaschine der Marke Continental. Na also, dachte ich, endlich eine Waffe. Das andere waren drei Türme echten Geldes. Alles Hunderter, in handliche Portionen gebündelt. Jeder Turm war etwa 20 Zentimeter hoch.

Wir wollen rechnen: Zehn übereinandergelegte Hunderter sind knapp 1,5 Millimeter stark. Hundert bringen es auf 1,5 Zentimeter. Kurz: Jeder der drei Türme bedeutete also rund 130.000 DM.

Hinter dem Schreibtisch stand ein etwa 60jähriger Mann.

Er trug eine braune Aktentasche. Nein, nicht Aktentasche. Es war eine dieser Taschen, die Landarbeiter für ihre Butterbrote und Thermoskannen benutzen. Und genau dahinein wanderten die drei Türme.

Der Mann verließ die Bank. Ich auch. Als er den himmelblauen Trabant erreichte, sah er Ramires. Und Ramires ist, ich vergaß, es zu erwähnen, ein wenig größer als der Durchschnittsmensch, so an die zwei Meter. Und ein wenig breiter ist er auch. Und noch etwas: Die Frontzähne fehlen ihm. Komplett. Und Ramires grinste. Das machte den Mann von der Bank nervös. Er hatte es plötzlich sehr eilig.

Er warf die braune Tasche auf den Rücksitz, sich selbst hinters Steuer und wollte los. Natürlich sprang der Trabbi nicht an. RRRRRRRRRRR machte es. Und dann noch einmal RRRRRRRR. Insgesamt siebenmal und drei Minuten lang. Für den Geldboten muß es die Hölle gewesen sein. Für Ramires übrigens auch. Als der Trabant endlich losknatterte, war es soweit. Ramires weinte.

* Die Ortsnamen wurden von der Redaktion geändert.

175

Kalil el Maula

(Libanon)

Ich war für den *Spiegel* unterwegs, um eine Geschichte über das neuerwachte Nachtleben von Beirut zu machen, und eine schlimme Tour mit jugoslawischen Huren und einem ghanaischen Koksdealer fand ein böses Erwachen im Zimmer 107 des Hotel Half Moon. Hussein war am Telefon, unser Taxifahrer. Er sagte, es sei zehn. War da ein Vorwurf in seiner Stimme? Ich schleppte mich durch den Treppenflur zum Swimmingpool, wo mich das mediterrane Licht wie eine gleißende Wand empfing. „Die verfluchten Christenhunde", rief Hussein, als er mich sah.

Er hatte uns gegen seinen Willen am Abend zuvor in dieses Hotel gebracht, daß den Christen gehörte, genauso wie der Stadtteil, in dem es stand, und er hatte beim Abschied geschworen, am Morgen vorbeizukommen, um nach dem Rechten zu sehen. Am Swimmingpool standen Stühle. Ich setzte mich und stöhnte. Schwimmen wollte ich auf keinen Fall. „Was haben sie euch angetan", wollte Hussein wissen. „Nichts", sagte ich und als Kollege Pit klappernd und schweißnaß hinter mir auftauchte, übernahm Hussein die Initiative.

Die Details wurden im Wagen besprochen, ach was, besprochen – diktiert. Wir hatten keine Gegenkräfte. Er hätte uns überall hinbringen können.

Hussein erklärte, daß er in den Bergen Familie habe. Und daß in den Bergen jeder wieder gesund werde. Aber wir müßten seine Frau und seine Kinder mitnehmen, sonst kämen wir nicht durch die Straßensperren. „Was für Straßensperren?" fragte ich. „Hisbollah", sagte Hussein. „Geil, Alter", sagte Pit, „seine Familie wohnt im Bekaa-Tal. Da wollte ich schon immer mal hin."

Husseins Taxi war ein weißer Mercedes älteren Baujahrs, aber die Fensterscheiben ließen sich noch herunterdrehen. Fahrtwind duschte mich, draußen das gewohnte Bild. Zerschossene, zerbombte, abgefackelte Häuser ohne Ende, und dazwischen taten zwei Millionen Libanesen, als wäre nichts gewesen. Aufbauen macht Spaß.

Inzwischen wieder im moslemischen Teil der Stadt, stiegen Husseins Frau und Töchter zu. Zwei Töchter, ein Baby. Mutter und Säugling setzten sich nach vorn, die beiden Mädchen nahmen die Fensterplätze hinten, Pit und ich saßen zwischen ihnen. „Damit man bei den Straßensperren Kopftücher sieht", erklärte Hussein. „So viel Kopftücher wie möglich."

Das Bekaa-Tal war verbotenes Land für Journalisten und Touristen, sogar verboten für libanesische Polizisten. Die Hisbollah kämpfte nach dem Bürgerkrieg weiter gegen Israel. Im Bekaa-Tal lagen ihre Ausbildungszentren und Waffenlager. Die Israelis bombardierten die Angelegenheit von Zeit zu Zeit.

Nach etwa einer Stunde Fahrt erreichten wir die Straßensperre. Bärtige Paramilitärs mit roten Kopfbändern gingen mit Pappkartons von Wagen zu Wagen und sammelten Spenden für Raketen gegen Israel. Ich gab zehn Dollar. Damit wir uns nicht mißverstehen. Ich hätte hier auch zehn Dollar für Raketen gegen meinen Dealer gegeben oder gegen meinen Lieblingspuff in Taipeh.

Das Haus, in dem wir uns von dem Kater der vergangenen Nacht erholen wollten, lag eine weitere Stunde entfernt in den Bergen, vielleicht 20 Kilometer oberhalb der Stadt Baalbek, und stand ganz allein im Grünen. Von der

Straße, die weiter nach Damaskus führte und von Nachbarn war nichts zu sehen. Es war ein kleines Haus, eine Hütte eher, aber aus Zement gebaut. Ein Zimmer, eine Küche. Man wohnte im Garten unter prächtigen Bäumen. Es gab einen Bach und wilde Rosen, die Luft war mit dem Duft von Kräutern gesättigt. Die Schwestern von Husseins Gattin, ihre Mutter und natürlich auch alle Kinder zeigten sich sichtlich erfreut, Deutsche zu sehen, und machten uns mit Decken zwei Betten ganz nah am Haus, damit der Schatten mit uns sei. Das ist etwas, was ich liebe. Krank, aber nicht allein. Zwitschernde Mädchen, schwatzende Vögel, summende Kochtöpfe.

Die Frauen beeindruckten mich schwer. Sie trugen Kopftücher und grobe Landkleider und sie sahen auch nicht wie Selma Hayek (Halblibanesin) aus, aber sie waren wach, neugierig und ihre Körperhaltung war so selbstbewußt wie eine Armee von 1.000 Mann. Hussein wurde zu einem kleinen Jungen in ihrem Kreis, und das will was heißen, denn Hussein war der beste Ringer des Landes, der Champ des Libanon, bevor er sich den rechten Fuß brach, falsch operiert wurde und Taxifahrer werden mußte. Er konnte nur humpelnd und unter Schmerzen gehen. Trotzdem bat er mich einmal zum Scherz darum, ihn aufzuhalten. Er drückte mich drei Meter durch den Raum wie Reispapier und tapezierte dann die nächste Wand mit mir. Aber unter den Frauen traute sich Hussein nicht, einen Joint zu rauchen. „The Ladies don't like this", sagte er.

Am nächsten Tag waren Pit und ich wieder vollständig bei Kräften und fuhren mit Hussein spazieren. Erst zu den Ruinen der alten Römer, dann nach Baalbek, da ging ich zum Friseur. Als wir wieder auf der Straße nach Damaskus rollten, wollten wir endlich eine Aktive rauchen. „Nicht hier", sagte Hussein. Er bog von der großen Straße auf eine kleinere ab und während er ihren schattigen Kurven folgte, fiel ihm ein, daß ganz in der Nähe ein Freund von ihm wohnte. Ein alter Freund, den er lange nicht gesehen hatte und der, wie Hussein meinte, auch so viel rauchte wie wir.

So gerieten wir auf Grund einer blöden Angewohnheit an einen sehr gefährlichen Ort. Wir verstanden es nicht sofort, als wir in diese Ansammlung solider, aber unverputzter Steinhäuser rollten, zwischen denen sich vollständig verschleierte Frauen wie Gespenster bewegten. Schwarze Schleier, schwarze Kleider, schwarze Kopftücher. Khomeini-Poster an den Hauswänden. Hussein hielt den weißen Benz vor dem größten Haus an, Stufen führten zu einer überdachten Terrasse hinauf, oben stand ein großer fetter Libanese, Mitte Fünfzig. Er sprach Deutsch.

„Mein Name ist Kalil el Maula", sagte er. „Und wer seid Ihr?"

„Freunde", rief Hussein, der hinter uns hergehumpelt kam. Er hatte seinen Kumpel wirklich lange nicht gesehen, vielleicht während des ganzen Bürgerkriegs nicht, vielleicht auch schon länger, und nachdem wir eine Weile an Kalil el Maulas Tisch beisammengesessen hatten, kamen Hussein Zweifel, ob es eine gute Idee gewesen war, ihn mit uns zu besuchen. Die Entwicklung, die das Gespräch nahm, gefiel ihm nicht, obwohl Verbrüderung am Werk zu sein schien. Kalil el Maula und Pit erkannten Gemeinsamkeiten an ihrer Art zu reden. Das Gefängnis hat seine Idiome. Kalil el Maula hat, wie er bald erzählte, ein paar Jahre in Zürich eingesessen, Pit saß woanders im deutschsprachigen Raum, erfolgreich resozialisiert übrigens, und die Parallelen in ihrer Vergangenheit schafften dann alsbald nicht nur Vertrauen seitens Kalil el Maula, sondern ließ ihn auch den Grund unseres Besuches verstehen. Natürlich lag er vollkommen falsch.

Die Hisbollah wird finanziert von dem Iran, von Syrien

und vom Heroin. Das Opium kommt nicht aus dem Goldenen Dreieck (Thailand, Burma), sondern aus der Goldenen Sichel (Afghanistan, Pakistan) und ist für Europa bestimmt. Eine sicherere Homebase gibt es nicht. CIA, Interpol und jede Art internationaler Drogenbehörden hatten im Hisbollah-Land keine Chance, es sei denn, sie kämen mit Bodentruppen. Früher, in den guten alten Tagen (um auch das zu sagen), war das Bekaa-Tal die Heimat des roten Libanesen, der besten Haschischsorte des mittleren Orients. Hier wurde immer im großen Stil mit Drogen gehandelt, und Kalil el Maula war ein Drogenbaron, bevor er sich vor sieben Jahren zur Ruhe gesetzt hatte. Und wer waren wir? Anfangs glaubte er, wir seien Polizisten. Durch Pits Spezialdialekt eines Besseren belehrt, sprach er uns inzwischen als Kunden an.

„Was kann ich für euch tun? Wieviel Kilo. Zwei, zwanzig, zweihundert. Kein Problem. Wir bringen das Heroin bis Warschau, da übernehmt ihr. Oder wollt ihr Kokain?"

Hussein gefiel die Entwicklung des Gesprächs nicht, mir gefiel sie auch nicht. Was zum Teufel sollte ich antworten? Das wir keine Dealer, sondern Journalisten sind?! Kalil el Maulas Frau hatte sich bisher im Hintergrund gehalten, jetzt unterbrach sie unser Gespräch, um mit ihrem Mann etwas auf arabisch zu besprechen. Sie hatte strenge Gesichtszüge und muß einmal sehr schön gewesen sein. Auch ihr Kleid war in den Dorffarben gehalten, aber kein pechschwarzes Kopftuch bändigte ihr langes Haar. Sie sprach erregt mit ihrem Mann. Hussein übersetzte uns leise, warum sie so wütend war. „Sie will nicht, daß er wieder zu arbeiten beginnt." Und was sagte er? „Kalil sagt, daß er sich zu Tode langweilt. Er braucht dringend Abwechslung, sonst bekommt er seinen Bauch nie weg."

Ein klassischer Sonntagnachmittag im Bekaa-Tal nahm Gestalt an. Der Gastgeber reichte alte Schwarzweißfotografien herum. Wie Kalil el Maula (sichtlich schlanker) mit Geschäftsfreunden und Bauchtänzerin in einem Kairoer Nachtclub Geld ausgab, wie Kalil el Maula in Amsterdam Spesen machte, wie Kalil el Maula auf dem Hamburger Kiez die Tage ausklingen ließ. Selbst Hussein entspannte sich, und plötzlich erschien ein bewaffneter Paramilitär in unserer Mitte. Er war so schnell und so leise die Treppe heraufgekommen, daß wir ihn erst bemerkten, als er auf die Terrasse trat und sich zu uns an den Tisch setzte. Auch er hatte sein Deutsch im Knast gelernt. „Acht Jahre Moabit." Mohammed war sein Name und er trug eine Heckler & Koch im Gürtel. Offensichtlich wurden wir gecheckt.

Ich versuchte es mit einer Halbwahrheit. Pit und ich seien für deutsche Investoren unterwegs, die wissen wollten, was nach dem Bürgerkrieg im Beiruter Nachtleben wieder für sie zu machen sei. Gastronomen, Hoteliers, so in der Art. Für sie haben wir uns die Bars angesehen. Alles andere sei Zufall. „Schöne Mädchen?" fragte der Paramilitär. „Sehr schöne." „Mädchen aus dem Libanon?" „Nein, aus Kroatien, Serbien, Rumänien. Auch Russinnen." „Siehst du, Kalil", sagte Mohammed, „libanesische Mädchen würden so etwas nicht tun." Kalil el Maula bestätigte das und wollte wissen, ob es Blondinen unter den Mädchen gäbe. Es gibt einen Club, sagte ich, da sind sie alle blond. Er heißt White Horse.

Ergebnis des Gesprächs wurde eine Verabredung mit Kalil el Maula in Beirut. Hussein versuchte vergeblich, es ihm auszureden. Kommt Mohammed auch? Nein, das ginge nicht. Mohammed habe da unten zu viele umgebracht. Schade, wir hatten uns gerade an ihn gewöhnt.

Southern Comfort

(USA)

Das Schöne an den Hotels in Key West ist, daß sie aus Holz sind, aber nicht wie Hütten aussehen. Auch nicht wie Blockhäuser. Es sind karibische Villen, die Tabakbarone bauen ließen, um ihre Geliebten zu erfreuen. Man betritt sie durch Vorgärten und über Veranden, die Zimmer atmen ein bißchen „Vom Winde verweht", und es ist viel Licht und Schatten unterwegs. Billie wählte dazu den klassischen schwarzen Dreiteiler, bestehend aus BH, Gürtel und Strümpfen. Die spitzenbesetzten Strapse wirkten sofort wie ein Teil der Zimmerdekoration. Selbst unsere Praktiken waren dem Stil des Hauses angepaßt. Jugendstildefloration. Billie war nicht immer so. Als ich sie kennenlernte, lehnte sie diese Dinge vehement ab. Dessous ja, aber Reizwäsche nie, nie, niemals. Das ging ein paar Wochen so, und wo brach sie ihren Schwur? Im Hotel. Dem ersten, das wir versuchten. Man könnte einwenden, daß sie auch zu Hause nicht länger durchgehalten hätte. Aber das sind Spekulationen.

Fakt ist, das Hotel hat sie enthemmt. Die anonymen Tapeten, die Komplizenschaft des Nachtportiers, das fremde Bett. Ein Hotelzimmer schafft Intimität. Hat das was mit Kino zu tun? Ich kann nachdenken, so viel ich will, aber mir fällt außer in „Wenn der Postmann zweimal klingelt" keine geniale Sexszene ein, die im Heim der Protagonisten spielt.

Wo liebten sich Donald Sutherland und Julie Christie in „Wenn die Gondeln Trauer tragen"? Wo wurde Geena Davis („Thelma und Louise") von Brad Pitt geknallt? Im Hotel beziehungsweise im Motel. Im Motel wird die Wäsche gewechselt. Und das will wohl überlegt sein. Filigrane Spitzen sind hier fehl am Platz. Wir ließen im Reich der Roadmovies zwischen Key West und Los Angeles in den Motels ein gutes Dutzend Mal die Liebe obsiegen, und immer habe ich dabei am Lack gekratzt. Was sonst als Lack und Leder paßt so gut zu schlechtem Geschmack, zu billigen Möbeln, zu jeder Art Geruch, röntgengleichen Schwarzweißfernsehern und Matratzen, denen alles Menschliche fremd ist? Lackdessous versöhnen mit dieser Umgebung und überhöhen sie. Billie wußte das. Immer wenn wir in Motels übernachteten, hat das an ihre Haut geklebte kleine Schwarze aus der Tristesse im Nu Pornographie gemacht.

Auch ein Thema. Wie oft geht der Mensch in eine Videothek, wenn ihm nach Porno ist? Nicht wirklich oft. Er scheut den Weg, er scheut das Outing. Im Hotel fällt beides flach. Adultmovies leicht gemacht. Aber aufgepaßt: Pornokanäle im Pay-TV gibt es nicht überall. Die wirklich teuren und die wirklich billigen Hotels verzichten darauf. Ebenso die Mittelklasse, die auf solide und kinderfreundlich macht. Ich bin kein Kommunist. Es ist nur wegen des Wortspiels. Schweinefilme gibt's nur, wo die einsamen Schweinchen sind. Pornos kann man lediglich in Businesshotels sehen.

Billie und ich fuhren also wohlgemut die Südroute Richtung Westcoast. Florida, Alabama, Georgia, Louisiana, der Wagen war schnell und die Sonne schien, und alle haben uns geliebt. Sex steckt an.

Die Zimmermädchen, die Portiers, die Liftboys grinsten, als habe Trinkgeld ihr Gesicht entstellt, wenn Billie auf dem Weg zum Zigarettenautomaten mit Minislip und abgeklebten Brustwarzen an ihnen vorüberlief. Schwarzes Klebeband, in zwei Streifen über Kreuz geklebt. Diese Aufmachung hatte sie für New Orleans gewählt. Sagte ich eigentlich schon, daß Billie eine Klasseblondine ist? Jede andere hätte hier mit ihren plüschigen Korsagen das Ambiente überstilisiert.

Wahrscheinlich wäre Billie gern Schauspielerin. Sie liebt die Inszenierung, darum liebt sie das Hotel. Vielleicht möchte sie auch gern mal eine Hure sein. In Hotels phantasiert sie sich leichter in diese Rolle hinein als daheim zwischen Staubsauger und Teddybär. Oder sie ist latent kriminell. Und liebt einfach den Thrill, der darin liegt, daß man nie weiß, was hinter der nächsten Wand geschieht. Putzt da wer Pistolen? Streckt da wer Kokain? Wird da Weltliteratur gemacht? In diesem Umfeld ist Sex angebracht. Und unbedingt auch Klebeband statt BH. Es gibt aber auch vernünftige Gründe für Sex im Hotel:

1. Man macht die Betten schmutzig,
   aber nicht wieder sauber.

2. The power of good bye.

Also leichte Trennungen, wenn sie mir mal auf die Nerven fällt (bei Billie schwer vorstellbar). Keine langwierigen Auflösungen gemeinsamer Haushalte, keine Voodoo-Sitzungen, wenn die Geister nicht mehr mit ihr ziehen, nicht mal die Wände muß man neu streichen, wenn im Hotel der Spaß zu Ende geht. Checkout heißt das Zauberwort. Und ein late checkout für Billie, weil sie immer länger braucht. Ich hoffe, ich verrate nicht zu viel, aber Billie hatte noch nie etwas gegen Freiheitsberaubung, wenn diese einen Orgasmus versprach. Nehmen wir also an, ich habe sie ans

Bett gefesselt und dann das Hotel für immer verlassen. Billie liegt noch immer auf dem Rücken und trägt möglicherweise Rot. Sie wird mir nicht wirklich böse sein. Denn die Handschellen waren von Gucci und kosteten über tausend Mark.

Verhaftungswelle
unter Geburtstagskindern

(Hamburg)

Schon mal im Knast gewesen, in einer Zelle, eingesperrt,
wie ein wildes Tier, um bestraft zu werden, um die Gesellschaft vor Gesindel zu schützen, um in sich zu gehen? Schon
mal in eine nackte Glühbirne gesehen, die nackte Wände
erhellt, von den Graffiti der Verzweifelten mal abgesehen.
Schon mal die Paranoia auf 'ner Pritsche geschoben, daß
alle Filme wahr werden und gleich ein paar von deinen Steu-
ern bezahlte Beamte dir was reinhauen. Zum Beispiel in
die Nieren, weil das außer Schmerzen keine Spuren hinter-
läßt? Schon mal gänzlich der Freiheit beraubt worden?
Schon mal Machtlosigkeit und Erniedrigung geschmeckt?
Und das alles, ohne zu rauchen? Nennt man das ein Geburtstagsgeschenk?

Früher konnte ich mich an mindestens zehn Geburtsta-
ge in Folge erinnern, wo, wie und mit wem ich sie gefeiert
habe, und weil ich praktisch ununterbrochen on the road
gewesen bin, waren das immer amüsante Erinnerungen von
den exotischsten Kaschemmen. Jetzt, wo ich langsam Hundert werde, funktioniert das nicht mehr, aber ich hab' ein
neues Spiel. Ich plane nicht mehr. Dem Zufall überlassen
bleibt es, wer mir Happy Birthday sagt, und dem Leben
überlasse ich das Geschenk. Es kam schon vor, daß es mir
nichts geschenkt hat. Auch nicht schlimm. Zudem sind
Leute wie ich Profis in drink positive. In der ersten und der
zweiten Phase des Alkoholrausches sieht man alles irgend-

wie als Gewinn. Alles läßt sich so drehen, daß es Sinn macht. Aber es gibt nichts zu trinken im Knast. Es gibt nichts zu drehen. Ich konnte kein Geschenk darin sehen, daß ich an meinem Geburtstag verhaftet worden war. Zum ersten Mal. Und es war längst nicht so schön, wie der erste Tripper oder das erste Mal Liebeskummer, obwohl letztere Phänomene im Grunde ähnlich harte Schicksalsschläge sind. Doch dem Tripper geht eine alles in allem angenehme Aktivität voran, ebenso dem Liebeskummer, der dem Verlieben folgt wie der Kater dem Saufkumpan. Wahrscheinlich komme ich drauf, weil ich an diesem Abend an einer Geschichte darüber schrieb. Irgendeine nach Europa übergesiedelte Afrikanerin hatte ihren traditionellen Voodoo-Priestern das Rezept für einen Badezusatz entrissen, mit dem man sich Liebeskummer wegwaschen kann. Ich schrieb es für eine befreundete Redaktion in Hamburg, und weil ich gerade vor Ort gewesen bin, hatten sie mir ein freies Büro, einen fremden Computer und keine Schlüssel gegeben, weil ich keine bräuchte, wie Stefan sagte. „Du kannst jederzeit raus, aber nicht wieder rein." Dann ließ er mich allein. Alle ließen mich allein, niemand arbeitete hier bis zehn. Und jetzt war es längst jene Zeit, von der J. W. v. Goethe sagte, daß in ihr das Gute schläft und das Böse wacht.

Es war nach Mitternacht. Um mich herum eine Welt des Verbrechens. Ein Kilometer bis St. Pauli, ein Kilometer bis St. Georg. Nur die wirklich kriminellen unter den Stadtteilen Hamburgs tragen die Namen von Heiliggesprochenen, kein Mensch weiß, warum. In diesem Umfeld laufen nach Mitternacht die Dobermänner abgeleint ihren Wachleuten durch Treppenhäuser, Großraumbüros und Flure voran, weil alles bis an die Decke mit HighTech vollsteht und jeder Bruch bis zur Rente reichen kann.

Im Knast denkt man zwangsläufig über seine Fehler nach.

Ich hätte nicht auf Stephen King hören sollen. Ich hätte nicht auf die Chinesen hören sollen. Stephen King sagt, daß er nur bei geschlossener Tür schreibe und das schien mir plausibel, weil es konform mit der taoistischen Tradition des Feng Shui geht. Feng Shui sagt, daß Konzentration eine Energie ist, die von innen nach außen fließt und sich dann solange in zyklischen Kreisen um den Schreibtisch dreht, bis einer die Tür aufmacht. „Bessel zu" – zwei Milliarden Chinesen können nicht irren. Und irrten sich doch. Hätte ich die Tür zum Flur offengelassen, dann hätten mich die Dober- und Wachmänner auf ihrem Mitternachtsrundgang in dem kleinen Büro am Ende des langen, weitverzweigten und immer wieder abknickenden Flurs arbeiten sehen und hätten nicht die Bewegungsmelder auf dem Flur scharf geschaltet. No passa nada, nichts wäre passiert. Aber ich schrieb bei geschlossener Tür an dem Text über das Voodoobad gegen Liebeskummer.

Die Zutaten für die Mixtur bestand, soweit ich mich erinnern kann, hauptsächlich aus den zerriebenen Schalen aller Arten von Zitronen sowie einem beachtlichen Maß an bunten Blüten aus exotischen Ländern, und den Rest weiß ich nicht mehr. „Jetzt fängt mein Geburtstag an", dachte ich, als ich damit fertig war und ging.

Alarm.

Das Perfide an Alarmsirenen ist ihre Vielseitigkeit. Einerseits rufen sie die Häscher, anderseits paralysieren sie den Einbrecher, denn dieser Ton zermürbt jeden Rückzug auf die innere Gelassenheit und das selbstverständlich mit der ihm innewohnenden Schallgeschwindigkeit. Natürlich war auch die Ausgangstür der Redaktion entgegen aller Aussagen verschlossen, und nur eine Frage war noch offen. Werden die Jungs vom Wachdienst mich befreien oder die Polizei?

Zwischen Befreien und Verhaften ist ein Unterschied, es sei denn, daß man in der Verhaftung die Befreiung vom Ego sieht. Das wäre dann in der Tat ein Geburtstagsgeschenk, aber so spirituell war ich nicht eingestimmt, als ich plötzlich in sieben gezogene Dienstwaffen sah. Die Polizei war zuerst und in Bataillonsstärke gekommen. Wir trafen uns an der Ausgangstür der Redaktion. Die Tür war zwar verschlossen, aber nur aus Glas. Panzerglas? Schußsicheres Glas? Das waren jetzt die Fragen. Glücklicherweise kam der Wachdienst des Verlages und hatte den Schlüssel dabei.

Es folgt eine Kette von Dämlichkeiten. Kein Paß, kein Presseausweis, keinerlei Papier, das mich als Journalist identifizieren konnte, außer der letzten Ausgabe eines herumliegenden Magazins, von der ich wußte, daß in ihr ein Foto von mir abgedruckt war. Um ihre Leser nicht zu erschrecken, hatten sie eins genommen, daß etwa vor eineinhalb Jahrzehnten gemacht worden war. Da fühlte sich der Einsatzleiter zum ersten Mal verarscht. Er war ein großer Mann mit etwas verdelltem Gesicht. Ein Krimineller hatte ihm unlängst ein blaues Auge geschlagen. Das Telefonat, das auf mein Drängen anschließend zwischen ihm und Stefan zustandekam, sollte ihn auch nicht aufheitern, denn Stefan, der leitende Redakteur, konnte auf diese Weise weder mich noch sich selbst einwandfrei identifizieren. Aber er konnte dem Beamten detailliert die Geschichte erklären, an der ich gearbeitet hatte, und da fühlte sich der Einsatzleiter zum zweiten Mal verarscht.

„Voodoobadeschaum zum Liebeskummer abwaschen?! Dann zeigen Sie uns doch mal den Computer, an dem Sie das geschrieben haben."

Ich wußte von dem großen amerikanischen Schriftsteller Norman Mailer, daß der nur schrieb, wenn sein Verlag ihm zwei Bodyguards vors Schreibstudio stellte, die den strikten Auftrag hatten, ihn nicht gehen zu lassen, wenn er es vor einer bestimmten Zeit verlassen wollte. Egal, ob er auf Kumpel machte, egal ob er drohte, egal ob er weinte. Sie ließen ihn nicht raus, und am Ende jedes Arbeitstages mußte er ihnen mindestens zwei Seiten zeigen, auf denen irgendwas geschrieben stand. Das war gegen die Menschenrechte, aber das stand in seinem Vertrag, und dafür bekam er zwei Millionen Dollar Vorschuß, nebenbei gesagt. Meine Situation war anders. Mailer hatte in eine Schreibmaschine hineingehackt, ich in ein Datenverarbeitungssystem. Ein System, das ich zudem nicht kannte. Verlagscomputer sind auf vielfache Art miteinander vernetzt. Ich hatte auf einem dieser Computer meinen Text geschrieben, und ich hatte mir eine Befehlskette notiert, wie ich den Text auf die Festplatte des leitenden Redakteurs transferieren konnte. Aber die Befehlskette, mit der man ihn wieder zurückholt, hatte ich zu notieren vergessen. Sieben Polizisten und ein Wachmann des Verlags standen also um den Schreibtisch herum, an dem ich jetzt saß, und der mit dem blauen Auge fühlte sich zunehmend ein drittes Mal verarscht, weil ich die Maus wie ein Blinder über den Bildschirm zu führen begann. Ich redete wie ein Wasserfall und versuchte nicht zu schwitzen. „Sie können also nicht Ihre Arbeit auf Ihrem Arbeitsgerät erscheinen lassen", sagte der Einsatzleiter schließlich und sein blaues Auge zuckte. „Dann nehmen wir sie jetzt mit."

Schon mal auf 'ner schmalen, nackten Pritsche gesessen und darüber nachgedacht, warum so der Geburtstag anfängt? Weil ich kein EDV-Experte bin, mich nicht ausweisen konnte und an Feng Shui glaube? Macht das Sinn? Schon mal in einer Einzelzelle Kreise gezogen? Einzelzellen bieten gerade mal genügend Raum, um verprügelt zu werden oder durchzudrehen. Schon mal mit wüstentrockener Kehle und überhitzten Nerven Schritte vor der Zellentür gehört? Wer kommt rein? Dein Redakteur und Befreier mit einer Flasche Rum? Oder kommt der schlechtgelaunte Bulle mit dem blauen Auge? Wer wird jetzt gleich Happy Birthday sagen? Das waren so die Fragen. Und die Antworten. Beide kamen, und als der Beamte hörte, daß er mich an meinem Geburtstag festgenommen hatte, fand er das witzig. Denn von der Sorte hätte er heute schon einen gehabt. Alles klar? Das war's! Das war das Geschenk. „Verhaftungswelle unter Geburtstagskindern", sagte ich. „Klasse Geschichte, vielen Dank."

Da fühlte er sich schon wieder verarscht.

Mal durchatmen

Schreiben ist eine magische Angelegenheit. Ich kenne Sie nicht, weiß aber trotzdem genau, was Sie gerade tun. Ihre Augen wandern von links nach rechts an diesen Worten entlang, und am Ende jeder Zeile rutschen Sie automatisch in die darunter liegende. Das ist alles. Und das ist gut so. Denn ich möchte, daß Sie sich entspannen. Strengen Sie sich nicht an. Werten Sie nicht, hinterfragen Sie nicht. Versuchen Sie nicht einmal zu verstehen. Lassen Sie sich einfach nur führen. Wir haben ein wunderbares Ziel, und hier verlassen wir den ersten Absatz.

Willkommen im zweiten. Willkommen auf dem Weg zur Kraft. Das ist unser Thema. Ein schönes Thema mit einer großen Chance. Würde ich, zum Beispiel, über einen Apfelkuchen schreiben, einen frischen Apfelkuchen mit Streuseln und Sahne, dann könnte ich Ihnen möglicherweise den Mund wäßrig machen. Mehr nicht. Sie würden über den Genuß des Essens lesen, aber Sie würden nichts essen. Mit der Kraft verhält es sich anders. Da haben Sie beide Möglichkeiten. Sie können über Kraft lesen. Sie können aber auch mit Kraft lesen. Und wo ist Ihre Kraft? Nur keine Panik. Wir nähern uns ihr bereits. Wir verlassen den zweiten Absatz.

Willkommen im dritten. Ich freue mich, daß Sie noch da sind. Wo, übrigens, sind Sie? In der U-Bahn? Im Stau? Im Büro? Zu Hause? Im Café? Im Zug? Im Flugzeug? Auf der Toilette? Wie spät ist es? Was haben Sie vor? Was müssen

Sie noch tun? Was wollen Sie auf keinen Fall tun? Egal was es ist. Vergessen Sie's. Wenn Sie mit Kraft lesen wollen, sollten Sie jetzt die Welt anhalten. Ich zeige Ihnen wie das geht. Jetzt wird es ernst. Jetzt kommt die erste Übung aus den Geheimwissenschaften der Kraft: der Panik-Power-Push.

Es ist ganz einfach. Folgen Sie weiter dem Fluß dieser Worte. Er wird Sie zu einem Gedankenstrich führen, weil der Gedankenstrich das geeignetste Zeichen ist, das mir die Schreibmaschine bietet, um Ihnen eine Pause zu signalisieren. Machen Sie eine Pause an dem Gedankenstrich. Atmen Sie aus, vollständig. Dann atmen Sie ein, und erst, wenn Sie danach wieder ausgeatmet haben, erst dann verlassen Sie den Strich und lesen weiter. –

Das war alles. Ein stinknormaler, kleiner Atemzug. Das machen Sie etwa 28.000mal pro Tag. Und selbstverständlich war dieser Atemzug noch nicht der Panik-Power-Push. Den zeige ich Ihnen als nächstes. Es ist nur eine geringfügige Manipulation. Atmen Sie wieder ein, wenn Sie den Strich sehen. Aber atmen Sie nicht wieder aus. Dafür lesen Sie weiter. Meinen Sie, daß Sie das schaffen? Den Atem anzuhalten und gleichzeitig zu lesen? Sie schaffen das. Und ich gebe Ihnen noch ein Zeichen fürs Ausatmen. Eine unterbrochene Linie.

Alles klar soweit? Einfache Linie einatmen, weiterlesen. Unterbrochene Linie ausatmen. Wichtig ist nur, daß Sie das langsam tun. Vor allem das Ausatmen. Und durch die Nase, bitte. Vergessen Sie den Mund. So viel zu Ihrer Sicherheit. Gut, fangen wir jetzt also an. –

Lesen Sie jetzt weiter, atmen Sie weiter ein, langsam, tiefer, noch tiefer, bis in den Bauch. Nicht ausatmen! Noch tiefer. Drücken Sie den Atem bis zum tiefsten Punkt Ihrer Wirbelsäule. Halten Sie ihn dort. Halten Sie ihn! Halten Sie ihn! Noch länger, und jetzt – – – atmen Sie langsam aus. Aber nur durch die Nase.

Entspannen Sie sich, Sie haben es geschafft. Sie waren soeben für einen kurzen Moment am Potential Ihrer Kraft. An Ihrem Energiereservoir. Eigentlich ist es nur für den Notfall da. Die Notbremse, wenn es ernst wird. Wenn Sie zu Tode erschreckt werden, dann machen Sie diese Übung automatisch, ohne daß Sie ein Gedankenstrich dazu auffordern muß. Bei wirklicher Gefahr stoppen Ihre Instinkte Ihren Atem, und Sie holen sich damit eine kurze, aber potenzierte Injektion Urenergie, den Panik-Power-Push.

Ich habe das einmal erlebt. Nachts in einem Wald griffen mich plötzlich zwei sehr große Hunde an. Sie kamen aus dem Nichts, aus der Dunkelheit, aus dem Unterholz, und mein Atem ist mir erst in den verlängerten Rücken gejagt und dann mit einem Schrei wieder hochgekommen. Davor habe ich mich fast noch mehr erschreckt als vor den Hunden. Das war nicht mehr meine Stimme. Sie hatte ein dermaßen furchterregendes, machtvolles Volumen, daß ich glaubte, mich in einen Orang-Utan verwandelt zu haben. Die Hunde glaubten das übrigens auch. Die Stimme stoppte sie im Sprung, und sie rasten jaulend davon.

Aus diesem eingebauten Überlebensmechanismus der Natur entwickelten vor Tausenden von Jahren die indischen Fakire jene Übung, die ich Ihnen durch die unterbrochene Linie ansatzweise zeigte. Die Inder nennen sie Kundalini, Schlangenkraft. Und Sie gehen etwas tiefer hinein und halten den Atem dort etwas länger, als Sie es eben getan haben. Sie wiederholen das auch öfter, und manche praktizieren es sogar Tag und Nacht. Ich denke, das geht zu weit, aber falls Sie mal total erschöpft sein sollten, absolut fertig, müde und kaputt, falls nichts mehr geht, aber noch alles gehen muß, weil Sie eine Autofahrt vor sich haben, oder eine Examensarbeit oder was auch immer, dann versuchen Sie ruhig mal den Panik-Power-Push. Aber seien Sie vorsichtig. Übertreiben Sie es nicht. Tasten Sie sich langsam vor. Es ist immerhin die Todesangst, die Sie anzapfen, um wach zu werden.

Sind Sie wach?

Glauben Sie wirklich, daß Sie jetzt wach sind? Spüren Sie selbst beim Lesen, was um Sie herum vorgeht? Nehmen Sie Bewegungen wahr, noch bevor sie ausgeführt werden? Fühlen Sie, ob jemand hinter Ihnen steht? Sind Sie reif für die Prüfung der Samurai?

Die Samurai waren die Ritter Japans. Man erzählt sich Wundergeschichten über sie. Und wenn Sie mich fragen – die meisten stimmen. Diese zum Beispiel: Drei Samurai werden gebeten, nacheinander einen Raum zu betreten. Hinter der Tür steht ein Mann mit einem Schwert. Der erste Samurai tritt ein und verliert den Kopf. Der zweite sieht den Feind immerhin noch früh genug, um nur einen Arm zu verlieren. Der dritte bleibt vor der Tür. Er hat die Spannung seines Feindes durch sie hindurch gespürt. Der Mann war wach.

Wir sind wieder beim Atem. Wir werden immer wieder bei ihm sein. Er ist der große Manipulator und Transformator. Mit dem Atem können wir verborgene Energiezentren aufladen und überstrapazierte Energiezentren entspannen.

Energiezentren?

Habe ich noch nicht erwähnt. Die indischen Yogis ordnen jede Art von Emotionen und Energien bestimmten, genau definierten Körperzonen zu, die sie Chakras nennen. Das sind keine willkürlichen, keine symbolischen Zuordnungen, und sie sind auch nicht spezifisch indisch.

Das Wissen um die Chakras finden Sie in allen Kulturen

der Welt, bei den Chinesen, bei den Japanern, den Derwischen des Orients und bei den abendländischen Mystikern.

Die beiden untersten Chakras sind die Urenergie und die Sexualkraft.

Das nächste Chakra ist auch nicht uninteressant. Die traditionelle chinesische Medizin lokalisiert es genau einenhalb Daumen breit unterhalb des Nabels. Es ist ein Akupunkturpunkt, den die Chinesen Qi Hai (Meer der Energie) nennen. Die Japaner nennen ihn Hara, und für sie ist er die Achse, um die sich ihre Kampfsportarten drehen. Wir sprechen vom Solarplexus und die Inder vom Chakra des Willens.

Wie sieht's aus? Haben Sie ein Problem mit Ihrer Willenskraft? Können Sie sich nicht durchsetzen? Sind Sie zu schwach für Entscheidungen? Dann wird es höchste Zeit für den Level-Check.

Das ist wieder einmal ganz einfach. Erinnern Sie sich noch an den allerersten Gedankenstrich dieses Textes? Einmal atmen, ohne alle Tricks, ohne Manipulation, ganz normal. So wie Sie es immer tun, wenn Sie essen, trinken, stehen, gehen, reden, fahren, zuhören, denken oder lesen. Genauso atmen Sie gleich, wenn der Gedankenstrich erscheint. Dabei achten Sie lediglich darauf, wie tief Ihr Atem geht. Nicht mehr und nicht weniger. Machen Sie den Level-Check. –

Ich hoffe, Sie haben jetzt tatsächlich nur so tief geatmet, wie Sie es immer tun. Und wenn Sie dabei nicht bis in den Bauch gekommen sind, nicht mit dem Bauch geatmet haben und Ihr Bauch sich nicht ausgefüllt, gewölbt und gesenkt hat, dann wundert es mich wirklich nicht, daß Sie ein Problem mit Ihrer Willenskraft haben.

Denn das ist alles, was Sie tun müssen. Konzentrieren Sie sich auf die Bauchatmung, und Sie können den ganzen

Positiv-Denken-Quatsch vergessen, und diese Ich-muß-es-schaffen- und Ich-will-es-schaffen-Litanei können Sie auch vergessen. Wenn Sie mit dem Bauch atmen und der Qi Hai unterhalb Ihres Nabels der Punkt ist, um den sich bei Ihnen alles dreht, dann kommt der Wille von allein zurück. Denn da ist er zu Haus. Ich denke, wir werden jetzt eine Pause machen. So etwa 20 Minuten. Hören Sie einfach auf zu lesen, und machen Sie genau das, was Sie ohnehin tun wollten. Irgend etwas wird es schon gewesen sein. Wollten Sie vielleicht arbeiten, jemanden treffen, einkaufen oder Geschirr spülen?

Egal. Machen Sie, was Sie wollen, aber versprechen Sie mir zwei Dinge. Erstens: Versuchen Sie, diese 20 Minuten richtig zu atmen. Was immer Sie tun oder nicht tun, atmen Sie mit dem Bauch. Wenn Sie eine dieser Gebetsketten haben, dann könnten Sie Kugel für Kugel durch die Finger gleiten lassen. Eine Kugel für einmal atmen. Und zweitens: Kommen Sie auf alle Fälle zu diesem Text zurück. Ich will Sie hier unbedingt wiederhaben.

Pause!

Ich wußte, daß Sie zurückkommen, und möchte mich dafür mit einer wahren Geschichte bedanken. Sie handelt von Derwischen. Ich nehme Sie mit nach Ägypten, nach Südägypten, ganz nahe an die Grenze zum Sudan. Was halten Sie davon? Die Stadt heißt Assuan, und sie hat einen großen Basar.

Es ist heiß, überall sind Fliegen, und über allem liegt der Geruch von Fleisch, Gewürzen, Parfüm. Die Gassen des Basars sind voll mit dicken Nubiern, mit blauschwarzen,

großgewachsenen sudanesischen Frauen, schweißglän-
zenden Eseltreibern, Kamelen, Hunden, Maultieren, Ge-
schrei, Gelaber, Lachen, Katzen, Kindern, das gesamte
Basarprogramm.

Und da sind sie, vierzehn Derwische in knöchellangen
beigen Gewändern. Sie tanzen in zwei Reihen à sieben
Mann, und am Ende der Reihen stehen die Musiker. Ein
Trommler, ein Flötenspieler, ein Sänger.

Der Sänger ist der Scheich, der Chef der Gruppe. Er
rezitiert Koransuren. Die Tänzer stampfen im Rhythmus
der Trommeln mit ihren nackten Füßen auf den Lehmboden der Gasse und schlagen sich dazu mit der rechten Faust
ununterbrochen aufs Herz. Immer wieder. Stundenlang.

Die meisten von ihnen sind längst in Ekstase. Einigen
fliegt der Speichel aus dem Mund, einige haben ihre Augen
nach innen verdreht, daß nur noch das Weiße darin zu sehen ist, einige weinen. Und alle schlagen auf ihr Herz.

Warum erzähle ich Ihnen das? Aus drei Gründen: Erstens ist es eine schöne Geschichte. Zweitens ist der Tanz
der Derwische eine uralte Technik, um das stärkste Chakra
zu öffnen, das Zentrum der Liebesenergie. Und drittens,
weil ich Sie mit Leuten bekannt machen möchte, die anders
mit Ihnen reden würden als ich. Derwische sind, grob gesagt, die Mystiker des Islam. Dabei haben sie mit dem Islam gar nicht so viel zu tun. Ihre Tradition ist älter als die
der Muslime. Man könnte sie als die Yogis des Orients be-
zeichnen, denn ich habe sie Übungen praktizieren sehen,
die ich eigentlich nur aus Indien kannte. Jedenfalls sind
Derwische eine harte Truppe, um einiges härter als ich.

Die Derwische würden Ihnen Folgendes sagen: „Was ist
dein neues Auto, dein neuer Job, deine neue Karriere, deine neue Idee, dein altes Ego, was ist das gegen die Kraft?
Glaubst du, sie sei dafür da, um sich mit diesem Kleinkram

zu beschäftigen? Die Kraft treibt Galaxien durchs Weltall, sie hält diesen Planeten zusammen, sie kümmert sich sogar um deine Verdauung. Immer und überall sorgt die Kraft dafür, daß das Leben weitergeht. Die Kraft ist das Leben. Und wenn sie mitbekommt, daß du sie erzwingen und bezwingen willst, anstatt sie fließen zu lassen, dann entzieht sie sich dir oder sprengt dich in 1.000 Stücke. Und dann, oh Freund und Bruder, bist du nicht mehr da!"

Alles klar? So würden diese Jungs mit Ihnen reden, und, so leid es mir tut, sie haben recht. Das Wesen der Kraft zu verstehen, das ist die finale Technik, der wichtigste Trick.

Cosmic power sagen die Yogis, Satori sagt der Zen-Meister: die Auflösung des Egos in der Kraft, und darüber kann man kaum noch reden. Da gibt's nur eines: nehmen Sie sich selbst nicht mehr so wichtig. Damit fängt es an. Und damit hört es auf.

Und Sie sind mir jetzt tatsächlich 385mal von links nach rechts gefolgt und haben sich zu etwas verführen lassen, was Sie sowieso schon immer getan haben und möglichst auch weiterhin tun sollten. Atmen.

Gestatten Sie mir eine Frage: Meinen Sie nicht auch, daß Schreiben eine magische Angelegenheit ist?

Die Kunst des Entliebens

(Droge I)

Angefangen hat alles damit, daß ich versucht habe, einen Liebesbrief zu schreiben. Für einen professionellen Schreiber ein hoffnungsloses Unterfangen. Da schlägt die berufliche Qualifikation die Liebe tot. Du kommst ins Umschreiben, Neuschreiben, Vorschreiben. Du feilst an Absätzen, konzipierst die Dramaturgie, kämpfst mit inhaltsschwerer Interpunktion. Und wenn der Brief endlich abgeschickt ist, schreibst du sofort einen neuen. Erklärst, relativierst, wirst langatmig, ausschweifend, zerfaserst dich. Das war der erste Fehler. Ich hätte ihr nicht diese Tonne Papier hinterherschicken sollen, als sie mich verließ.

Der zweite war das verfluchte Telefon. Die Nabelschnur. Von der Mitte des Bauches über Satellit direkt ins Ungewisse. Der Klang ihrer Stimme. Die Schwingung eines Halbsatzes, das Stocken, das Zögern, das plötzliche Schweigen. Das große Schweigen. Für 6,70 Mark die Minute. Oder das genau umgekehrte Programm. Wenn sie mich anrief, aus einer Zelle vom anderen Ende der Welt, irgendwann zwischen Koma und Alptraum, und meine erste Frage war, ob ich eineinhalb oder zwei Minuten habe, um alles zu sagen und alles zu erfahren. Dann machte es klick, und der Äther hatte das letzte Wort, und mir blieb nur noch der Weg zum nächstbesten Beruhigungstee.

Besser war es, wenn sie mittags anrief. Dann war ich wach und konnte darüber spekulieren, warum sie nach ihrer Ortszeit morgens um fünf Uhr mit mir telefonierte. Von wo? Was hat sie dort gemacht? In der Nacht, wenn das Gute schläft und das Böse wacht. Aber nach so was fragt man nicht. Weil dann wieder Schweigen kommt. Und klick. Und aus. Und hin und wieder, ganz selten klopfte es an der Tür. Ich machte auf. Und wer stand da? Mein Kopf.

„Paß auf, Alter", sagte er, „das Leben ist Wandlung, okay? Nichts bleibt, wie es ist. Das muß nicht weh tun. Das ist auch nicht schlimm. Das ist nur anders. Du hast keine Frau verloren, du hast deine Freiheit gewonnen. Sieh es doch mal so, und jetzt halt dich gerade, damit ich wieder auf deine Schultern hüpfen kann."

Nicht weh! Das tut nicht weh?! Was weiß mein Kopf von der Chemie des Liebeskummers? Von den Hormonen, die jahrelang aufs fröhlichste geflossen sind und plötzlich ohne Ziel dastehen? Mir tun die Eier weh! Natürlich gibt es immer die eine oder andere helfende Hand. Aber Onanie bei Liebeskummer ist in etwa so unterhaltsam wie Kamillentee auf Heroinentzug.

Andere Frauen? Vergiß es. Du bist Christ. Deine moralische Genetik hat deinen Sex an deine Gefühle gekoppelt. Wenn das für dich nichts anderes gewesen wäre als „ich legte sie über den Fickblock und fickte sie" (Henry Miller), dann kämst du mit dem sexuellen Entzug nach der Trennung relativ schnell zu Potte. Aber wir haben Liebe gemacht. Große Liebe. Große Gefühle. Großer Gott, das bekomme ich so schnell nicht wieder auseinander. Treue. Man kann es auch Besessenheit nennen. Oder Hörigkeit. Auf alle Fälle ist es die totale Fixierung auf eine Person. Mein Trieb gehört ihr. Aber sie ist nicht da.

Und das tut nicht weh? Die Kernschmelze zwischen deinen Beinen, die dir in alle Organe strahlt? Den Magen verbrennt, die Leber verdorrt, die Milz verschrumpelt. Du bist im Fleischwolf, mein Freund, und kommst Tag für Tag als Würstchen wieder raus. Wenn du überhaupt rauskommst.

In meiner Wohnung war ich noch relativ sicher, abgesehen von dem Fenster, an dem ich stand und fünf Stockwerke nach unten blickte. Aber wenn ich mal auf die Straße geriet, dann wurde es gefährlich. Ich sah keine Ampel, keine Autos, keine Fahrradfahrer, keine tieffliegenden Ufos, rein gar nichts. Ich redete.

Gespräche mit ihr, die ich mit mir selbst führte. Ich fragte sie etwas und antwortete für sie. In der Regel Antworten, die ich nicht akzeptieren konnte. Und sie darüber aufklärte. Wo sie sich irrt, wo sie verdrängt, wo sie sich selbst belügt. Und stritt es für sie gleich wieder ab und wurde für mich wütend darüber.

Wut. Irre Wut. Eine Tür eingetreten, einen Teekocher ruiniert, ein Auto verschrottet, meinen Katzen nichts zu fressen gegeben, und sie, sie hätte ich abwechselnd erstechen, erschlagen und vierteilen können. Aber sie war ja nicht da.

Zwei Jahre waren wir zusammen. Tag und Nacht. Alles paßte: Kopf, Bauch, Bett. Alles stimmte. Und weil es paßte, gab es sonst nichts mehr. Wir brauchten keine Freunde, keinen Austausch, keine Gesprächspartner, nur uns selbst. Sie war die eine Hälfte der Welt. Ich die andere. Das reichte, und das war der größte Fehler. Darum fehlt sie mir.

Natürlich traf ich in diesen Tagen einen Therapeuten. „Es gibt die große Erlösung und die kleine Erlösung", sagte er. „Die kleine ist, wenn du sie wiederbekommst. Die große ist, wenn du in dir den Teil wiederfindest, den du an sie verloren hast."

Fand ich nicht verkehrt. Aber Therapie? Das wäre die definitive Entscheidung für Yesterday und gegen Let It Be. Therapie bringt dich auf den Topf zurück, auf dem du saßest und am ganzen Leibe zitternd nach Mama schriest. „Maamaa! Maaaaaaaamaa!!" Kann ich nicht empfehlen.

Dauert ewig, und Mama kommt ohnehin nicht. Also Let It Be. Aber wie? Wie wird man einen Menschen wieder los, den man zu tief in sich hineingelassen hat? Wie lernt man die Kunst des Entliebens? Eine gute Frage. Eine wichtige Frage. Also recherchierte ich. Sieben Monate und sieben Wochen lang. Weltweit. Ich habe Araber dazu interviewt, Juden, Perser, Werbetexter, Zuhälter, Astrologen, Hausfrauen, Drehbuchautoren, Zahnärzte. Nein. Es war nur ein Zahnarzt. Sein Tip war der beste. Der Mann hat keine eigene Praxis. Er vertritt Kollegen mit Herzinfarkten, was ungeheuer clever ist. Keine Investitionen, irrwitziger Verdienst und viel Zeit für sein Hobby. Er ist Sporttaucher. Ich traf ihn an einem Korallenriff.

Der Zahnarzt riet mir, eine kleine Puppe zu basteln, die der Frau ähnlich sieht, und diese Puppe an einen Trompetenfisch zu verfüttern. „Das ist ein Riesenvieh", sagte er und breitete dabei die Arme weit auseinander. „Und er hat ein Maul, das wie eine Trompete aussieht. Der frißt alles."

Fressen oder gefressen werden. Man sieht sich, man reizt sich, man knackt sich auf, man nimmt den Kern, verspeist ihn, und dieser Kern ist die Kraft des anderen, das Mark seiner Persönlichkeit. Wer es zuerst gegessen hat, hat gewonnen. Und wirft die Schalen weg.

Was das mit Liebe zu tun hat? Liebe ist Kampf. Mann gegen Frau. Ein uralter Krieg, der vor etwa 5.000 Jahren begann. In Ägypten. Isiskult. Die Religion der Dominas. Ein nubischer Friseur hat mir davon erzählt. Die Frauen hatten die Macht. In allen Bereichen. Männer hielten sie sich nur als Krieger oder Sklaven. Wer ein Krieger werden wollte, mußte eine Prüfung ablegen.

Diese: Der Mann mußte mit einer Isis-Priesterin schlafen. Dabei hatte er zwei Regeln zu beachten: Sein Glied durfte niemals in ihrer Vagina erschlaffen, gleichzeitig war es ihm verboten, einen Orgasmus zu bekommen. Schaffte er das nicht, wurde ihm von den Frauen die Spitze des Penis abgeschnitten. Gerade soweit, daß er noch urinieren, aber niemals mehr Lust empfinden konnte. Und wenn doch, dann nur unter Schmerzen. Er war ein Sklave. Schaffte er es, dann war er ein Krieger und durfte für sie kämpfen. Isiskult.

Und so sah die Rache der Entehrten aus: Irgendwann drehten die Krieger den Spieß um. Sie kämpften nicht mehr für die Frauen, sondern gegen sie. Sie übernahmen die Macht, und als erstes schnitten sie ihnen die Klitoris heraus.

Ich will nicht schocken. Es war so. Und ist noch immer so. Im Jemen, im Sudan, in Südägypten. Überall im Orient werden noch immer Mädchen nach der Geburt verstümmelt. Nicht nur aus Rache, sondern hauptsächlich aus Angst. Einer hemmungslos sinnlichen Frau ist der Mann immer unterlegen. Ihr Orgasmus ist breit und tief und lang. Seiner ist ein Witz.

Das sollten wir wissen, wenn wir über Liebeskummer reden. Wo die Genetik des Schmerzes sitzt. Die Kränkung, wenn du verlassen wirst. Die tiefe Beleidigung deines Geschlechts. Wir sind Krieger, und sie sind Göttinnen. Und: „Einer stirbt immer." Hemingway sagte das.

Und wenn wir wissen, was es für ein Spiel war, das wir verloren haben, dann können wir uns die Schuldvorwürfe sparen. Reine Energieverschwendung. Gewinnern macht man keine Vorwürfe. Man schüttelt ihnen die Hand. Wir waren nicht standhaft. Wir stehen wieder auf. Soviel zum Sex.

Jetzt zu den Gefühlen. Im Grunde kein Problem. Dafür habe ich zwei hübsche Tips bekommen, die auf den ersten Blick sehr unterschiedlicher Natur sind, aber dasselbe bewirken. Befreiung. Der erste kommt aus dem zentralasiatischen Herzen der heutigen UDSSR. Der zweite kommt aus Kalifornien. Beide sind nicht neu.

Die zentralasiatische Technik geht auf Dschingis-Khan zurück, genauer auf die Schamanen, die Priester seiner Armeen. Die kalifornische Methode ist eine Mischung aus Workoholismus, tibetanischem Tantra und den Kampftechniken der Samurai. Beginnen wir mit den Horden des Dschingis-Khan. Sie empfehlen bei Liebeskummer das Allem-Kallem-Zauberspiel.

Es geht ganz einfach. Nimm dir 40 Tage Urlaub. Geh in die Wüste, ans Meer, aufs Land. Oder bleib zu Haus. Hauptsache, du bist allein. Nicht mal ein Telefon darf in der Nähe sein. Wenn der Liebeskummer kommt, morgens, eine Zehntelsekunde nach dem Augenaufschlagen, dann bleib liegen und visualisiere dieses elende Gemisch aus Wut, Verzweiflung und Tränen als einen Geist. Er ist böse, häßlich und irre stark. Er will mit dir kämpfen, und du trickst ihn aus. Du wehrst dich nicht. Du läßt dich von ihm treten, schlagen, würgen, läßt dich durch den Raum schleudern, an den Haaren über den Boden schleifen, mit dem Gesicht ins Klo stopfen. Du tust, als hättest du keine Knochen im Leib. Du wehrst dich nicht.

Das macht dich unüberwindlich, weil es dem Geist zu langweilig wird, gegen jemanden zu kämpfen, der nicht kämpft. Er wird beleidigt und frustriert in einer übelriechenden Wolke zum Fenster hinauseilen.

Am nächsten Morgen kommt er wieder. Dasselbe Spiel. Tag für Tag. Aber nach 40 Tagen, und dafür legen die Mongolen ihre Hand ins Feuer, wird er für immer verschwinden. Das ist der erste Teil des Zauberspiels. Das Allem.

Das Kallem geht so: In deinen täglichen Entspannungsphasen, wenn der Stinker für ein paar Stunden geflüchtet ist, in diesen Momenten des Friedens und der plötzlichen Euphorie, stell dir eine Frau vor. Nicht die, die du verloren hast. Das wäre fatal. Nimm eine andere. Egal, ob du sie kennst oder nicht.

Es reicht, sie in einem Café gesehen zu haben. Oder in einem Film. Sie hat dir gefallen. Richtig gut gefallen. Visualisiere sie, und dann schlaf mit ihr. Mit deiner ganzen Sehnsucht. Sachte. Zärtlich. Liebe sie. Und nach 40 Tagen, auch dafür legen die Mongolen ihre Hand ins Feuer, hast du eine neue Frau.

Ich habe es ausprobiert. Es funktioniert. Allem Kallem.

Jetzt die kalifornisch-tibetanische Kampfmethode. Ein Fluglehrer aus Malibu hat sie mir verraten: „Wenn du hinfällst", sagte er, „dann steh' nicht nur wieder auf, sondern nimm noch etwas vom Boden mit."

Die Wut, zum Beispiel. Ich habe sie mir heute morgen angesehen. Habe mich unter ein Bettlaken gelegt und sie kommen lassen. Sie war schon nicht mehr im Bauch. Sie war in der Brust. Genau in der Mitte. Und sie war grün. Ich machte ein Schwert daraus.

Nimm deine Wut, und arbeite wie ein Irrer. Das wird dir Geld bringen. Oder rase durch den Stadtpark. Das wird deinen Körper aufbauen. Oder rede mit dem Filialleiter deiner Bank endlich so, wie es sich gehört. Das wird dir Luft geben. Deine Wut hat das Potential, dich reich und schön zu machen. Ich habe mit ihr sogar meine Wohnung in den Griff bekommen. Ich habe den Abfalleimer in der Küche fertiggemacht. Ich war gnadenlos zu dem Schmutz.

Oder nimm die Verzweiflung. Sie kommt in der Regel nach der Wut. Wenn du deinen Kopf auf den Tisch legst und in das tiefe, schwarze Loch gezogen wirst. „Was zur Hölle soll ich denn jetzt machen?!" Das Loch war immer da. Aber in den Zeiten, als du glücklich warst und eine Frau hattest, in deren Schoß du deinen Kopf legen konntest, hast du es vergessen. Nicht gesehen. Übergangen.

Das Loch ist die Essenz deiner ungelösten Fragen, deines 20, 30 Jahre währenden Ärgers mit dem Universum. „Woher komme ich? Wohin gehe ich? Wieviel Zeit bleibt mir?" Und daß dir alle Antworten, die du bisher akzeptiert hast, unter dem Einfluß von Liebeskummer als der pure Blödsinn erscheinen, das läßt dich verzweifeln. Aber es ist nicht schlimm.

Nimm die Verzweiflung auf, wenn du am Boden bist. Sie ist neben dem Rauchen das einzige, was dich vom Tier unterscheidet. Sie hat die Potenz, dich zum Menschen zu machen.

Die Trauer. Überhaupt kein Problem. Trauer ist schön. Trauer ist wundervoll, und wenn du mit Tränen stilvoll umgehst, wenn du sie nicht nur einfach die Wangen hinunterlaufen läßt, oder an Taschentücher verschwendest, sondern sie aus den Augen nach oben über die Stirn wischst, dann hast du ein Haarwasser, um das dich die Kosmetikindustrie beneiden wird. Es ist herb, und es hat genügend Salzgehalt, dich erblonden zu lassen.

Vielleicht etwas zu kitschig. Aber so ist Kalifornien. Positives Denken. Hebe etwas auf, wenn du fällst. Mach' was aus deinen Gefühlen. Und wenn es vorbei ist, bleibt uns nur noch, den Kopf zu befreien. Wenn es schon nicht mehr weh tut und eigentlich nur noch lästig ist, immer noch an sie zu denken. An sie denken zu müssen. Gedanken, die nichts bringen. Die sich im Kreise drehen. Wie ein Hamsterrad.

Wie kommt der Hamster raus? Die üblichen Methoden: Arbeiten, Kino, Gespräche, Reisen, Rechnen, Schäfchen zählen. Alles ist gut, was unsere Konzentration umpolt. Aber für die Pausen für die Minuten, in denen wir auf den Fahrstuhl warten oder eine Treppe hochgehen, im Café sitzen, im Bad liegen, für diese Momente habe ich einen Tip von einem Freund, der im Alten Land wohnt.

Das liegt südwestlich von Hamburg. Die Elbe ist nicht weit. Eine schöne Gegend. Obstanbau. Blühend im Frühjahr. Ein bißchen so, wie Deutschland früher mal gewesen ist. Als ich noch ein kleiner Junge war. Der Tip geht in diese Richtung: Brausepulver!

Wann immer die Gedanken kommen, die Spekulationen, die Hoffnungen, die Taktiken und Strategien einer längst verlorenen Schlacht, dann laß sie kommen. Von ganz hinten, von ganz unten, egal, von wo. Laß sie bis vor die Innenseite deiner Stirn treiben, laß sie sich ausbreiten, drehen, wenden, ineinander verschlingen.

Und wenn sie es sich so richtig gemütlich in deinem Kopf gemacht haben, dann stell dir vor, du hast einen großen Topf mit Brausepulver. Den schüttest du drauf. Und die Gedanken an deine Geliebte werden aufbrausen und wegblubbern. Ins Nichts. Wo sie herkommen. Wo sie hingehören.

Kokain

(Droge II)

Koks ist keine Modedroge mehr. Mode wird auf Koks gemacht, Filme werden auf Koks gemacht, Musik wird auf Koks gemacht, Fernsehen wird auf Koks gemacht, Zeitungen, Magazine, Bücher, Speisekarten werden auf Koks gemacht und auf Koks gereicht, natürlich wird auch Werbung auf Koks gemacht und Verbrechensbekämpfung auch. Koksende Polizisten jagen koksende Zuhälter von koksenden Huren, zu denen koksende Freier gehen, und koksende Journalisten berichten darüber für ihre koksende Zielgruppe. Mich widert das an: Jedesmal wenn ich mich mit einem Geldschein in der Nase über einen Teller oder einen Spiegel beuge, verachte ich mich still. Wenn die Line im Hirn ist, wird die Verachtung weggeputzt. Wenn die Line im Hirn ist, wird die Seele taub und stumm. Wenn die Line im Hirn ist, dreht sich der Charakter um.

Koks dreht alles und alle um – Freunde zu Vampiren, Sex zu S/M, Dialoge zu Monologen, Engagement zu Heuchelei. Koks macht Wasser aus Wein und Brot zu Stein. Beim Reden über Kokain beginnt die Sucht. Je länger ich zum Thema schreibe, desto stärker wird der Drang rauszugehen, 20 Dollar zu investieren (Grammpreis in Kuba) und den Rest dieser Geschichte noch in dieser Nacht runterzufetzen, ohne Punkt und Komma und ohne Atem, und morgen früh, wenn die Sonne aufgeht, glitzert das Meer, und das Licht ist kristallen. Ist es die Illusion von Genialität, die ich dann abgeliefert habe, oder ist es geniale Illusion? Vom Standpunkt der Erleuchteten gesehen, ist der Unterschied zwischen grandioser Selbstüberschätzung und grandiosen Lügen ähnlich gering, wie der Unterschied zwischen vergiftetem Fleisch und vergiftetem Fisch.

Welche Geschichte soll ich erzählen? Die aus St. Pauli, die aus dem Edelpuff? Oder die aus Hamburg, St. Georg, wo ich meine erste Erfahrung mit Koks und Sex hatte?

Irgendwo zwischen Hauptbahnhof und Hansaplatz stieß ich mit einer Frau zusammen, die ich zu spät gesehen hatte, da sie so schwarz wie die Nacht war. Ich weiß nicht mehr, warum sie mir gefiel – vielleicht, weil sie so mütterlich war oder so schwesterlich; bei manchen Frauen habe ich das Gefühl, daß wir seit Jahren auf derselben Straße gehen, ohne voneinander zu wissen. Jetzt gingen wir im selben Haus dieselbe Treppe rauf, wir klingelten, die Tür öffnete sich, und eine Dame, die ihre besten Wechseljahre gesehen hatte, fragte uns, ob wir Drogen nehmen wollen. Wir sagten nein, aber sie schien gar nicht hinzuhören. „Wenn ihr Drogen nehmen wollt", sagte die Dame und zeigte auf das Ende des Flures, in dem kein Licht brannte, „müßt ihr die hinteren Zimmer nehmen."

Im Grunde erzähle ich die Geschichte nur wegen dieses Satzes, der hat mich damals aus der Fassung gebracht. Die Schwarze packte im vorderen Zimmer Koka auf den Tisch, und den Rest der Stunde saß ich in einem abgewetzten Sessel und spürte nur noch Kraft in meinem Zentrum (ich gehe mal davon aus, es war der Solarplexus). Ich war so zentral satt, daß es mich nicht danach verlangte, zu reden oder mich zu bewegen, an Sex habe ich nicht mal gedacht.

St. Pauli, mein zweites Erlebnis mit Koks und Sex: Ich hatte einen sehr produktiven Monat hinter mir; die letzte Woche hatte ich Tag und Nacht gearbeitet, in der letzten Stunde der letzten Nacht, als ich den allerletzten Termin geschafft hatte und jubelte, da knallten mir die Sicherungen durch – ein kosmisches Erlebnis, wenn Gedanken zu schnell werden, um noch Worte oder gar Sätze zu formen, und als pure Energie Blitze gen Himmel oder gen Hölle jagen. Das ist die Ekstase des Workoholismus, nur durch echten Alkohol abzufangen.

Mit Freunden ging ich saufen: zuerst in einen Laden der Kolumbianer, da war die Nacht noch wunderbar. Ein Schiff der kolumbianischen Marine lag im Hafen, kolumbianische Matrosen und Offiziere in Ausgehuniformen zeigten uns mit ihren kolumbianischen Huren, wo der Unterschied zwischen nervösen Muskelreaktionen und Paartanz liegt. Die nächsten drei Wodkas nahmen wir leider in einer Technokneipe, danach wollte ich nur noch eines und zwar alles und das sofort.

Ich fand mich wieder in einem Bordell bei einer Frau, die mich an das Bild erinnerte, das ich als Säugling von meiner Mutter gehabt haben muß – ein euphorischer Augenblick. Ich war wieder zu Hause, und ich hatte 2.700 Mark in der Tasche. Das Geld legte ich so an: 1.000 Mark für die Frau, 150 Mark für Getränke aus der Hausbar, 1.500 Mark für Koka aus der Hausapotheke („Damit wir in Stimmung kommen."), 50 Mark fürs Taxi am nächsten Morgen.

Es müssen drei oder vier Gramm Koks gewesen sein, und als ich wieder allein in meiner Küche saß, war noch ungefähr ein Gramm über. Ich hielt das für mein Glück, denn ich mußte noch in den Waschsalon. Ohne die Droge wäre die Wäsche schmutzig geblieben.

Eine Nase reichte für den Weg (zirka 500 Meter), für das Füllen der Maschine und den Rückweg. Die nächste Nase reichte für den Weg, das Schleudern (acht Minuten) und gerade noch für den Rückweg. Die dritte Nase reichte für den Weg, das Umpacken in den Trockner und fast nicht mehr bis nach Hause. Als die Wäsche halbwegs trocken war, ging das Koka aus.

Ich hatte noch nie einen Affen geschoben, nun war es soweit: Mir kam es vor, als würde ich stillstehen und die Wand auf mich zurasen. Ich schaffte es noch, meinen Freund anzurufen. Er kam sofort und legte mich auf die Couch, er hatte eine Flasche Whisky dabei.

„Hör zu", sagte er, „nach unseren Erfahrungen dauert der Entzug nicht länger als zwei Stunden. Die allerdings werden dir ganz schön lang vorkommen. Es ist jetzt zwölf, um zwei bist du aus dem Gröbsten raus. Du mußt viel trinken. Für das, was du getan hast, geht es dir eigentlich noch ganz gut, du hast vier Gramm weggeputzt, Alter. Und hör auf zu hyperventilieren!"

Ich hyperventilierte, weil ich von meinen Erinnerungen wie von Teufeln gepeitscht wurde. Jede Sekunde der letzten Nacht zog noch mal in extremer Zeitlupe an mir vorbei. Mein Gott, was hatte ich gemacht! Das Koka hatte mir sämtliche Hemmungen genommen und die komplette Psychostruktur weggeschwemmt. Die Grenzen, gezogen von meinen Erfahrungen, meinen Instinkten, meinem Wissen, meiner Moral, meinem Stil, meinem Geschmack – das Koka hatte diese Grenzen aufgelöst. Ich hatte mich nicht nur meiner Kleider entledigt, ich hatte meine Haut runtergezogen, mein Gesicht verloren, meine Ehre, meinen Stolz, jede Sekunde der Erinnerung daran wurde mir zu einem Bild, für das ich eine Million Jahre in der Hölle brauchte, um es zu verdauen. Und mit jeder Sekunde kam es ärger. Ich stöhnte aus Scham. „Hör auf zu hyperventilieren", sagte mein Freund, der neben mir mit der Flasche saß. „Was in dir vorgeht, ist normal. Wir nennen das Seelenritt, es ist jetzt zehn nach zwölf."

Was passiert, wenn sich solche Erfahrungen zu oft wiederholen? Zwei Möglichkeiten sehe ich: Der Kokser wird zum Opfer oder zum Täter, zum Schaf oder zum Schwein, zum armen Teufel oder zum gefallenen Engel. Das Opfer zerbricht an der Verzweiflung, jammert und heult uns die Ohren voll in endlosen Telefonaten oder Talkshows, büßt mehr oder weniger öffentlich, schwört Besserung, wird rückfällig, gibt auf. Sein Markenzeichen wird die Lüge, sein Blick wird hündisch, auf seinem Lächeln rutscht man aus.

Der Täter ist ein anderes Kaliber: Er zerbricht nicht an der Verzweiflung, er hält sie aus und bezieht sein Selbstbewußtsein mehr und mehr daraus, daß er durch die Hölle gehen kann, keine Liebe braucht, keine Freundschaft, keine zwischenmenschliche Wärme. Und auch die Angst vor dem Tod wird ihm fremd. Er macht Sachen, die man für mutig halten könnte, in seinem Fall aber drücken sie die Verachtung gegenüber dem Leben aus und gegenüber den anderen, die er für naiv hält. Hat er Humor, wird er ein Zyniker. Ist er intelligent, beginnt er zu manipulieren. Versteht er was von Magie, wird er zum bösen Zauberer. Ein solcher Mensch in Führungspositionen quetscht seine Leute aus. Steckbrief: kalte Augen, harter Mund, leichte Einbeulungen an den Stirnaußenseiten. Ausstrahlung: kristallen.

Mein drittes Erlebnis mit Koks und Sex: Wir waren zu dritt in Berlin, die beiden anderen wollten Scheiße bauen, ich nicht, aber aus Spießgesellentreue begleitete ich sie. Der eine Freund trank mit einer sehr jungen Russin, sehr blond, sehr junge Figur. Der andere Freund lief einem deutschen Model in die Arme, und ich wollte gar keine Frau, doch ich traf eine, die hatte Skunk aus Amsterdam dabei, was den Ausschlag gab. Ich saß auf einer Couch an der Rückwand eines Zimmers, davor stand ein Glastisch, vor dem der eine Freund kniete, um das Koks zu linieren. Der andere Freund saß in einem Sessel mir gegenüber, daneben seine Braut. Die Russin saß etwas zurückgezogen auf dem Bett. Sie mußte ihren Hals verbiegen, um das Koka zu sehen; sie machte sehr große Augen, stand schnell auf und kam zu uns rüber. Weil rechts von mir auf der Couch die Kifferin den ersten Joint baute, setzte sich die Russin zu meiner Linken.

Der eine Freund nahm die erste Linie, die Russin die zweite, ich die dritte. Das ging so schnell, daß es fast gleichzeitig war. Etwas Merkwürdiges geschah: Als ich mit dem Kopf wieder hochkam, sah ich die Russin an, sie sah mich an, und das genau in dem Augenblick, da bei uns der Turbo ansprang. Liebe auf den ersten Kick. Wir begannen zu reden, sie sagte, sie kenne Koks aus Rußland, sie sei aus Wladiwostok mit den vielen Diskotheken, die sie mir eines Tages alle zeigen werde, sie wolle morgen zu mir ziehen, sie wolle mich heiraten und für mich anschaffen gehen, und ich sagte, daß ich am nächsten Tag nach Marokko fliegen würde, da begann sie zu weinen. Ich hielt sie etwa zwei Stunden im Arm und wußte nicht, was ich mit dem Kind machen sollte.

Alle meine drei Erlebnisse mit Sex und Kokain hatten eines gemeinsam: kein Orgasmus, keine nennenswerte Erektion. Die Geilheit fand nur im Kopf statt. Kokser sind Kopfwichser.

Rein biologisch ist Kokain eine potenzmindernde Droge, doch psychologisch stärkt sie die Potenz. Mittvierziger wie ich sind in einem Lebensabschnitt, in dem sie nicht mehr glauben, daß ihnen die Hoden explodieren, wenn sie sie nicht dreimal täglich entleeren können. Die Nase Koks zuviel bewirkt da enorm geile Gedanken, aber das Ende des real existierenden Sex. Ein Zwanzigjähriger hat andere Probleme, er steht im Frühling seiner Triebe, das junge Glück nimmt seinen Lauf – zu schnell. In der Regel kommt er zu früh. Schlecht für die Frau, und was schlecht für die Frau ist, wird schlecht für ihn.

Für beide scheint die Lösung Kokain zu sein. Bei ihm: Die biologische Wirkung der Droge schiebt die Ejakulation auf die lange Bank, bei lokaler Betäubung (Koks auf die Eichel) sogar tagelang. Koks bewirkt, daß der junge Mann die Liebe über die ersten sieben, acht, neun Liegestütze retten kann. So gesehen fängt bei ihm der real existierende Sex mit Koks überhaupt erst richtig an.

Und bei ihr? Frauen sind anders als Männer, ihnen verdirbt nicht ihr früher Orgasmus den Genuß an der Lust, sondern der zu späte oder der, der nicht kommen will. Verklemmungen, Hemmungen, ein paar tausend Jahre sexualfeindliche Erziehung wirken bis heute. Kokain wirkt sofort: Die Frauen wollen nicht mehr geliebt und nicht mehr verstanden werden, sie wollen nicht mehr für ihre Arbeit akzeptiert und nicht mehr geheiratet werden, sie wollen nicht mehr vorher Essen gehen, sie wollen auch nicht unbedingt Muskeln sehen, sie wollen kein süßes Geschwätz, keine Zärtlichkeit, sie wollen ficken.

So beginnt die Kokskarriere bei Frauen. In einem späteren Stadium verschieben sich die Akzente, dann finden sie das Koksen geiler als Sex, dann wird die Droge ihr Mann. Es gibt Frauen, die daran zerbrechen, und es gibt Frauen, die so hart werden, daß du eher Marmor, Stein und Eisen brichst, als ihre Herzen. An die kommst du nicht mehr ran, die sind so kalt wie ein Spiegel, aber sie ziehen dich irre scharf an.

Die Nebenerscheinungen der Sexrakete Koks sind Entsensibilisierung, Entliebung, Entmenschlichung; auch der Alterungsprozeß geht ab wie eine Rakete. Ich habe Mädchen gesehen, die sahen mit zwanzig wie dreißig aus und mit dreißig wie vierzig, und als sie vierzig waren, konnte man nicht mehr hinsehen. Und Frauen wie Männer kriegen vom Koksen eine unreine Haut, Koka-Akne genannt.

Gesellschaftlich bewirkt die Durchkoksung der Kulturschaffenden: herzlose Musik, hoffnungslose Literatur, Megaflops im Kino, Kostenexplosion im Fernsehen, Amok im Milieu, schlecht gelaunte Türsteher, unfreundliche Gastronomie. Mir sind Szenecafés bekannt, deren Geschäftsführer ihren jungen, schönen Angestellten Koks geben, damit sie schneller und länger arbeiten können. Namen werden (noch) nicht genannt, denn darf mit Steinen werfen, wer im Kokshaus sitzt?

Doch ich sitze ja nicht mehr drin – ich verstehe zuviel von Yin und Yang. Die Faszination des Bösen ist okay, solange der Magnetismus des Guten die Waage hält. Koks aber ätzt alles, was gut ist, aus uns raus und läßt uns mit dem Scheiß zurück.

Schon mal nüchtern auf einer Koksparty gewesen? Schon mal zugehört, was da geredet wird? Und wie? Wie die Kokser die Kontrolle über den Mundwinkel verlieren? Und die Art, wie sie später nach Hause gehen? Du mußt es nur einmal nüchtern sehen, dann bist du clean. Solange du mitkokst, kriegst du es ja nicht mit, wie sehr deine Schritte die Erde beleidigen.

Prozac

(Droge III)

Ich glaube nicht mehr an Gott, ich glaube nicht mehr an die Liebe, ich glaube nicht mehr an den Journalismus. An mich glaube ich schon lange nicht mehr. Mit anderen Worten: Ich bin auf dem besten Wege, klar zu werden. Manche nennen das Depression.

Gestern war ich aus. Menschen schwammen wie Fische um mich herum. Die Musik war laut, sie waren stumm. Eine Atmosphäre wie im Bahnhof, und jeder wußte, hier fährt kein Zug mehr ab. Hier nicht, in mir nicht, eigentlich nirgendwo. Da hilft kein Haschisch, da hilft kein Koks, Sport vielleicht. Aber wofür fit sein? Wir stehen am Rande eines Abgrunds. Das ist die Lage.

Deutsche Männer sind schwach. Deutsche Frauen sind grausam. Alles dreht sich um Sex – ohne Sex. Wir reden zuviel und ficken zu wenig, außerdem regnet's die ganze Zeit.

Depression.

In der Wirtschaft, in der Seele, am Kiosk: Selbst der *Spiegel* verliert. Es gibt keine Geschichten mehr, die interessanter sind als interessant. Hören Sie trotzdem nicht auf zu lesen. Es kommt so etwas wie die Erlösung hintendran.

Im Jahre 1972 fanden die Herren Bryan B. Molloy, David T. Wong und Ray W. Fuller, alle drei Wissenschaftler des US-Pharmakonzerns Eli Lilly, den Stoff, der glücklich macht. Man kann es auch krasser sagen. Sie fanden das Glück. Mitten in unserem Gehirn, aber es war gefangen. Wie jedes schöne Bild stimmt auch das nicht ganz. Eingekreist wäre das präzisere Wort. Von gierigen Neuronen, die das Glück wegschlabbern wollen.

Selbstverständlich ist das auch unverständlich zu beschreiben. Das Glück hört auf den Namen Serotonin und ist ein Neurotransmitter, der unsere Stimmungen reguliert. Und die Droge, die die Herren Molloy, Wong und Fuller erfanden, blockiert die Bande von Neuronen, die das Serotonin absorbiert.

Die Droge heißt Prozac. In Deutschland Fluctin.

Alle großen Religionen haben es prophezeit: Der Erlöser wird wiederkommen. Daß er aber einen so merkwürdigen Namen haben würde, das hätte niemand gedacht.

1972 wurde Prozac entwickelt, 1976 begannen die klinischen Tests, zehn Jahre später war es auf dem Markt. Inzwischen schwören rund elf Millionen Menschen, daß Prozac sie glücklich mache, davon sechs Millionen allein in den USA. Die Pille zum Paradies, halb Hollywood nimmt sie (die erfolgreiche Hälfte, wie man sagt). Halb Washington auch. Prozac führt die Yuppies durch die Midlife-crisis. Managern, Müttern, Magersüchtigen – all den Mühsamen und Beladenen nimmt Prozac die Last. Die Last zu leben.

In den amerikanischen Top Ten der häufigsten Todesursachen steht der Selbstmord auf Platz acht. Etwa 30.000 jährlich. Auf Platz sieben steht die Leberzirrhose. Die haben sich mit Alkohol umgebracht. In den Villen sitzen verzweifelte Millionäre, Armut und Crack haben Downtown zum Zombiepark gemacht. Die Hölle ist eine amerikanische Stadt, hat mal jemand geschrieben. Stimmt nicht. Ich würde sagen, selbst in der Hölle wird mehr gelacht.

Bisher war es doch so: Sämtliche Moden, Trends und Kulturen aus den USA kamen zwei bis drei Jahre später auch zu uns. Wir haben ihre Träume geteilt; für ihren Horror gilt dasselbe. Und jetzt werden wir zusammen wach.

Wir? Ja, ich und du und er, sie, es. Auch Kinder können Prozac nehmen. Haben Sie schon mal den Depressionstest gemacht?

Checken Sie folgende Symptome (aufgelistet von der American Psychiatric Association):

- Traurigkeit, innere Leere
- keine Freude mehr an Aktivitäten, die früher Freude gemacht haben, zum Beispiel Sex
- schlechter Schlaf
- starker Gewichtsverlust
- starke Gewichtszunahme
- Gefühle von Hoffnungslosigkeit, Hilflosigkeit, Ruhelosigkeit
- Gedanken über den Tod

Sie brauchen nicht all diese Symptome bei sich selbst zu entdecken. Ein paar reichen schon, und Sie sind schwer depressiv. Oder ziehen Sie sich etwa von der Gesellschaft zurück? Grübeln Sie über die Vergangenheit? Haben Sie Schwierigkeiten, sich zu konzentrieren? Schwierigkeiten, Entscheidungen zu treffen? Oder Liebeskummer, der schon länger als drei bis vier Monate währt? Dann leiden Sie unter Dysthymie. Das ist etwas leichter als schwer depressiv.

Wenn mich jemand fragt: Mir sind etwa die Hälfte aller angeführten Gemütszustände so geläufig wie der Regen. Ich dachte, das sei normal. Ich dachte, das sei die Midlifecrisis. Ich dachte, das sei der viel zu lange andauernde April meines Lebens. Daß mein Gehirn krank ist, das hätte ich nicht gedacht.

Und deines?

Alle, die Prozac genommen haben, behaupten, es gehe ihnen inzwischen besser als gut. Sie sind wieder ihr altes

Selbst, sagen sie. Sie können sich wieder konzentrieren, sie können wieder arbeiten. Sich wieder auf den Urlaub freuen. Sie kochen, sie klönen, sie sind von morgens bis abends wieder in ihr Leben verknallt. Mit allem, was dazu gehört. Sogar mit Trauer und Schmerz, mit Liebe, Trennung und Verlust. Prozac wischt es nicht weg. Aber Prozac gibt die Kraft, es positiv anzugehen.

Und damit sind wir wieder in den wundervollen Achtzigern. In denen Spaß die Lebensmaxime war. Alles geht, alles geil, alles klar! Das war gut. Und jetzt wird es noch besser als gut. Ohne Gras, ohne Kokain, ohne ständiges Verlieben. Keine Angst vor dem Blues. Wie Rock 'n' Roll ohne Folgen, wie der Glanz, der über den Spielberg-Filmen liegt. Das sind ganz alltägliche Situationen, und trotzdem strahlen sie, als habe einer die Atome geknackt.

Die Atome des Glücks.

Beantworten wir eine alte Frage. Ist Glück die Folge von etwas? Oder ist Glück ein Seinszustand? Wenn das letztere stimmt, sind wir mit Prozac auf der Stelle frei. Wir brauchen uns keine Bilder vom Glück mehr zu malen, keine Visionen, keine Ziele, denen wir ausgeliefert sind. Geld brauchen wir, klar, um zu leben. Aber nicht mehr für den BMW, den Jaguar E, die Harley-Davidson Super Glide.

Vergessen auch die Jagd nach der großen Liebe. Glückliche Menschen bleiben bei ihren Partnern. Glückliche Menschen sind nicht allein. Glück macht Familie. Das Ende der Singlegesellschaft. Prozac läutet es ein.

Und der Ruhm? Diese elende Mohrrübe vor der Nase der Kreativen? Wen interessiert, ob ich der beste Schreiber, Sänger, Filmemacher bin? Mich nicht. Mein „Oscar" atmet. Mein „Oscar" ist aus Fleisch und Blut. Mein „Oscar" feiert täglich sein Talent zu leben. Das sind der Weg, die Wahrheit und das Ziel. Und ich komme ständig an. Theoretisch. Wenn es stimmt, daß Glück ein Seinszustand ist.

Es stimmt. Darin sind sich alle Erleuchteten einig. Die Suche nach dem Glück, sagen sie, sei schon deshalb etwas komisch, weil das Glück wie Wasser sei, und wir seien wie die Fische, die darin schwimmen und durstig sind. Darüber lachen sich die Heiligen kaputt. Elf Millionen Prozac-Kunden lachen mit. Eine Welle von Heiterkeit schwappt derzeit über den Planeten. Bald wird es eine Sturmflut sein.

Im Jahr 1983, zwei Jahre, nachdem Prozac auf den Markt kam, machte der Pharmakonzern Eli Lilly damit etwa 200 Millionen Mark Umsatz. 1993 waren es bereits über zwei Milliarden Mark. Und heute? Und morgen? Übermorgen? Fängt jetzt die Zukunft an? Huxleys „Schöne neue Welt". Die berühmteste aller Science-fiction, in der die Pille nicht Prozac, sondern Soma heißt? Schöner wäre es, daraus jetzt zu zitieren. Aber ich habe das Buch nicht da. Dafür hab' ich die Pillen.

Sie sind zweifarbig. Grün und ein milchiges Weiß. Dosierungsanleitung: eine pro Tag. Am besten nach dem Frühstück. Verschreibungspflichtig. Der Facharzt ist der schwerttragende Engel vor den Toren dieses Paradieses. Ich habe die Pillen über einen Umweg bekommen. *Tempo* schenkte sie mir.

Sie suchten für die Geschichte den unglücklichsten Schreiber Deutschlands. Ich war ihr Mann. Ich habe das Glück versucht, solange ich denken kann. Selbstversuche mit allem, was man rauchen, schlucken und schnupfen kann. Nur nicht spritzen. Intravenös, da stand eine mentale Allergie davor. Und natürlich fing es mit Haschisch an.

Das ist heute für mich wie Bier. Schadet ein bißchen, nützt ein bißchen, macht ein bißchen dumm. LSD? Jede Menge. Aber es ist lange her. Und ich habe einen Höllenrespekt davor. LSD setzt nicht primär Glück frei, sondern alles, was da ist. Und schaltet einen dramatischen Turbo an. Transformationen in jeden nur erdenklichen Seinszustand. So schnell, daß sich die Zeit selbst überholt und stehenbleibt. Und dann schaut man in die Sonne und kann die Lichtgeschwindigkeit sehen.

Der Nachteil von LSD ist, daß es genauso rasant in die Hölle führt. Aber daran will ich nicht denken, darüber will ich nicht schreiben, das gehört meinem ganz privaten großen Vergessen an. Himmel und Hölle und Kokain?

Ja, klar, Koks ist Klasse. Koks macht glücklich, weil es einen ohne Umschweife aus den Gefühlen herauskatapultiert. Das ist wie eine Platte aus solidem Solinger Stahl zwischen Kopf und Bauch. Und dann ist plötzlich alles möglich. Und alles unheimlich schnell und unheimlich gut. Vor allem du. Mann, bist du gut.

Der Nachteil von Kokain ist, daß a) du nur glaubst, daß du gut bist, daß b) die Euphorie genauso schnell nachläßt, wie sie begonnen hat, daß c) die Droge deine ganze Kraft, dein Herz und deine Seele frißt, daß sie dich leer macht, aushöhlt und selbst noch an den Rändern an Restbeständen von dir schabt und daß du d) beim Kokain immer draufzahlst. Immer. Mindestens 200 Mark pro Gramm.

Ecstasy kostet etwa 60 Mark und hält länger. Sechs bis sieben Stunden. Also, daran denke ich gern zurück. Es planiert die euphorische Wirkung direkt im Herzen. Ich habe sechs lange Stunden mit ganz viel Liebe eine ansonsten ganz ungeliebte Frau gefickt. Die Wahllosigkeit, das ist bei Ecstasy das Problem, und natürlich, daß man nie weiß, was wirklich drin ist. Der schwarze Markt der Biochemie reißt mitunter schwarze Löcher ins Gehirn.

Fünfundzwanzig Jahre Sex 'n' Drugs 'n' Rock 'n' Roll. Ein Vierteljahrhundert im Dienst der bewußtseinsverändernden Wissenschaft. Und alle Selbstversuche haben im

Grunde nur eines gebracht: Sucht und/oder Depression.
Und das soll bei Prozac anders sein?

Ja – weil es ein Antidepressivum ist.

Ja – weil diese ultimative Droge nicht nur nicht süchtig macht, sondern auch noch die Sucht nach
allen an deren Drogen frißt.

Ja – weil sie nebenbei und ungeplant Schüchternheit
und Übergewicht kuriert.

Ja – weil dasselbe für Magersucht plus Abkotzen
(Bulimie) gilt.

Nein – weil mein Therapeut dagegen ist.

Erinnern Sie sich noch, wie diese Geschichte begann?
Dann wissen Sie mehr als ich. Für mich sind da zu viele
Wörter dazwischen. Nach zwei Jahren in den Wirren und
Fängen der Yellow Press muß ich mich an lange Texte erst
wieder gewöhnen. Da faßt man sich kurz und wird dop-
pelt und dreifach dafür bezahlt. Natürlich macht auch das
depressiv.
Also, ich denke, am Anfang stand, daß ich nicht mehr an
den Journalismus glaube und mir die angesagtesten Klubs
unserer Stadt wie stillgelegte Bahnhöfe vorkommen. Weil
sich solche Abende häuften, ging ich zum ersten Mal in
meinem Leben zum Therapeuten. Wir sprachen etwa eine
Stunde miteinander, wobei herauskam, daß wir gut ein halbes Jahr für die Analyse brauchen würden und dann noch
mal mindestens zwei Jahre für die Therapie. Eine Sitzung
pro Woche. Für 200 Mark das Stück. Das ist fast so teuer

wie Kokain. Prozac ist billig. 4 Mark 40 kostet jede Pille. Alles klar, warum mein Therapeut dagegen ist? Und ich dafür?

Also, was ist jetzt damit? Ich habe die Pillen erstmal vor mich gelegt. Hinter die Schreibmaschine, direkt an die Wand. Darüber habe ich ein Bild von Buddha gehängt. Ein Doppelaltar für die neueste und die älteste Quelle des Glücks. Die Pillen sind weiß-grün, der Buddha lächelt vor einem roten Hintergrund. Er spricht mit mir.

Buddha: „Nimm sie nicht. Glaub' nicht, was die Leute sagen. Daß Depression so etwas wie Kurzsichtigkeit ist. Und Prozac so was wie die Brille."

Autor: „Warum nicht? Auch eine Depression ist eine Krankheit."

Buddha: „Ich weiß."

Autor: „Und ...?"

Buddha: „Jede Krankheit, auch die des Gehirns, hat eine Ursache, die im Geist verborgen ist. Das ist das Problem, und das ist die Lösung. Tauche in den Brunnen deines Unglücks und an seinem Boden findest du den Schlüssel zu deinem Glück."

Autor: „Nun mach' mal halblang ...!"

Buddha: „Außerdem, und das nur zwischen uns, deine Depression ist keine Krankheit aus neurologischer Sicht."

Autor: „Nein ...?"

Buddha: „Nein. Bei dir kommt sie nicht aus einer Fehlschaltung des Gehirns, sondern aus einem Fehlverhalten deines Egos. Präziser: aus einer ganzen Reihe von Fehlverhalten deines Egos."

Autor: „Du redest wie mein Therapeut."

Buddha: „Wo er recht hat, hat er recht. In deinem Fall wäre der Konsum von Prozac ein klassischer Fall von Drogenmißbrauch."

Autor: „Nein.“

Buddha: „Nein ...?“

Autor: „Ein klassischer Fall von Professionalität. Ich habe einen Auftrag. Reportage mit Selbstversuch.“

Buddha: „Dafür ist es zu spät. Prozac wirkt frühestens nach acht Tagen. Und morgen früh ist Abgabetermin. Ist das professionell?“

Autor: „Nein.“

Buddha: „Also beenden wir das Gespräch.“

Das wäre natürlich ein wunderbarer Schluß. Wenn nicht die Liste mit den Nebenwirkungen wäre. Sie umfaßt summa summarum 61 medizinische Begriffe, von ganz normalen Magen-Darm-Beschwerden bis zu ganz normalen Scheidenblutungen und ganz normalen Bindegewebsveränderungen der Lunge. Dazu muß man natürlich wissen, daß all diese Nebenwirkungen unheimlich selten vorkommen.

Nur eine nicht. Eine kommt ziemlich häufig vor. Bei etlichen Prozac-Konsumenten tritt eine Schwächung der Libido auf. Konkret: Potenzprobleme. Konkreter: Schwierigkeiten, den Orgasmus zu erlangen.

Diese negative Nebenwirkung, kombiniert mit der positiven Begleiterscheinung (Eliminierung der Schüchternheit), bringt mich nun in folgenden Konflikt: Nur durch meine Schüchternheit habe ich die schönsten Frauen gekriegt. Weil schöne Frauen nach Männern lechzen, die sie nicht beachten. Die meine Schüchternheit mit Arroganz verwechseln. Das hat sie angemacht. Wenn sie die Wahrheit rausgekriegt hatten, war es zur Umkehr für sie zu spät.

Schüchternheit bei der Anmache, aber überhaupt nicht schüchtern im Bett. Eine geradezu geniale Kombination. Und jetzt stelle man sich vor, Prozac schaltet das auf umgekehrt! Das kann *Tempo* nicht im Ernst von mir verlangen. Das nicht.

Die Götter tanzen mit

(Droge IV)

Goa-Parties haben schöne Namen. Shiva Moon zum Beispiel. Shiva ist der indische Gott der Zerstörung. Er vernichtet das Ego. Die Party ist alles, du bist nichts. Solange du noch einen Rest von Eigensinn bewahrst, kommst du mit der Musik nicht mit. Es ist auffällig, wie wenig auf Goa-Parties Frauen ihre Schönheit und den Männern ihre Kraft zur Anmache nützlich ist. So etwas zählt hier nicht. Was zählt, ist ob du zappelst oder tanzt.

Um das zu erklären: Es gibt Tango, das ist SM als Tanz. Es gibt den Salsa, dazu sollte man eigentlich Kondome trage. Es gibt Flamenco (mit dem Mann als Torero und der Frau als Stier). Es gibt Blues zum Selbernicken. Und es gibt den Luftgitarrenwettbewerb, der genetisch für die Deutschen das Passendste ist: die Luftgitarre wie ein Luftschild halten, die Schlaghand wie ein Luftschwert schlagen und die Haare wie Sir Gawain tragen, der beste Freund von Prinz Eisenherz. Das alles sind Tänze, die auf Shiva Moon überhaupt nicht gehen.

Shiva tanzt wie ein wildes Tier. Shiva zerstört mit jeder Bewegung die Angst vor, sagen wir, den Eltern, den Lehrern, den Chefs, den Freundinnen, den Feinden, sogar die Angst vor sich selbst. Zerstört Hochmut, Eitelkeit, Schüchternheit, Autobahnen, häßliche Städte und Militär. Sieh dir Raver beim Tanzen an, und du brauchst keine Bilder einer Gottheit mehr, wie sie mit ihren Füßen Totenschädel zerstampft und mit den Händen Blitze wirft. Dafür brauchst du Ecstasy. Das ist das Problem. Ich habe es auch schon mit der Kombination aus viel Gras und wenig Alkohol versucht, das kann gehen, aber es ist Arbeit. Mit Champagner geht es auch, ist aber teuer. Mit Koks bist du eindeutig auf der falschen Feier, und Opium auf Goa-Parties macht keinen Sinn. Keine Drogen? Soll möglich sein. Ich habe davon gehört.

Daß Ecstasy das Gehirn zerstört, ist bis heute nicht bewiesen. Es wird vermutet, gemunkelt; es ist uns allen etwas unheimlich dabei. Schreiber hören auf zu schreiben, Programmierer rechnen nicht mehr. Computergrafiker und Musiker fahren dagegen sehr gut auf der Traumautobahn. Es ist ein Roulette. Du weißt nicht, ob du verlierst – und was. Deine Seele, deine Potenz, deine Willenskraft, deinen Kopf. Ich habe auf Goa-Parties regelmäßig den Humor verloren.

Auf Goa-Parties hängen schöne Bilder. Zum Beispiel von Krishna, diesem blauen, jungen Mann, der entweder steht und Flöte spielt oder im Lotus sitzt und meditiert. Krishna hält in der Chefetage des hinduistischen Götterhimmels die Balance. Shiva ist der Zerstörer, Krishna der Schöpfer, der Erschaffer, der Kreative. Er symbolisiert die Liebe. Er hat Groupies, und er badet gern im Fluß.

Krishna oder Shiva? Ficken oder tanzen? Am Anfang entscheidet man sich meistens für das zweite, um anschließend das erste zu tun. Aber dann ist man meist zu schlapp. Dann schmusen wir, streicheln unsere Augen, führen unsere geilen Herzen in die Augen der anderen ein. Schon mal gesehen, wenn Pupillen für dich aufgehen wie ein rundes, dunkles Tor?

Goa-Trance ist eine ganzheitliche Droge. Sie hat alle wesentlichen Elemente von Rock, Punk und Free Jazz, und Experimente in Spanien haben gezeigt, daß man diese Musik auch mit Flamenco mischen kann. Trance ist wie Pink Floyd

in besseren Tagen. Und Techno ist der Beat der alten Schamanen. Ich scherze keineswegs. Die Medizinmänner im
zentralasiatischen Alma-Ata pflegten ihre Kranken mit
Trommeln zu heilen. Ihr Rhythmus pendelte sich auf den
Herzschlag der Patienten ein, dann gaben sie unmerklich
speed. Die Unmerklichkeit ist das A und O dieser Technik.
Das wissen gute DJs. Schnapp dir zuerst ihren Herzschlag
und dann verändere das psychosomatische Kraftfeld der
Party, wie du willst.

Goa-Parties heißen Goa-Parties, weil die Parties von Goa
ihr Vorbild sind. Eine südindische Provinz, in der Krishna
seine Pralinenschachtel aufgemacht hat. Goa hat Berge,
Dschungel und Reisfelder und recht anständig gepflasterte
Straßen für Motorräder der Marke „Hero". Hier herrscht
Stirnbandpflicht. Goa hat wunderschöne Holzhäuser –
portugiesische Kolonialarchitektur mit weiten Veranden und
schattigen Gärten. Goa hat Hängematten statt Sofas. Und
Goa hat Strand. Eine fast endlose Kette von Buchten am
Arabischen Meer, palmenverträumt und sternenklar jede
Nacht. In Goa werden die besten Beach-Parties des Was-
sermannzeitalters gefeiert. Goa ist für Hippies das, was für
die Katholiken Rom, für die Moslems Mekka und für die
Mormonen Salt Lake City ist. Und Hippies haben immer
gern gefeiert, immer gern getanzt, immer Drogen genommen. Und wenn ein Hippie ehrlich ist, wird er zugeben,
daß er nur wegen der Parties ging oder gehen wollte.

Ich versuchte es im Winter 1970 zum ersten Mal und
blieb halbtot in der großen Salzwüste, im Iran, liegen. Zehn
Jahre später nahm ich das Flugzeug von Arab-Syrian Airlines und kam an. Zur klassischen Goa-Silvesterparty. Damals habe ich zum ersten Mal einen entfesselten Tänzer
gesehen. Er hatte die Schwerkraft überwunden und alles,
was sonst noch menschlich ist. Erst dachte ich, er bewegt

sich wie eine von Kokain gepuschte Schlange, aber er war eine Flamme, er bot das Schauspiel von Feuer im Wind. Sie haben Reggae gespielt. Den Techno haben dann noch einmal ein Jahrzehnt später Hippies aus Detroit mitgebracht, die Sanyasin aus Poona gaben das Ecstasy dazu und haben es gemischt mit der Magie des Ortes – eine Kombination aus Hitze, Luftfeuchtigkeit und Lichteinfallswinkel –, und so ist Trance entstanden. Die LTU flog das neue Partykonzept dann nach Hause.

Wenn du ein Single bist, glaube nicht, daß du das durch Goa-Parties ändern kannst. Wer allein kommt, geht auch wieder allein. Was zwischendurch passiert, ist nicht vergessen, aber es gilt nachher nicht mehr. Goa-Parties sind ein Phänomen, und das Phänomen ist ein Phantom. Das ist die Krux der Droge, Instant-Verlieben und Instant-Verlieren. Ich habe mich manchmal dreimal hintereinander während einer Party verliebt, aber es ist nie mehr daraus geworden. Keine Beziehungskisten hintendran, wenn wir es mal positiv sehen wollen.

Dasselbe gilt für die Instant-Erleuchtung. Auf Pille weißt du alles und weißt auch, daß du schon immer alles gewußt hast, du hast halt nur falsch gedacht. Jetzt denkst du richtig. Aber schreib mal auf, was du hier denkst, und lies es morgen. Haben wir alle schon gemacht – es geht nicht. Goa-Parties feiern in einer anderen Welt, und es ist Gesetz, daß du nichts daraus in unsere Welt mitnehmen kannst. Und manchmal denke ich, die Goa-Parties in unseren Wäldern, Wiesen und Hafenstraßen sind einfach nur wie riesige Schneekugeln, in denen es bunte Lichter schneit, wenn du sie schüttelst.

Viagramania

(Droge V)

„Mein Name ist Don Juan de Marco. Meine Mutter ist die liebliche Donna Maria del Flores. Ich bin der größte Liebhaber der Welt. Ich habe über 1.000 Frauen gehabt. Und keine ist je unbefriedigt geblieben. Nur eine hat mich abgewiesen.

Und wie das Schicksal so spielt, war sie die einzige, an der mir wirklich etwas lag. Darum habe ich beschlossen zu sterben. Aber vorher ..." (ich griff in meine Hosentasche und holte das Pillendöschen mit der Aufschrift „Viagra" heraus) „... noch eine Eroberung."

Ich bin kein Schauspieler, aber das hat mir Spaß gemacht. Ich stand im Bad meiner neuen Wohnung und rezitierte den Text, ich würde sagen, stundenlang. Dazu trug ich ein paar alte Klamotten aus dem Kostümverleih LJH, sie hatten nicht alles da, die passenden Stiefel und die Handschuhe fehlten, und ich nehme an, Don Juan hat auch eine andere Hose angehabt. Aber das war mir recht. Ich schätze die Kombination von Tradition und Moderne. Überbordendes Rüschenhemd plus Armani-Jeans (schwarz), und zu dem knöchellangen schwarzen Cape die passende Techno-Sonnenbrille als Maske. Janina meinte, damit sähe ich nicht wie Don Juan, sondern wie ein alternder Surfprofi aus, und ich fragte sie, ob das nicht dasselbe sei. Beide interessierten sich doch gleichermaßen nur für die große Welle.

Okay, ich hatte die Pillen, und ich hatte die Akkreditierung für den *Life Ball*, der mir als ideales Testgelände empfohlen wurde. Ich bin ja Pillentester von Beruf. Zu Don Juans Zeiten hätte man Vorkoster dazu gesagt.

Ich habe Prozac getestet, Ecstasy, jede Abart von LSD sowie Baby-Ball, eine neue Droge in Amsterdam, die lallende Glückseligkeit mit der Unkontrollierbarkeit der Schließmuskeln verband. Jetzt war ich reif für Viagra, denn inzwischen bin ich 46, und mit meiner Potenz geht's bergab.

Bergab im Sinne von bergab. Man müßte nochmal 20 sein. Genauso geil wie damals. Aber nicht so doof. Und nicht so häßlich. Und nicht so schnell. Frauen leiden mit jungen Männern in der Liebe Not, weil die Grünschwänze schneller sind als die Feuerwehr (obwohl es hier nicht ums Löschen geht, sondern ums Anheizen), und mit den Männern im besten Alter haben sie es einfach schwer. Da wird Service verlangt, gutes Zureden, hin und wieder sogar mit dem Mund.

„Gusta singar, schupa me pinga", sagen die Kubaner dazu. „Gusta" heißt mögen, „singar" heißt Sex, „schupa" heißt lutschen, und was heißt „pinga" übersetzt?

Egal, man muß nicht jedes Geheimnis lüften. Nur soviel: Kuba hat mich versaut. Ich habe zwei Jahre in Havanna gelebt, seitdem habe ich Sex so satt wie Spinat. Es sei denn, es wird gut dafür bezahlt. Das ist hier der Fall. Eine neue Potenzpille ist auf dem Markt, und der *Wiener* will wissen, wie es mit ihr geht. Und ob überhaupt. Und wie lang. Und wie oft. Fragen über Fragen, beim *Life Ball* will ich sie zu lösen wagen, denn ich bin erst seit drei Tagen in dieser Stadt und habe noch keine Zeit gehabt, eine Geliebte zu suchen. Oben genannte Janina ist leider vergeben und hat auch wenig Muße, weil sie Fernsehen macht. Um ehrlich zu sein, wünschte ich mir, auf Verona zu treffen, die Feldbusch von Piep und Quark oder auf Sonja Räubertochter, in Wien nur „die Kirchberger" genannt. Wenn schon potent, dann prominent.

Eine Frage ist noch ungeklärt. Laut Gebrauchsanweisung soll die Pille eine Stunde vor den geplanten „sexuellen Aktivitäten" geschluckt werden. Und die beginnen wann? Ich fragte meine Kollegen. Gibt es Toiletten auf dem *Life Ball*? Und wird in Wien auf Toiletten Sex gemacht? Wenn überhaupt, dann da, antworteten sie. Also, rein mit der Pille, noch bevor Guildo Horn in Birmingham sang (zirka 21.30 Uhr) und gleich 'ne Überdosis. Der Hersteller empfiehlt 50 Milligramm (eine Pille), ich nahm drei. Ich wollte sicherstellen, daß ich auch Schlampen befriedigen kann.

Ich hatte Glück. Ich war der einzige Don Juan. Die meisten kamen als Sklaven (Leder, Lack und Lumpi im Gespann) oder aufgedonnert wie 60jährige Damen im Casino von Baden-Baden. Drag Queens genannt. Früher sagte man Tunten dazu. Ich bin enorm tolerant, aber für meinen Geschmack war das eindeutig zuviel verwirrtes Yang. Eine Party, die mehr als fünf Prozent schwule Anteile hat, kippt für mich ins Asexuelle ab. Weil die Pole nicht stimmen. Tanz zum Beispiel ist ganz klar ein energetisches Gespräch zwischen Frau und Mann. Wippen mich dabei zu viele sehnsuchtsvolle Männerärsche an, kommt's vor, daß ich nicht mehr will und nicht mehr kann. Da bringt auch Viagra kein Stück voran. Erstes Testergebnis: Die Pille macht nicht wahllos geil. Zweites Testergebnis: Die Pille macht überhaupt nicht geil. Nicht im Sinne von plötzlichem Lustüberfall. Auch nicht vom schleichenden. Andauernd kamen Kolleginnen und die Freundinnen der Kolleginnen vorbei und die Freunde der Freundinnen und alle anderen, die wußten, was ich in der Tasche trug, um sich nach meinem Befinden zu erkundigen. Das Interesse an der Potenzpille ist groß. Um nicht zu sagen hysterisch. Aber meine Antwort war negativ. Es tat sich absolut nichts in den schwarzen Armani-Jeans. Vielleicht sind sie zu eng, dachte ich und öffnete zwei Knöpfe, um Viagra Platz zu schaffen. Aber Viagra schlief.

Es waren ja nicht nur Schwule auf dem Ball unterwegs. Habe auch durchaus schöne Wienerinnen gesehen. Im klassischen Nuttenkostüm. Palmers scheint sich an Strapsen und Korsagen doof und dämlich zu verdienen. Normalerweise stehe ich darauf. Aber hier stand nichts. Ich will es mir wirklich nicht gleich wieder mit meiner neuen Stadt verderben, aber man kann Sex offensichtlich nicht anziehen. Man muß ihn leben. Dessous sind wichtig, aber noch wichtiger ist, wie man sich in Dessous bewegt. Sonst wird 'ne Lachnummer draus. Lachen fördert keine Erotik. Grauen auch nicht. Und ich habe noch immer kein Stück von Sonja Räubertochter und Verona Quarkbusch gesehen.

Ich warf nochmal zwei Pillen nach. Don Juan auf Überdosis. 250 Milligramm. Nichts, auch nicht eine Stunde später. Bis mir der Gedanke kam, daß Viagra nicht im Vorfeld wirkt, sondern ausschließlich im Ernstfall einzusetzen ist. Die Pille für den Endschlag, bei dem sich die Spreu von den Männern trennt.

Die große Angst, daß man im Bett alles vermasseln kann. Die ganze Show vorweg, die Sprüche, die Geschichten, die wilden Augen, der brünstige Tanz. Spielt keine Rolle mehr im Bett. Oder im Kornfeld. Oder auf dem Klo.

Alle wollen wissen, wie die Pille wirkt, aber keiner will sie mit mir testen. Ja, warum denn nicht? Ich sehe zwar nicht so aus wie Vanessa Paradis, aber auch nicht wie der Glöckner von Notre-Dame. Ich suche Probanden, Madame.

Leider fing ich auch zu trinken an. Wodka Lemon. Vier, fünf, sechs, sieben, ich spürte, daß ich mich zu entspannen begann. Alkohol entspannt, was nicht entspannt gehört. Nicht nur den Penis, auch den Überlebenstrieb. Was interessiert mich das Gejammer meiner Bank, meiner Kinder, meiner Vermieterin? Ich habe keine Lust zu ficken, ich bekomme keine Lust zu ficken, also ficke ich nicht. Auch wenn mich der *Wiener* nur fürs Ficken bezahlt. Und den *Life Ball* find' ich fad. Und plötzlich sprach mich eine besoffene Blondine an. Sie tat noch mehr. Sie zog mir die Maske vom Gesicht.

„Bist du schwul?" fragte sie.

„Aber nein", antwortete Don Juan.

„Du bist wirklich nicht schwul?"

„Ich schwör's, gnä' Frau."

Sie sah erleichtert aus. Und ich verstand. Vielleicht ist die Wienerin gar nicht unerotisch. Vielleicht reagiert sie nur wie jede gesunde Frau, die unter Schwulen ist. Überflüssig, verunsichert, verängstigt, fast gekränkt. Auch wenn es politisch unkorrekt klingt. Sie ist ihrer Primärreize beraubt. Wem soll sie Signale geben und wem nicht? Auf dem *Life Ball* dominierte die schüchterne Frau. Und weil ich auch schüchtern bin, passiert's hier nicht. Und passierte doch. Die Hand der besoffenen Blondine lag ganz unverhofft auf meinem Geschlecht. Wahrscheinlich wollte sie prüfen, ob ich ein Lügner bin. Eine Prüfung, die ich bestand. Viagra sprang an. Einfach so. Bamm. Gott, was für ein Segen. Wie oft hatte ich das in Kuba durchgemacht. Kubanerinnen gehen gnadenlos ran. Kein Sinn für Vorspiel, Spannungsaufbau etc. Die Dampfwalzenmethode, und die macht Männern angst. Denn auf Knopfdruck erigieren geht manchmal und manchmal nicht. Hier ging's. Alles klar? Die Pille macht keine Lust im Kopf, in den Augen, im Herz. Sie wirkt nur bei Vollkontakt. Aber das zack, zack. „Ooh", sagte die besoffene Blondine mit voller Hand. „Gehen wir zu mir oder zu dir?" fragte ich, und als sie verstand, daß ich das Herren- oder Damenklo meinte, sagte sie noch mal „Ooh" und „Entschuldige mich für einen Moment. Ich komme gleich zurück."

Sie kam nicht. Hatte sie sich verlaufen? Mir doch egal. Ich hatte eine optimistische Erektion und keinerlei Qual. Testergebnis Nummer vier: Viagra macht unbedingt hart, aber nicht unbedingt geil. Ich war kein bißchen motivierter als vorher, kein bißchen erregter, kein bißchen scharf. Ich hatte nur einen riesigen Ständer wie einen Stock, wie aufgepumpt, und das war's. Don Juan stand an eine Säule des Wiener Rathauses gelehnt und hätte sie alle befriedigen können, der Reihe nach. Aber wem macht so was Spaß? Den Säulen? Den Frauen?

Ich trank lieber noch einen. Auf Spesen trinken, das macht Spaß.

Ich wachte wieder auf, als ich im Taxi saß. Allein übrigens. So ist das Leben.

Und ein bißchen drehte es sich. Von oben nach unten, von rechts nach links, Wien war so sturzbesoffen wie ich. Ein Gedanke nahm Gestalt an. Soll ich ins Bordell, um den Test zu beenden? Bordelle haben den Vorteil am Morgen danach. Daß man neben niemandem aufwacht, den man nicht mag.

Vorteil Viagra: Es macht zwar hart, aber nicht blind. Deshalb blieb ich allein, bis ich im Taxi saß, und entschied mich ebenso gegen The House of the Rising Sun. Was sollte ich da testen? Daß ich kann? Das weiß ich. Seit dem Griff der besoffenen Blondine sind die Armani-Jeans konsequent überspannt. Wie oft ich kann? Das wird lustig. Aber teuer. Und weil Wien so klein ist, war ich zu Hause, bevor ich

238

mich anders entscheiden konnte.

Wenn der Prophet nicht zum Berg kommt, dann eben umgekehrt. Kaum war ich ausgestiegen, sah ich zwei Schatten vor der Tür. Und als ich näher kam, wurden zwei Damen daraus. Ich wohne in einem von der Straße etwas zurückgezogenen, sehr modernen, sehr anonymen Apartmenthaus im 5. Bezirk. Man hat mir gesagt, es sei voll mit Stewardessen. Die Airline möchte ich wissen, bei der diese beiden arbeiten. Sie lachten mich an, als sie mich sahen, ich lachte zurück, und es stellte sich schnell heraus, daß sie zwei Stockwerke über mir wohnten, aus Tschechien kamen und gerade von der Arbeit zurück waren. Feierabend machende „Stewardessen" kennen nur zwei Extreme. Entweder sie haben das Fliegen so satt wie ein Maurer das Mauern, oder sie sind so besoffen und aufgekratzt, daß sie jetzt noch mal gern ins private Finale gehen. Dann bezahlen sie sogar hin und wieder den Mann. Wollen aber auch Leistung sehen. Kein Problem. Nicht meins. Ich hatte a) die Pillen, und sie konnten b) nach dem Test ins eigene Bett, und die kleinere von beiden war c) so ziemlich genau mein Fall. Um es kurz zu machen: Es dauerte ziemlich lange. Die Vermutungen vom *Life Ball* bestätigten sich. Der Penis war wie ein Stock, der allein durch Reibung nicht bricht. Und es schien auch, daß es ihn nicht interessierte, wenn ich ejakulierte. Er blieb einfach steif. Die Tschechinnen trauten ihren Augen nicht. Ebenso ich. Ich war besoffen, ich war todmüde, ich war geschafft, und trotzdem habe ich es gebracht. Immer wieder. Aber auch das andere stimmte. Es machte weniger Spaß, als man gemeinhin annimmt. Frauen neigen da zur Unersättlichkeit. Und ich würde auch nicht sagen, daß ich mich dabei besonders potent fühlte. Potenz ist etwas, das sehr tief im Mann verwurzelt ist. Potenz ist in den Hoden, und da spürte ich sie nicht. Viagra hat aus meinem Penis so etwas wie einen umgeschnallten Dildo gemacht. Die Mädchen fanden's klasse, aber mir hat's außer der Befriedigung, die in der vollendeten Recherche liegt, nicht viel gebracht. Bevor sie mich verließen, gestand mir die größere von beiden noch schnell, warum sie sich vor der Haustür entschlossen hatten, mit in meine Wohnung zu gehen. „Du sprichst so ein schönes Deutsch!"

Da ist was dran. Ich komme aus Hamburg. Wir sprechen ein Deutsch, von dem ein Wiener nur träumen kann. Oder wie hört sich so etwas auf Wienerisch an:

„I haaß Don Josi vom Markt. Mei Mama ist die leiwande Donna Mizzi vom Blumeng'schäft. I bin da greßte Hengst auf da Wöd. I hob' über 1.000 Hasen g'habt. Und ka anzige hot si no beklog'n kenna. Oba ane, nur ane, hot ma den Weisel geb'n. Und wia da Teifel so wü, woa des die anzige, auf die i g'standen bin. Drum drab' i mi jetzt ham. Oba davna ..." (i tscheck ma di Viagra-Tabs) „... reiß' i no ane auf."

Jetzt koche ich

(Zuhause)

Zeit für eine traurige Geschichte. Mein Vater war Kraftfahrer und tauchte nur an den Wochenenden auf, und meine Mutter, ebenfalls berufstätig, kehrte jeden Tag spät heim und mußte früh wieder raus. Doch wir hatten ein Lokal in unserem Haus und mit dem machte sie einen Deal. So gewöhnte ich mich also schon als Kind daran, im Umfeld von Theke, Zechern und üppiger Bedienung zu Mittag zu essen. Dann wurde ich Journalist, dann Reisejournalist, dann Single und am Ende gehörte ich zu den nullkommaichweißnichtwieviel Prozent der Gesellschaft, die ihre warmen Mahlzeiten ausschließlich unter dem Protektorat der Gastronomie einnehmen.

Schicksal als Chance. Es gibt Macken, mit denen man Geld verdienen kann. Diese zum Beispiel macht mich zum idealen Kochbuchtester. Ich kann nicht kochen. Und ich kann lesen. „Man lernt nicht kochen aus Kochbüchern", sagte Andy. Ja, wie dann? Und, ja, wer ist Andy? In diesem Umfeld, denke ich, wird er mit vollen Namen genannt werden wollen. Andreas Wald, genialer Zeichner, König der Geschichtenerzähler, Knigge-Experte, Kulturphilosoph, Ernährungsberater sowie mein ältester Freund und Nachbar drei Stockwerke über mir. In seiner Funktion als Ernährungsberater riet er mir, erstmal meine Geschmacksnerven zu reorganisieren. Er bot mir folgenden Kochkurs unter seiner Aufsicht an: erste Woche fasten und zu trinken gibt's nur Wasser. Zweite Woche fasten plus warmes Wasser. Dritte Woche fasten und grünen Tee und in der vierten

Woche lernen wir dann Reis ohne Salz. In der fünften Reis mit Salz; Reis mit Gewürzen kommt dann im Spätsommer dran. Der Mann war offensichtlich der Meinung, man müßte mich erst neu erschaffen, bevor ich abschmecken kann.

Ich überschlief sein Angebot und ging am nächsten Tag in ein Buchgeschäft meiner Wahl. Man empfahl mir Biolek, Witzigmann und Basic Cooking. Ich schätze, man empfahl es mir, weil sie davon so viele Exemplare vorrätig hatten. Allein Alfred belegte ein komplettes Regal. Zusammen machte das 175 Mark und fuffzig. Die Haushalts- und Eisenwaren, die ich brauchte, kamen auf 700 Mark, und inzwischen war auch die Küche fertig und kostete 3.000. Addiert man das, dann hätte ich für das Geld 160 Mal günstig essen können oder 40 Mal teuer oder einmal im besten Restaurant Tokios, inklusive Flug, business class. Eine Rechnung, die mich dazu zwingt, mindestens ein halbes Jahr Tag für Tag zu kochen, bevor sich die Investition rentiert. Doch Rendite, Reibach, rollender Rubel, ist nicht alles, was im Leben interessiert.

Kochen macht Spaß, las ich. Kochen sei gesellig. Sogar erotisch. Zeit für eine klassische Geschichte: Odysseus wollte auf der Insel Lesbos unter all den Frauen und Mädchen, den jungen Achilles finden, was schwierig war, denn man hatte ihn nicht nur als Mädchen verkleidet, sondern ihm auch von Kindesbeinen an weisgemacht, daß er ein Mädchen sei. Odysseus, der Fuchs, hatte deshalb Geschenke mitgebracht. Jede Menge Schmuck, Parfüm, Kleider und Kochgeschirr sowie ein Schwert, ein Schild und ein Speer. Das einzige Mädchen, das zu den Waffen griff, war sein Mann. Analog zu dieser Geschichte aus der Ilias saß ich dann eines Abends in meiner Küche und sah die neuen, chromspiegelnden Geschenke lange an: Töpfe, Pfannen, Siebe, Schaufeln, Raspeln, Kellen, Auflaufformen und Messer. Und was ich in die Hand nahm und wie ein Püppchen zu streicheln begann, waren die scharmützelscharfen Messer. Ein großes und kleines und innerhalb dieses Repertoires gefiel mir das große sehr. Solinger Stahl, vier Sterne, schwarzer Griff, Gesamtdesign eher japanisch. Liegt sagenhaft in der Hand. Automatisch begann ich damit japanische Bewegungen zu machen. Akido, Karate, Schwertkampf – solche Sachen. Um dem kleinen Messer mehr Aufmerksamkeit zu zollen, beschloß ich, für die Küche noch ein Wurfbrett anzuschaffen.

Kochen, alle behielten recht, ist immer auch und nicht zuletzt, ein gutes Stückchen Selbsterfahrungstrip. Ich also bin ein Messerfetischist. Und wonach hat der junge Biolek gegriffen, als es zum ersten Mal ans Kochen ging? Auch zu den Messern? Oder zu den Töpfen? Oder zur Schürze? Ich nahm mir vor, ihn das nie zu fragen.

Das 1. Gericht
Kochbuch: Alfred Biolek: „Meine Rezepte".
Verlag: Zabert Sandmann

So sieht ein mit Liebe gemachtes Hardcover aus. Sehr vertraut. Man klappt es wie ein großes Tagebuch auf; da sind bunte Fotos von Bio auf dem Markt in südenglischer Garderobe und lustige Zeichnungen von Bio als Karikatur, und unter der Überschrift „Frische ohne Dogma" finden sich auch Sätze wie diese: „Mein Lieblingssalat ist nur im Sommer genießbar. Die Treibhaussalate der übrigen Monate haben kein Herz."

Weil ich Vegetarier bin, interessierte mich das Kapitel Gemüse. Und dort „Gemüse auf asiatische Art." Vielleicht, weil ich oft in Asien gewesen bin, vielleicht, weil die Liste der Zutaten übersichtlich war. Ich nahm das Kochbuch trotzdem mit ins KaDeWe. Jenes Kaufhaus im Westen, dessen Lebensmittelabteilung sagenumwoben ist. Es trumpft durch vielerlei. Richtiges Feng Shui in Gestaltung und Anordnung der Regale, Tresen, und Kühlaggregate, riesige Auswahl, Spitzenqualität, kleine Kaffeehausecken als Oasen der Ruhe und fachkundiges Personal. Mich interessierte vornehmlich letzteres, denn ich konnte mir durchaus vorstellen, daß es Dinge in der Nahrungskette gibt, die ich im Originalzustand so nicht kenne. 150 g Möhren kenn ich. 150 g Zucchini kenn ich, ehrlich gesagt, nur bedingt, Wenn ich sie vor mir sehe, weiß ich wahrscheinlich wieder, daß es Zucchini sind. 150 g grüne Paprikaschoten kenne ich, 100 g Champignons und 150 g Zwiebeln auch, aber was z.B. sind 3 El Aceto Balsamico?

Die Fachkraft in der Abteilung, in der diese Frage zu klären anstand, wies auf eine Regalwand mit 110 verschiedenen Sorten davon. „Gute Frau", sagte ich, „ aus Gründen, die mir selbst ein wenig verschlossen scheinen, habe ich gerade mal keine Wünschelrute dabei. Ich koche zum ersten Mal." In Berlin ist das der richtige Ton. Sie schloß mich sofort in ihr Herz, so Richtung verlorener Sohn, und ich verließ ihren Wirkungsbereich mit einem 20 Jahre alten Aceto Balsamico aus der Nähe von Modena, einem französischen Weinessig (Maille) mit 250 Jahren Tradition, einem nativen Olivenöl aus Nunez de Prado (Spanien), einem reinen Öl aus gerösteten Sesamkörnern der Firma „The International Collection" sowie Pfeffer Schwarz, Pfeffer Weiß, Currypulver und „Sale Marino con Macinello", denn in Bios Kochbuch stand, daß man bei so was nicht sparen dürfe, und er den billigen deutschen Haushaltsbranntweinessig nur zum Entkalken alter Wasserkessel benutze.

Bevor ich alles, was ich nun in der Küche hatte, zusammenwarf und aufmischte, mußte entschieden werden, wer

das essen soll. Ich entschied mich gegen den Ernährungs-
philosophen aus dem vierten Stock und für Roland, was
hart für ihn werden sollte, denn Roland Mary ist der Chef
eines Berliner Gourmet-Restaurants. Hart, aber es macht
Sinn. Denn wenn ich es mir recht überlege, macht der Te-
ster des Testers den eigentlichen Kochbuchtest, und wenn
Roland vom Borchardt, ohne ausfallend zu werden, mein
erstes selbstgekochtes Essen runterwürgen kann, hat Bio
schon gewonnen.

Wissen Sie, warum ich Vegetarier bin? Ich habe kein
Mitleid mit Gemüse. Zeit für eine Kindergeschichte: Wenn
die Gärtnerin sich bückt, ist die Rübe mitnichten hochbe-
glückt, denn dann wird sie aus der Erde gerissen, in dunkle
Kisten geschmissen, weit weg transportiert, wird gezählt,
gewogen und für eine Handvoll schmutziger Groschen über
den Tresen geschoben, zu mir und zu meinem großen Messer, und es erstaunt mich im nachhinein, wieviel Vertrauen
die Fingerspitzen meiner linken Hand nicht zu mir entwik-
kelten, sondern einfach zu mir hatten, während ich die Rübe
solange halbierte, viertelte und verachtelte, bis sie Bios
Vorstellungen (feine Stifte) entsprach.

Anfängerglück? Ich glaube nicht. Der Teil vom Kochen,
der dem Straßenkampf entnommen ist, liegt mir instinktiv.
Zucchini, Paprika, Zwiebeln und Champignons erging es
nicht besser. Alles kam nett auf ein Brett und dann in das
Gemisch aus siedendem Sesam- und Pflanzenöl. Roland
rief an. Er hatte sich verfahren. Er war bei den Huren links
abgebogen. So geht's natürlich nicht. Ich wohne rechts vom
Straßenstrich, wenn man von Berlin-Mitte kommt.

Ich hatte es nicht geplant. Ich hatte zufällig, unterbewußt
oder vom Schicksal getragen, in Bios Kochbuch das Gericht mit der kürzesten Zubereitungszeit ausgewählt. Es
dauerte nur wenige Minuten, bis das Gemüse gar, aber noch

bißfest war. Den Rest erledigten Pfeffer, Salz und eine an Mißbrauch grenzende Überdosis Sojasoße. Dazu wurde französisches Stangenbrot serviert. Den Rest wird man mir natürlich wieder nicht glauben, aber man gewöhnt sich daran. Am nächsten Tag ging ich ins Restaurant Borchardt, um mal wieder was Vernünftiges zu essen, und schon beim Reinkommen sah ich Biolek. Zu dritt zu Tisch. Ich wartete, bis Bio mal mußte und fing ihn nachher im Toilettenvorraum ab.

„Entschuldigen Sie, Herr Biolek, daß ich Sie einfach so überfalle", sagte ich, „ aber ich habe gestern zum ersten Mal gekocht." – Er sah mich an, als glaubte er, ich wollte mit meinem Alter schummeln. – „Nach IHREM Buch. Und der Chef dieses Lokals hat es gegessen." – Jetzt hatte ich sein Interesse. – „Und wie hat's ihm geschmeckt?" fragte Bio. „Na, er sagte, Gourmet wär's nicht". Da hat's Bio echt durchzuckt. Ich verstand nicht mal warum. Wenn einer nach den Gebrauchsanweisungen von, sagen wir, einer Beate-Uhse-Publikation zum allererstenmal einer Frau beischläft, macht er das wahrscheinlich auch nicht gleich wie Don Juan.

Das 2. Gericht
Kochbuch: Eckart Witzigmann: „Meine Lieblingsrezepte".
Verlag: Collection Rolf Heyne.
Gericht: Garnierte Kartoffeln mit Curryjoghurt.
Testesserin: Ariane Sommer.

Auch das machte Sinn, denn sie hat einen Party-Knigge geschrieben, und selbst ein Party-Knigge hat irgendwas mit meinem Essen zu tun, wenn die Autorin so scharf wie eine Witzigmann-Currykartoffel ist und kein Höschen trägt. Sie hat es in fast allen bisherigen Interviews gesagt. Aber man hat sie auch in allen bisherigen Interviews danach gefragt. Kein Höschen zu tragen, gehört zur Berufskleidung von Partygirls und Ariane Sommer ist nach der Mutterwerdung von Jenny Elvers zur Zeit das zeigefreudigste „Blitzlichtluder" (*Bild*). Ich kenne sie nicht von Parties. Ich habe sie zufällig in einem französischen Restaurant in Charlottenburg getroffen und angesprochen. Ob sie nicht mal was vernünftiges essen will.

Im Klartext: 800 g sehr kleine, festkochende Kartoffeln, 80 g Butter, 300 ml Vollmilch-Joghurt, 1 EL mildes Currypulver, 1 Bund Koriandergrün, 3-4 cm frische Ingwerwurzeln und 120 g frisch geriebenes Weißbrot. Zudem forderte Witzigmann 150 ml Geflügelfond, doch der Forderung wurde nicht entsprochen. Daß er kein Problem im Geflügelfond sieht, hatte ich schon dem Titelbild seines Kochbuchs entnommen, auf dem er mit ziemlich fiesem Grinsen ein weißes Huhn oder einen Schwan rupft. Genauer kann ich es nicht sagen, weil der Kopf bereits fehlt. Einer fernöstlichen Religion zufolge sollte man so etwas nicht tun, sonst könnte sich im nächsten Leben das Opfer-Schlächter-Verhältnis umdrehen, und dann ist das Huhn der Koch, und Witzigmann wird gerupft. Ich persönlich glaube nicht daran. Aber 600 Millionen Inder tun's. 600 Millionen Inder können durchaus irren.

An und für sich liebe ich Kartoffeln. Das Lieblingsgericht meiner Kindheit war Kartoffelbrei, aber ich schwärme auch für Bratkartoffeln, Salzkartoffeln, Pellkartoffeln und Pommes Frites. Und nun lese ich: die sehr kleinen Kartoffeln waschen und schälen. Das Waschen erwies sich nicht als das Problem und ließ sogar noch Raum für eine fortgeschrittene Kochdiziplin. Dem Kochen mit Liebe. Jedes einzelne kleine Kartöffelchen wusch ich für Ariane. Aber beim Schälen vergaß ich sie schnell wieder und dachte an

Roland, denn er hatte das Gericht für sie ausgesucht. Hätte ich auch gemacht, wenn ich, wie er, zwanzig Leute in der Küche hätte.

Ansonsten perfektionierte ich eine Taktik, die sich schon am Vortag bezahlt gemacht hatte und folgte dem Autor Wort für Wort. Außer daß nach dem Schälen nicht mehr viel Kartoffeln da waren, gab es zunächst mit dieser Taktik kein Problem. Ich konnte den Backofen auf 210 Grad erhitzen, ich konnte eine Auflaufform mit Butter ausfetten, ich konnte die Kartoffeln dort einschichten, statt mit Geflügelfond konnte ich sie mit Gemüsefond übergießen, und sie im heißen Backofen fünfzehn Minuten garen lassen konnte ich auch. Joghurt und Curry zu verrühren, ließ wieder mal Raum fürs Kochen con amore, dasselbe galt fürs Ingwerwurzeln-Reiben und Koriandergrün-Feinhacken. Und diese Mischung zu den Kartoffeln geben und weitere zehn bis zwölf Minuten backen? Auch das kein Problem. Das Problem war, daß Ariane Sommer, nachdem sie davon den ersten Bissen gekostet hatte, ihr Handy zückte und den Pizza Service anrief. Sie sagte, sie wolle die „Bären Pizza", weil sie Bärenhunger habe. Von nun hatte der Abend mit meinem Essen nichts mehr zu tun.

Zeit für eine architektonische Geschichte: Von meinem Küchenfenster kann ich direkt auf die neue Berliner Vertretung von Mercedes-Benz sehen. Ein Stahl- und Glaspalast für 300 Modelle der S-Klasse. Das Dach steht weit über und die Unterseite des Daches wird nachts angestrahlt. Abwechselnd in den Farben blau, lila, rot, lachs und sonnengelb. Die Farben wechseln alle 30 Minuten. Für mich sieht das wie die Enterprise aus. Als ich Ariane Sommer gegenüber erwähnte, daß die Farben ruhig schneller wechseln könnten, griff sie ein zweites Mal zu ihrem Mobiltelefon. Sie kannte einen Manager bei Mercedes-Benz Berlin.

„Ja, hallo, hier ist Ariane. – Pause – Ja, genau. Also, ich sitze hier bei einem Freund, der hinter eurer Berliner Zentrale wohnt – Pause – ja, genau. Und der würde es geil finden, wenn eure Beleuchtung ein bißchen mehr disco-mäßig abginge. – Pause – Na toll. – Pause – Und, könntest du das vielleicht sofort veranlassen? Oder übersteigt das deine Kompetenzen? – Pause – Und tschüß. Ariane legte das Handy neben die Pizza und aß weiter.

„Was hat er gesagt?" fragte ich.

„Er hat gesagt, daß es ihn seinen Job kosten könnte. Aber er will es sich überlegen."

Das 3. Gericht
Kochbuch: „Basic Cooking"
Gericht: Spargel weiß und grün
Testesser: kam nicht.

Hatte ich einen Fehler gemacht? Hätte ich ihm vorher nicht sagen sollen, daß es Spargel gibt? War es überhaupt ein Fehler, Spargel zu machen? Verglichen mit dem Spar-gelschälen ist das Schälen von Kartoffeln, als würde man ein Rosenblatt sanft von der lieblichen Schulter seiner Freun-din schubsen. Das hat mich sehr, sehr wütend gemacht. Auf den Spargel und auf den Gast, der nicht kam. Wer mit Wut kocht, hat den Teufel als Küchengehilfen. Gemeinsam kochten wir den grünen Spargel zu etwas, daß wie zerkochter Grünkohl aussah und den weißen kochten wir zuwenig und wäre der Gast gekommen, hätte er mich mit dem weißen Spargel glatt erschlagen können. Statt dessen kam meine alte Freundin Monika. Sie war erst vor Tagen aus Thailand zurückgekehrt. Ich fliege in ein paar Tagen hin. Nachdem ich sie genötigt hatte, von meinem Spargel zu kosten, sagte sie: „Auf dem Rückflug von Bangkok sind mir ein paar Souvenirs zerbrochen. Die Versicherung will ohne Quittungen nicht zahlen. Bring mir einfach aus Thailand irgendeine Quittung über 40.000 Baht mit. Dann sind wir für den Spargel wieder quitt."

Auf der Flucht

Meine Flucht begann im Alter von zwölf Jahren. Bis dahin kämpfte ich, wenn etwas nicht anders zu regeln war. Und ich war klug, stark und mutig und gab nie auf. Das hat mich in unserer Bande zur Nummer zwei gemacht. Was ich nicht leiden konnte, war Ungerechtigkeit. Drei Mitglieder einer polnischen Familie in unserer Nachbarschaft verdanken mir eine relativ unbeschwerte Kindheit. Ich habe mich ständig für sie geradegemacht.

Ich war der Zweitstärkste meiner Klasse. Der Stärkste war der Sohn eines Schlachters, von dem bekannt wurde, daß er zu Haus jeden Tag einen Liter frisches Blut zu trinken bekam. Sein Name war Frankie. Und Frankie war brutal. Der Schwächste in der Klasse war der Sohn eines Frauenarztes. Schwach, weil fett wie ein Mastschwein. Und blöd war er auch. Aber er konnte nichts dafür. Er hat mir immer leid getan. Eines Vormittages steht der Dicke vor unserem Lehrer und scheißt sich vor Angst in die kurzen Hosen. Und als er zu seinem Platz zurückgegangen war, hatte er tatsächlich eine Spur von kleinen, festen Koddeln hinterlassen. Dafür wollte ihn Frankie nach der Schule verprügeln. Ich nahm den Hosenscheißer in Schutz.

Frankie war einfach nicht zu besiegen. Jeden Tag einen Liter Blut! Als es offensichtlich wurde, daß ich verlor, feuerte der Dicke plötzlich Frankie an. Das Hosenscheißer-Schwein. Ich ließ mich für ihn verprügeln, und als ich am Boden lag, trat er sogar auf mich ein. Seit diesem Tag habe ich mich nicht mehr geschlagen. Die Meister der Martial

Arts befürworten übrigens dieses Verhalten: Kämpfe erst, wenn du nicht mehr flüchten kannst, sagen sie. Die Flucht ist die kluge Schwester des Kampfes. Und du willst doch kein dummer Krieger sein.

Damit sind wir bei Castaneda und Don Juan. Ich habe seine Bücher mit siebzehn verschlungen. Dazu ein bißchen Timothy Leary und ein bißchen Aldous Huxley, und bevor ich wußte, was geschah, saß ich auf einer begrünten Verkehrsinsel auf dem Autobahnkreuz Kamen. Im Grunde war alles wie immer ein Mißverständnis. Ich wollte an der Grenze zwischen Belgien und Deutschland das LSD nicht schlukken. Ich hatte es nur zum Schmuggeln in den Mund getan. Aber es war, wie in diesen Tagen üblich, auf Löschblätter geträufelt. Wir fuhren noch ein wenig über das Autobahnnetz des nächtlichen Ruhrgebiets, dann wurden wir ausgesetzt (natürlich waren wir per Anhalter unterwegs), und auf der Verkehrsinsel, auf der wir nun standen, entfaltete das LSD plötzlich seine volle Wirkungskraft. Wir mußten auf die andere Seite, und jeder weiß, wie breit eine deutsche Autobahn ist, doch mir erschien sie breiter, und zudem erschien ein Licht von rechts, gekoppelt an ein Heulen, und Licht und Heulen nahmen in geradezu erschreckender Geschwindigkeit an Intensität zu. Schlußendlich wurde eine Supernova daraus, ein explodierender Kometenschwarm, kurz: Das Kamener Kreuz nordöstlich von Dortmund, südwestlich von Hamm und südlich von Münster war bereits 1970 viel befahren, und was soll ich sagen: Wir trauten uns nicht vor Sonnenaufgang auf die andere Seite der Autobahn, von der ich dann zum ersten Mal nach Indien trampte – mit siebzehn. An dem Tag, an dem Jimi Hendrix starb.

Könnte man nicht alles über die Drogen streichen und den Text hier beginnen! Aber nein! Denn es fing mit den Drogen an. Sie waren das Problem. Jede Region hat ihre eigenen Drogen. In kalten Ländern wie Deutschland greift man zu Bier und Schnaps, und beides hilft, das Wetter zu ertragen. Dabei geht es nicht nur um die Kälte, sondern vor allem um die Abwesenheit von Licht. Es graut einem vor diesem Grau, wenn man nicht besoffen ist. Graue Häuser, graue Straßen, graue Hosen, graue Gesichter, und das Fernsehen war schwarzweiß. Rosa Löschblätter brachten Farben in dieses Leben. Außerdem begann ich zu kiffen. Haschisch war die Volksdroge des Orients und eigentlich in Ostwestfalen völlig fehl am Platz, denn sie hilft Hitze und zuviel Sonne gut ertragen sowie Armut und andere Mangelerscheinungen. Weil sie auf Reichtümer aufmerksam macht, die nichts zu kosten scheinen. Stichwort: Sensibilisierung. Ich bekam ein Ohr für Musik und ein Auge für musikalische Formen und ein Herz für den Müßiggang, und damit war Deutschland für mich gestorben. Also Kulturflucht! Ich habe es Reisejournalismus genannt.

Seit 25 Jahren permanent auf Achse, bis auf Australien, die Fidschis und Alaska alles gesehen, anfangs konnte ich zwischendurch noch immer einige Monate in Deutschland verweilen, aber bald hielt ich auch das nicht mehr aus. Drei Wochen Heimaturlaub wurden Obergrenze. Dann hatte ich die Vorteile satt (gutes Brot, gute Schokolade, gute Freunde), und jede Art von Depression übernahm das Regiment. Es sei denn, es war Sommer. Aber wann ist schon Sommer in diesem Land?

Ist das Flucht? Habe ich selten so gesehen. Im Gegenteil. Wann immer ich in einem Flieger saß und durch die Wolkendecke stieß, die wie hintapeziert über Hamburg zu hängen scheint, beschlich mich das Gefühl, Probleme zu überwinden, statt ihnen zu entfliehen. „Ihr könnt mich mal" war das Substrat meiner Gedanken bei jedem Start. Flucht als aggressiver Akt. Das klappte etwa vierzehn Jahre. Dann wurde ich des Reisens müde und suchte einen Hafen. Settle down in Marrakesch. Ich mietete ein großes Haus im Labyrinth der kleinen Gassen und glaubte, ich würde den Rest des Lebens unter den duftenden Orangenbäumen in meinem Patio verbleiben. Ich blieb drei Jahre. Settle down in Havanna. Andere Düfte, andere Früchte, Salsa for ever. Ich blieb zwei Jahre. Settle down in Indien? Ich versuchte es im letzten Jahr. Ich blieb sieben Wochen. Bin ich von einem Dämon getrieben, oder was ist das für ein Phänomen? Ich kann nicht bleiben. Egal, wo ich bin. Nach drei Jahren Marokko hatte ich hinter jeden Schleier geschaut und sah nur noch Nervenkranke auf staubigen Straßen. Nach zwei Jahren Kuba konnte ich definitiv keine Mulattin mehr sehen. Und Indien machte mich rasend. Und noch etwas: Diese Kulturen assimilieren nicht. Anderslautende Versicherungen aus Kreisen der Gastgeberländer sind geschäftsbedingtes Gewäsch. Schon mal in Marokko ohne Geld dagestanden? Oder in der Karibik? Oder in Asien? Man konnte mit aufgeplatzten Pestbeulen durch die Gegend reisen und erfreute sich derselben Reaktion. Du kommst als Freund und gehst als Fremder. Es sei denn, du heiratest inländisch. Dann wirst du Mitglied der großen Familie, die du von nun an ernährst. Ich muß es jetzt endlich mal sagen. Je länger ich vor Deutschland flüchte, desto deutscher werde ich. Oder sagen wir, desto europäischer.

Nach einem Vierteljahrhundert des rastlosen Rasens um diesen Planeten im Zickzackkurs identifiziere ich mich als Europäer, und das tut gut. Bin ich aber in Europa, sehne ich mich nach dem Orient. Nach diesen anderen Farben, in diesem anderen Einfallswinkel des Lichts. Das Gras in Nachbars Garten ist immer grüner, und wenn ich über den Zaun hüpfe, verblaßt es und wird normal. Und dann hüpf' ich wieder und wieder, und so bleibt man jung, könnte man sagen, und fidel. Blödsinn. Ab einem bestimmten Alter wird das Reisen sinnlose Qual. Das ewige Packen, Schleppen, Schlangestehen, Einchecken, Auschecken, der Kampf mit dem Zimmer, den Fliegen, den Kakerlaken. Ich habe selbst im Taj Mahal, Bombay, zwei gesehen. Zwei riesige, fette Kakerlaken. Ich kann Paul Bowles verstehen. Ein großer Schreiber war er, viel gereist. Irgendwann wurde ihm klar: „Meine größten Feinde sind meine Füße." Und er blieb stehen. Für immer. Paul Bowles fand seinen Hafen kraft Einsicht, da, wo er gerade war. Und er war zufällig in der Altstadt von Tanger. Vor 20 Jahren. Klasse, das war Klasse. Und das kann ich mit ganzem Herzen sagen. Und mir von ganzem Herzen wünschen. Und wann werde ich es wagen? Jetzt? Hier?! Lieber würde ich den Strick nehmen. Ich bin in New Delhi. Einmal muß ich mindestens noch in den Flieger, um die Flucht zu beenden. Nur noch einmal.

Die Reportagen und Stories von Helge Timmerberg
sind erschienen in:

Loco Romantico: *Merian*

Seit zwanzig Jahren ohne Sex: *SZ-Magazin*

Yakuza: *Merian*

Borchardt: *SZ-Magazin*

Der Tod ist ein sanfter Bruder: *Wiener*

Café Òpera: *Merian*

Pillen, Pilze, Paranoia: *Merian*

Vier Tage im Quartier der Pest: *Tempo*

Der Skarabäus: *Wiener*

Raketen auf Tel Aviv: *Bunte*

Aufruhr im Basar: *Tempo*

Sehnsucht Familie: *Prinz*

Kampf der Kehlen: *Schweizer Illustrierte*

Tiger fressen keine Yogis: *Wiener*

Straße nach Indien: *Tempo*

Geldgruben: *Tempo*

Kalil el Maula: *Wiener*

Southern Comfort: *Allegra*

Verhaftungswelle unter Geburtstagskindern: *Wienerin*

Mal durchatmen: *Pur*

Die Kunst des Entliebens: *Tempo*

Kokain: *Tempo*

Prozac: *Tempo*

Die Götter tanzen mit: *Prinz*

Viagramania: *Wiener*

Jetzt koche ich: *SZ-Magazin*

Auf der Flucht: *Die Zeit*

Noch mehr von *Helge Timmerberg* gefällig?

Kein Problem:

Helge Timmerberg:
Timmerbergs Single-ABC
Timmerbergs Beziehungs-ABC
Solibro-Verlag, Münster 2007
Doppelband [Timmerbergs ABC, Bd. 3+4] ISBN 978-3-932927-35-5
Klappenbroschur, 256 Seiten

mehr **Infos & Leseproben:**
www.solibro.de

Sparen Sie sich den Therapeuten, Hilfe naht!
Wenn Sie die hier aufgetischte Ehrlichkeit in Sachen Lust und Leid von Paar und Single auf sich wirken lassen, ist das die halbe Miete auf dem Weg zum Glück!
Und für den Rest sorgt Helge Timmerbergs Humor: steinerweichend, kompromisslos, frech.
Und da sage noch einer, es gebe keine Hoffnung.

steinbach sprechende büch[er]

Auch als Hörbuch erhältlich!

"Den ersten richtig großen und tiefen Neid empfand ich, als ich Helge Timmerberg kennenlernte. Er war in meiner Generation der beste Schreiber Deutschlands und der freieste Mensch, den ich jemals getroffen habe."
Sibylle Berg in Allegra

3 **CD**/ISBN 3-88698-604-7/€ 25,00/€-A 26,50/sFr 42,00

Lust auf mehr?

Fragen Sie nach unserem umfassenden aktuellen Gesamtverzeichnis mit über 300 Titeln oder besuchen Sie uns im Internet.

steinbach sprechende bücher
Am Markt 2 • 74523 Schwäbisch Hall
Tel. 0791/94 63 69 0 Fax 0791/97 14 2
www.sprechendebuecher.de
info@sprechendebuecher.de

steinbach sprechende bücher

...die reinste Freude am Hören!